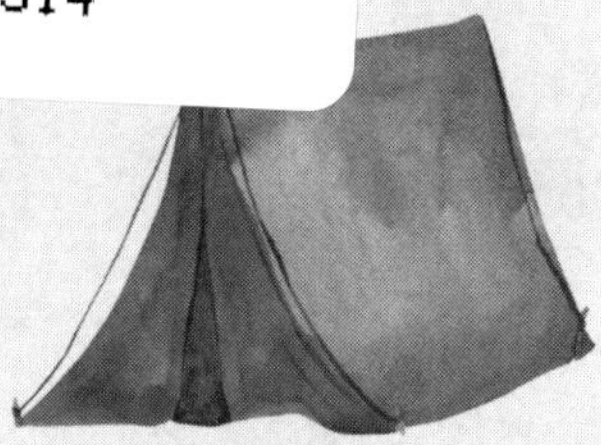

孩子的36件童年小事

尹欢华 柴素静 编著

上海教育出版社
SHANGHAI EDUCATIONAL
PUBLISHING HOUSE

序言

幼儿园进门处最显眼的地方写着:“在一个让时光发芽的幼儿园里,我们一起讲述孩子的童年故事。”看到这些文字,总让我感叹幼儿教育工作的神圣和美好。

2019年,我园参加了上海市提升中小学(幼儿园)学校课程领导力行动研究(第三轮)。在项目研究过程中,我们以课程管理职能的重新定位为基础,开发了幼儿的全经验活动课程,形成了36件小事活动方案。

在课程的开发与实施过程中,教师们把“自然触碰,为了孩子的一百种惊奇和探索”作为课程理念,将传统的课程管理改为民主化和班本化的分级管理,实现特色课程管理体制的转型。

我们主张以项目化的学习形式推进活动实施,关注幼儿在活动过程中的自主探究、自我决策、合作交流。

在支持幼儿、见证幼儿持续不断与环境、资源互动的过程中,田野探究的活动内容发生了变化。2019年之前,我园强调领域目标,更多关注幼儿知识经验的获得以及活动结果的呈现。教师们以幼儿身边的资源为活动内容,自上而下架构主题内容。2019年之后,我园基于儿童立场,关注幼儿生活小事,认真倾听幼儿心声,形成了“养一群兔子”“种一次粮食”“收一袋种子”“吹一次海风”“走一条小路”等活动方案。我们围绕“亲近自然”“走入社会”“触摸历史”“学会生存”四大领域展开课程探究,在各个领域下又细分若干板块,形成了36件小事的活动方案。

希望我们的孩子若干年后还能清楚地记得他们在幼儿园里经历的这些童年小事。

尹欢华

2024年1月

目录

小事1 捡一袋落叶 …… 陆天琦 / 1
小事2 吹一次海风 …… 施 怡 / 10
小事3 走一条小路 …… 徐丹青 / 19
小事4 玩一次泥巴 …… 陶春超 / 30
小事5 玩一个田野游戏 …… 陆燕燕 / 38
小事6 做一个垃圾桶 …… 陆静怡 / 49
小事7 种一次蚕豆 …… 戚婷婷 / 57
小事8 剥一次毛豆 …… 柴素静 / 65
小事9 交一个树朋友 …… 朱 婕 / 74
小事10 养一次乌龟 …… 王晓雯 朱惠倩 / 83
小事11 养一群兔子 …… 费 燕 / 93
小事12 孵一次蛋 …… 王 林 / 104
小事13 吹一次泡泡 …… 李钰怡 陈佩瑶 / 114
小事14 收一袋种子 …… 沈春兰 / 122
小事15 坐一次城际列车 …… 富逾凡 / 133
小事16 跳一次埊沟 …… 谢佳丽 / 143
小事17 捡一块石头 …… 杨明慧 / 156
小事18 挖一次野菜 …… 叶慧清 / 165

小事 19 放一次风筝 …… 谢佳丽 / 175
小事 20 玩一次爷爷奶奶小时候的玩具 …… 周旭欣 / 187
小事 21 做一个劳动工具 …… 嵇海青 / 195
小事 22 越飞越远的蒲公英 …… 李　洁　吴心悦 / 204
小事 23 看蚂蚁 …… 傅洁琴 / 215
小事 24 捉一次菜青虫 …… 秦晓燕 / 223
小事 25 种一次粮食 …… 沈柳青 / 232
小事 26 种一次鸡毛菜 …… 陈　燕 / 240
小事 27 游一次渔村 …… 陈立香 / 248
小事 28 游一次郊野公园 …… 王叶红 / 259
小事 29 看一次化工区 …… 张凯伦 / 268
小事 30 造一个海洋公园 …… 钟　丹 / 277
小事 31 晒一次盐 …… 陈立香 / 288
小事 32 卖一次鱼 …… 张依文　朱佳虹 / 297
小事 33 做一个浇水器 …… 夏争争 / 306
小事 34 做一个板凳 …… 张　峰 / 314
小事 35 养一次蚕宝宝 …… 张纯子 / 323
小事 36 做一次交易 …… 周　祺　褚添翼　钱倍怡 / 335

小事1

捡一袋落叶

陆天琦

“捡一袋落叶”源于小班主题“小花园”。活动时间建议为一周。涵盖语言、社会、艺术等领域。主要活动目标：幼儿乐意用多种感官探索树叶，喜爱大自然；通过观察比较树叶间的异同，提升观察能力和逻辑思维能力；珍惜身边的事物，发现事物存在的价值。主要经验点：幼儿了解每一片树叶都是独一无二的，有不同的形状、大小、颜色、气味；看似相同的树叶存在不同之处，看似不同的树叶也有相同之处。

一、活动方案

“捡一袋落叶”活动方案

适合年龄段：3—4岁

基本流程	驱动性问题	活动目标	所需资源	支持性策略	探究经验点	成果个性化表达
捡一袋落叶	哪些地方会有落叶呢？	1. 乐意用多种感官探索树叶，了解树叶的主要特点。 2. 喜欢观察周围的植物，愿意爱护它们。	1. 幼儿园户外场地。 2. 幼儿园附近的防护林带。 3. 寻找树叶的工具。 4. 幼儿收集的各种树叶。 5. 开展树叶游戏的相关材料。	1. 开展“寻找树叶”活动，在户外防护林带寻找落叶。 2. 利用周末开展“捡一袋落叶”的亲子活动。 3. 师幼寻找幼儿园里的落叶。 4. 利用找到的落叶开展田野游戏。	1. 不同的季节都会有落叶，秋季的落叶最多。 2. 树叶有不同的形状、大小、颜色、气味。	1. 幼儿在园内外寻找树叶的视频。 2.“捡一袋落叶”班级主题墙布置。 3. 树叶游戏视频集。
两片树叶	这两片树叶长得一样吗？	1. 通过观察比较发现树叶间的差异。 2. 愿意与他人交流，表达自己在探索中的发现。	1. 幼儿自主收集的树叶。 2. 观察树叶的工具。 3. 与树叶相关的故事书、图片、视频等。 4. 创设“树叶展览馆”的场地。	1. 幼儿自主收集两片看起来相同的树叶和两片看起来不同的树叶。 2. 幼儿观察比较两片树叶的异同，与同伴互动交流。 3. 创设“树叶展览馆”，幼儿可向同伴介绍树叶。	1. 看似相同的树叶也存在很多不同之处。 2. 看似不同的树叶也会有相同的地方。	1. 幼儿发现树叶异同的记录表。 2.“两片树叶”的问题集。 3.“树叶展览会”视频。
树叶的保存	我们如何保存树叶？	1. 愿意向他人大胆表达自己的想法。 2. 喜爱大自然，能够关注并珍惜身边的事物。	1. 幼儿自主选择的树叶。 2. 制作树叶袋子的工具。 3. 创设“树叶的记忆”场地。	1. 创设“树叶的记忆”区域。（幼儿每人选一片自己最喜欢的树叶让教师装袋。） 2. 幼儿自主观察树叶的变化。 3. 开展“我的树叶朋友”活动，说一说对树叶朋友的想法与情感。	树叶被长时间放置，水分蒸发，会逐渐干枯。	1.“树叶的记忆”区域照片。 2.“我的树叶朋友”幼儿视频故事。

二、活动实施

（一）集体学习活动

两片树叶

科学、语言 ★★★　社会、艺术 ★★　健康 ★

➢ **活动思路**

本次活动让幼儿感知树叶的特征，并通过观察、比较、讨论的方法让幼儿了解树叶的异同，在活动中提升幼儿的观察能力和语言表达能力，培养幼儿对大自然的喜爱之情。

➢ **活动目标**

在帮助树叶找妈妈的过程中，感知树叶大小、颜色、形状的不同。

乐意亲近自然，在大自然中开展探索活动。

➢ **活动准备**

经验准备：幼儿认识树叶并愿意表达自己的想法。

物质准备：篮子、树叶若干，户外有树的场地。

➢ **活动过程**

1. 选落叶

引导语：今天我们要帮树叶宝宝找妈妈，请大家先选择一片自己喜欢的树叶宝宝。

要求：每人从篮子里选一片树叶拿在手里。

（价值分析：通过选落叶的活动，引导幼儿初步认识树叶。）

2. 比树叶

（1）说说自己拿到的树叶的特征

提问：你拿到的树叶宝宝是什么样的？

教师：根据幼儿的描述归纳总结。

（2）和同伴比比树叶有哪些不同

提问：和好朋友比一比，你们拿到的树叶有什么不一样？

小结：每片树叶长得都不一样。

（价值分析：通过观察比较树叶的特征，激发幼儿的探索欲望和表达欲望。）

3. 送树叶

引导语：这些树叶宝宝的妈妈在哪里？我们一起去比一比、找一找。

幼儿在小树林里比对树叶，找到树妈妈后把树叶放到相应的筐中。

引导幼儿说说，一棵树上的树叶宝宝都一样吗？有哪些不一样？

小结：同一棵树上的树叶也会长得不一样。

（价值分析：通过将树叶宝宝送回家的活动，让幼儿了解同一棵树上的树叶也会不一样。）

捡落叶

科学、语言 ★★★ | 艺术、社会 ★★ | 健康 ★

➢ 活动思路

“一叶落而知秋”，一片叶子落下，就知道秋天来了。幼儿对秋天的变化非常感兴趣，经常在活动中与同伴和老师讨论：“树叶怎么都掉下来了？”“树叶为何变得红红的、黑黑的？”因此，本活动通过让幼儿直接感知秋天的树叶，帮助幼儿感知季节的变化和树叶的外形特征，促进幼儿观察能力、语言表达能力、感受与欣赏能力的发展。

➢ 活动目标

辨别、了解不同树叶的外形特征。

感知秋天的季节特征，增强观察的兴趣。

➢ 活动准备

经验准备：幼儿对秋天的季节特征有所了解。

物质准备：幼儿人手一个袋子。

➢ 活动过程

1. 谈话导入

提问：秋天来了，你觉得秋天是怎样的？

小结：秋天天气变凉快了，很多水果成熟了……有的树叶开始变黄，风一吹纷纷掉下来，像在跳舞。

提问：秋天的大树有哪些变化？所有叶子都会掉下来吗？

小结：秋天到了，有些树的树叶会变颜色并掉落下来，这样的树被人们称为落叶树。有些树的树叶不会变黄，也不会掉落，这样的树被人们称为常绿树。

（价值分析：通过与幼儿交流，共同感知秋天树叶的特征。）

2. 捡落叶

提问：你捡到的落叶是什么样的?

小结：树叶有不同的颜色、形状和大小，每片树叶都长得不一样。

（价值分析：鼓励幼儿发现树叶的外形特征，并用正确的语言表达出来。）

3. 树叶像什么

提问：你捡到的树叶像什么?

幼儿自由讨论。

小结：每一片树叶都是独一无二的，有的像裙子，有的像小船，有的像扇子……真有趣。

（价值分析：鼓励幼儿在观察树叶的过程中大胆说出自己的想法，激发幼儿的想象力。）

4. 延伸活动

区域延伸：引导幼儿欣赏、吟诵童谣《树叶》，鼓励幼儿根据自己的经验进行创编。

家庭延伸：建议家长利用周末等空余时间带孩子一起去寻找秋天的树叶。

社区延伸：带幼儿参观社区中秋天的大树。

（二）个别化学习活动

树叶贴画

➢ **材料**

纸、剪刀、树叶、记号笔、油画棒。

➢ **玩法**

幼儿用各种树叶装扮不同图形的画。

幼儿用油画棒美化画面。

➢ **观察重点**

观察幼儿用多种美工材料装扮树叶的方法。

观察幼儿与同伴合作完成作品的情况。

➢ **提示**

鼓励幼儿大胆自信地介绍自己的作品。

引导幼儿活动结束后将材料整理好。

树叶对对碰

➢ **材料**

树叶、树叶影子。

➢ **玩法**

幼儿为树叶宝宝找到对应的影子。

幼儿尝试有规律地排列树叶。

➢ **观察重点**

观察幼儿为树叶宝宝找影子的方法。

观察幼儿将树叶进行有规律排列的情况。

➢ **提示**

活动过程中，鼓励幼儿尝试采用多种规律排列树叶。

分享交流中，鼓励幼儿大胆自信地表达自己找影子和排列树叶的方法。

三、活动分享

奇妙的树叶

户外活动时，孩子们小脚踩在落叶铺成的“大地毯”上，发出“沙沙沙”的声音。

“老师，这些树叶踩上去软软的、脆脆的，好舒服呀！”

“脚踩树叶的声音就像下雨，真好听！”

“皓皓，你看我捡到一片黄色的树叶，好漂亮！”

“老师，我想跟这些树叶宝宝做朋友，我们把它们带到教室去吧！”

于是，一场关于树叶的探索之旅开始了……

镜头一：捡树叶

将树叶带到教室后，孩子们迫不及待地围着树叶讨论起来。

豆豆：“这片树叶大大的、扁扁的，就像一艘小船。”

琦琦："我好喜欢这片树叶，它像一把小扇子，可以用来扇风！"

菽菽："这片树叶上有好多颜色，红色、黄色、绿色，就像一顶彩色的帽子。"

皓皓："我的树叶跟你们的都不一样，它旁边有刺，就像小齿轮。"

宁宁："我发现小树叶上有洞洞，就像望远镜。"

小郭："哇！小树叶闻起来香香的，外形像一条小裙子，真漂亮！"

……

图1　捡树叶

在个别化学习活动时，经常有孩子摆弄着这些树叶，有的摆出了花朵的造型，有的摆成小鱼的模样，有的摆成小树的样子。我鼓励孩子们将自己的作品粘贴在作品墙上，将自己的精彩瞬间记录下来。

幼儿用多种感官探索树叶，观察树叶的形状、颜色、气味、大小等特征。在幼儿的世界里，每一片树叶都有它独特的魅力。大自然是一本活教材，让幼儿的想象力、探索能力、语言表达能力都得到发展。

镜头二：两片树叶

从相同到不同

自从树叶在教室安了家，孩子们一有空便来到"树叶展览馆"中，开展树叶探索活动。

这天，小皮蛋拿起两片枫叶开心地对我说："这两片树叶长得一样，都像小脚。"

九九也在一旁仔细观察，皱着眉头说："它们的叶柄不一样长。"

图2　相同到不同

安安也附和道："这个树叶的尖尖比另

一个长。”

小皮蛋小声嘀咕：“可它们的颜色都一样，形状都像小鸭子的脚呀！”

我连忙回应道：“说明这两片树叶来自同一棵大树，但它们也有不一样的地方。”

在我的积极引导下，孩子们对树叶比较产生了浓厚的兴趣，拿起各种各样的树叶寻找差异。

从不同到相同

豆豆指着桌上的树叶说：“这两片是黄色的，另外几片是绿色的，其余两片是红色的。”

小郭：“对呀，它们是一样的颜色！”

这时，璟琰也在一旁说：“我发现这些树叶都有不同的纹理。”

晨晨在一旁仔细看了看，说：“我还发现这些小树叶下面都有叶柄呢！”

孩子们仔细地观察每一片树叶，找到了许多相同之处和不同之处。

“这几片小树叶旁边尖尖的，有点扎手。”

“这两片树叶摸起来毛毛的、软软的。”

“有些树叶脆脆的，一摸就碎了。”

……

我感到分外惊喜，表扬着孩子们的发现：“你们太了不起了！发现了这么多树叶的秘密，让我们知道看起来不同的树叶也有许多相同的地方！”

图3　不同到相同

随着探索的逐步深入，大家对树叶的认识也逐渐丰富。我抓住教育契机，与幼儿们一起开展关于树叶比较的集体活动，将幼儿的个体经验迁移到集体中。

镜头三：好玩的小树叶

今天户外游戏时，一部分孩子玩起了吹泡泡游戏。

九九问我：“老师，为什么这个圆圆的东西能吹泡泡呀？”

小羽立马回答：“因为有洞洞！”

九九又追问：“有洞洞的东西都能吹泡泡吗？”

小羽挠了挠头，说：“我也不知道。”

我回应："那我们一起试试看，好吗？"

九九开心地说："我上次看到有片小树叶上有洞洞，我要用树叶吹泡泡。"

九九跑进教室拿来一片有洞的树叶，尝试用树叶吹泡泡。"呼——""哇，真的能吹出泡泡来！"其他孩子也将树叶戳洞吹起了泡泡。

之后，我发动家长和孩子们一起设计了许多树叶小游戏，有"树叶飞机""大自然的礼花""树叶风铃"等。

图4　树叶小游戏

幼儿的思维很活跃，能从"有洞洞的东西能吹泡泡"联想到"用树叶上的洞洞吹泡泡"，共同与同伴、老师、家长一起探索树叶的秘密。我们也适时利用树叶的一物多玩培养幼儿的创新能力、想象能力。

案例启示

第一，尊重兴趣，引发探究。

在活动开展过程中，教师始终追随幼儿的兴趣，并给予适当支持，鼓励幼儿深入观察、探究、思考。在活动中，幼儿探索树叶的特征，与树叶做游戏……幼儿的合作能力、语言能力、艺术表现能力等都得到了提升。

第二，回归自然，放手让幼儿探索。

大自然是活教材，教师应为幼儿提供探索的机会，提升幼儿的综合探索能力。教师应相信幼儿的力量，相信幼儿自我成长的能力。

第三，一物多玩，启发创造能力。

一物多玩是幼儿探索活动的重要组成部分，教师敏锐地捕捉到了幼儿对树叶游戏的兴趣，并启发幼儿用树叶做游戏，激发了幼儿的创造能力。

小事2

吹一次海风

施　怡

“吹一次海风”源于小班主题“夏天真热啊”。活动时间建议为四周。涵盖科学、社会、语言、艺术等领域。主要活动目标：幼儿愿意亲近大海，发现大海的广阔与富饶；感受大海带来的快乐，萌发爱大海的情感。主要经验点：幼儿了解我国有很多地方能够吹到海风，城市沙滩是上海市金山区最适合感受大海的地方；大海资源丰富，带给人们多样的体验与感受，吸引很多游客。

一、活动方案

"吹一次海风"活动方案

适合年龄段：3—4岁

基本流程	驱动性问题	活动目标	所需资源	支持性策略	探究经验点	成果个性化表达
能吹到海风的地方	去哪里吹海风？	1. 寻找适合吹海风的地方，愿意亲近大海。 2. 运用多种感官感受海风，愿意说一说自己的感受。	1. 关于大海的照片、视频。 2. 金山嘴渔村、城市沙滩、鹦鹉洲等可供体验感受的场所。	1. 收集关于大海的照片及视频。 2. 互动谈话，讨论哪些地方能吹到海风。 3. 去不同场所感受大海，用照片、视频、录音等方式记录。 4. 创编与大海有关的童谣，一起念一念。	我国有很多地方都能吹到海风，如海南、青岛、珠海等，但离我们最近的地方是金山嘴渔村，最合适游玩与感受的地方是城市沙滩。	1. 幼儿看海的语音日记。 2. 童谣视频4—5个。
和最好的朋友一起吹海风	1. 为什么有的海水黄黄的？ 2. 大海里面有什么？ 3. 在海边生活的人，都从事哪些与大海有关的职业？	1. 在看看、说说、玩玩中体验赶海的乐趣。 2. 简单了解海产品，感受大海资源的丰富。 3. 对海边的生活感兴趣。	1. 有关赶海的图画书，如《和爸爸一起去海边》《神秘的海洋》等。 2. 有赶海经历的人。 3. "大海里的秘密"亲子调查表。 4. 可以踏浪、赶海、玩沙、玩水的安全区域以及工具。 5. 各种海产品。 6. 海边的人。 7. "防晒小神器"制作材料。	1. 采访赶海人，给幼儿科普赶海经验。 2. 以照片、录音或图画等方式完成"大海里的秘密"亲子调查表，自制有声故事绘本。 3. 踩水、踏浪、捡贝壳、找螃蟹等亲子赶海活动。 4. 亲子海鲜美食制作与品尝。 5. 采访海边的人，了解海边人的生活。 6. 创设渔村的情境，进行服饰装扮、晒鱼干等活动，体验海边人的生活。 7. 亲子制作"防晒小神器"。	1. 杭州湾的海水是黄的，里面有许多泥沙。 2. 杭州湾有丰富的海产品，如凤尾鱼、白蛤、蛏子等，味道鲜美。	1. 赶海视频集。 2. "大海里的秘密"有声故事绘本。 3. 海鲜美食制作与分享视频集。 4. 海边的人生活展示墙。 5. 体验海边的人生活的影像集。 6. "防晒小神器"发布会。

续 表

基本流程	驱动性问题	活动目标	所需资源	支持性策略	探究经验点	成果个性化表达
把海风带回来	这些贝壳有什么用?	在说说、玩玩中感受大海里的宝贝数量繁多，体验大海带来的快乐。	1.大海里以及大海周围的各种物产。 2.陈列柜。 3.海洋生物养殖自然角。 4.城市沙滩情景。	1.收集关于大海的宝贝。 2.创设“海洋博物展览馆”，将从大海里带回的沙子、贝壳、石头等进行展示。 3.将找到的海洋宝贝制作成“大海生态瓶”，开展微型生态展。 4.创设自然角，饲养海边带回来的小动物，如小螃蟹、蛏子等。 5.创设城市沙滩情境，在班级里探索沙水。	大海里的宝贝数不胜数，给我们带来快乐。	1.“海洋博物展览馆”照片集。 2.“大海生态瓶”微型展。 3.自然角养殖以及探索沙水的视频集。

二、活动实施

（一）集体学习活动

海洋动物游回家

科学、语言 ★★★ —— 社会、健康 ★★ —— 艺术 ★

➢ 活动思路

随着主题的推进，幼儿对海里的小动物愈发好奇，常常会在图书角阅读关于海底世界的图书。以此为契机，选择幼儿感兴趣的海洋动物，通过游戏帮助幼儿积累海洋动物的认知经验，在帮助动物回家的情境中，培养幼儿乐于助人的情感。

➢ 活动目标

能区分海洋动物，并手口一致地点数物品。

体验帮助海洋动物回家的快乐。

➢ 活动准备

大海和草地的场景，动物的图片若干。

➢ 活动过程

1. 观察动物

模仿动物的特征，让幼儿猜一猜是什么动物来了。（出示各种动物的图片）

数一数，一共有几个小动物？（一边指一边数）

小结：今天有乌龟、章鱼、螃蟹、鲨鱼……来跟我们做朋友。

（价值分析：通过观察图片帮助幼儿回忆动物的不同特征。）

2. 操作探索

提问：找一找，哪些动物的家在海里？

小结：原来动物的家都在不一样的地方，有的动物生活在陆地上，有的动物生活在海里。

提问：我们应该怎么帮助海里的动物回家呢？

引导幼儿用准确的语言表达。

（价值分析：让幼儿在活动中积累有关海洋动物的经验，在游戏过程中培养幼儿助人为乐的情感。）

3. 延伸活动

与海里的动物朋友一起游回家。

小鱼笑了

社会、语言 ★★★　科学、健康 ★★　艺术 ★

➢ 活动思路

幼儿喜欢在城市沙滩玩耍，对大海有一定的认识和了解。然而，生活中的一些不文明行为正在破坏大海环境。基于此，本活动以“小鱼来信”诉说大海受到污染的现象，帮助幼儿了解乱扔垃圾对大海环境造成的不利影响，引导幼儿通过多种方式帮助小鱼净化家园，从而激发幼儿的责任感，以及保护大海的情感。

➢ 活动目标

了解小鱼的情绪变化过程，知道乱扔垃圾对大海环境的危害。

大胆说出自己的想法，帮助小鱼净化家园，体验帮助他人的乐趣，

➢ 活动准备

经验准备：家长带幼儿去过海边，幼儿了解海边的环境状况。

物质准备：PPT、贴满垃圾图片的大海背景操作材料。

➢ 活动过程

1. 小鱼来信了

呈现小鱼的信件，引发讨论。

提问：小鱼怎么了？

小结：有人往大海里扔垃圾、排废水，小鱼的家人都生病了。

（价值分析：通过信的内容及相应情景的照片，呈现小鱼目前的处境，引导幼儿理解与感受小鱼的情绪，从而知道乱扔垃圾对大海环境的危害。）

2. 一起帮小鱼

（1）读小鱼来信第二部分

提问：大海变成什么样了？小鱼会喜欢这样的大海吗？

小结：大海是小鱼的家，现在到处都是垃圾，又脏又臭，小鱼难过极了。

（2）读小鱼来信第三部分

提问：你们想不想帮助小鱼呢？

小结：爱护环境，保护大海，让我们的家园变得干净又美丽。

（3）游戏：帮帮小鱼的忙

提问：现在的小鱼是什么表情？

小结：海水变清了，小鱼家人的病都好了，小鱼真开心。

（价值分析：通过阅读信件，引导幼儿了解小鱼的需要，知道别人有困难时应主动关心并给予帮助；在活动中鼓励幼儿提出自己的想法，引导其萌发帮助小鱼的意愿。）

3. 小鱼笑了

读小鱼来信第四部分，讨论保护大海环境的办法。

小结：大海是我们的朋友，我们要好好保护它。

（价值分析：通过读小鱼的感谢信，帮助幼儿树立爱护大海的意识。）

4. 延伸活动

亲子制作“保护大海”的提示标志。

（二）个别化学习活动

大海里的秘密

➢ 材料

自制绘本、录音笔、炫彩棒、记号笔等。

➢ **玩法**

玩法一：幼儿自主选择图片，帮助海洋生物找到自己的影子。

玩法二：用录音笔点一点、听一听海里的秘密。

玩法三：画一画、录一录自己知道的大海的秘密，自制独一无二的故事书。

➢ **观察重点**

观察幼儿根据海洋生物的外形进行配对的情况。

观察幼儿对活动的兴趣，是否愿意主动参与。

➢ **提示**

根据海洋生物的外形进行配对。

及时关闭录音笔。

好玩的沙子

➢ **材料**

彩沙、胶水、铅画纸、瓶子、托盘。

➢ **玩法**

玩法一：用瓶子装一些彩沙，摇一摇，听听声音，观察颜色的变化。

玩法二：在托盘中倒入彩沙，轻轻晃动，“画”出一些痕迹，然后晃动托盘，让痕迹消失。

玩法三：在铅画纸上涂上胶水，铺上细沙，制作沙画。

➢ **观察重点**

观察幼儿玩沙的兴趣。

观察幼儿如何制作沙画。

➢ **提示**

玩沙时注意安全，切勿弄进眼耳口鼻中。

三、活动分享

海滩游戏的故事

海洋、沙滩是大自然赐予孩子的礼物，孩子们可以在海滩上尽情地玩沙玩水，释放自己的天性。

在小班孩子的眼里，飞舞的沙子是雨滴、是雪花，当细细的沙子从指缝间溜走，孩子们兴奋地大喊："下雪啦！"当翻滚的海浪从远处涌向岸边，孩子们狂奔着呼喊："大鲨鱼来啦！"海滩俨然成为幼儿尽情玩耍的场所。

镜头一：海滩初体验

幼儿和家长们相继来到金山城市沙滩。孩子们在海滩上尽情玩耍，有的拿起铲子将沙子挖进小桶里，有的拿起小瓢将水舀进小盆。小晗带来满满一车的玩沙工具，她先用铲子将沙装入漏斗，随后找了些小石片铺在上面，喊道："这是生日蛋糕！"接着，她又换了一辆小车，将沙装入小车内。填满后，她又拿来一个大沙漏，将小车里的沙子装进沙漏里。短短时间内，小晗变换了三种不同的容器去装沙：漏斗、小车、沙漏，玩得不亦乐乎。

图1 "生日蛋糕"

图2 玩沙

大部分幼儿都在挖坑、装沙子、倒沙子，完全沉浸在自己的游戏中。当我也参与其中，真正用双手触摸沙子时，突然发现沙土带给幼儿的不仅是快乐，还有想象、创造和智慧。

作为教师，后续应充分尊重小班幼儿的年龄特点，放手让他们大胆游戏，以观察者的身份给予他们游戏的空间与时间，让他们成为游戏的主人，获得无限的发展可能。

镜头二：拯救小鱼行动

小晗正挖着沙子，突然发现沙滩上有一条跳动的小金鱼，她大喊起来："这里有一条小鱼，快来看呀！"孩子们纷纷跑了过来，围在小鱼的周围。

小萱问道："这条小鱼怎么在这里，不在水里，它会干死的。"

阿哲说："小鱼好可怜，它会想爸爸妈妈的。"

"哎呀，怎么办呀？小鱼找不到妈妈了。"孩子们纷纷发出感慨。

"我们可以怎么帮小鱼呢？"我问道。

毛毛说："我们可以帮小鱼找妈妈。"

"那它的妈妈在哪里呢？"小萱问。

"肯定在大海里。"阿哲指着背后的海，大声说。

"不是的，我家也有小金鱼，不能养在海水里，会死掉的。"毛毛的话又让大家陷入沉思。

小萱妈妈的一瓶矿泉水让孩子们瞬间有了灵感："把小鱼先放进瓶子里就没事了。"小萱轻轻捡起金鱼，试着装进瓶子里，可瓶口实在太小，金鱼装不进去。

"给小金鱼造个家吧。"毛毛说着，便带头用铲子铲沙子，其余的孩子则忙着去接水。萱萱将接来的一盆水倒入沙坑中，可水一下子就不见了，毛毛喊道："快加水，快加水，水被吸走了！"她一边用手不停地抓沙，一边催促着。其他孩子则奔跑着接水，终于金鱼成功在孩子们造的小水塘里安家了……

图3　为小金鱼造家

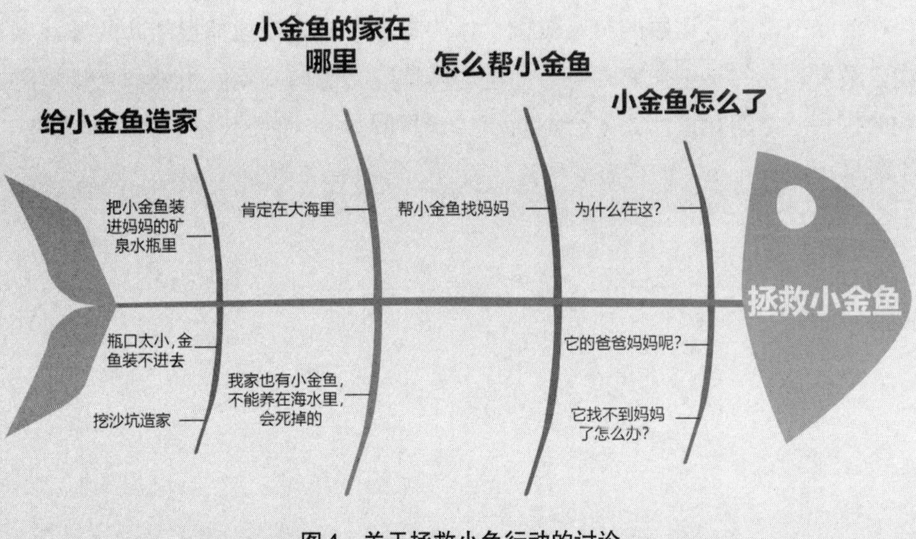

图4　关于拯救小鱼行动的讨论

当小班幼儿沉浸在“小鱼好可怜”“小鱼找不到妈妈了”的情境中时，我捕捉到了推进游戏的重要契机，提出：“我们可以怎么帮小鱼呢？”幼儿在帮助小鱼的过程中，真实地感受到沙水的特性，体验到同伴合作交流的快乐。

用眼睛去看，用耳朵去听，用手去触摸，用脚去奔跑，用心去感受，一切皆是最好的。

后续，我会静静观察与等待，让幼儿讨论与思考，适时介入，引导幼儿发现解决问题的办法。

案例启示

第一，亲身实践，充分利用环境资源。

活动遵循“幼儿探究在前，教师支持在后”的原则。教师带领幼儿来到金山城市沙滩，通过直接感受、实际操作、亲身体验的方式引发幼儿探究的兴趣，引导幼儿从感受、表达出发，在实践中进行经验的提升与扩充，激发幼儿持续探究沙水的兴趣。

第二，适时设疑，助推幼儿自主解决问题的能力。

《3—6岁儿童学习与发展指南》中指出：通过提问等方式引导幼儿思考并对事物进行比较观察和连续观察。因此，教师应充分尊重幼儿，静静观察与等待。当幼儿陷入困境时，教师应帮助他们打开思路，获得更多的灵感与体验。

沙滩上蕴含着无数的游戏契机。作为教师，应敏锐地捕捉幼儿的游戏兴趣，激发幼儿的自主探究意识，促进幼儿探究行为的发生。当教师主动把游戏的权利还给幼儿，幼儿才会不断产生“真游戏”，不断释放“玩”的天性，不断呈现“真儿童”的样态。

小·事3

走一条小路

徐丹青

“走一条小路”源于一次户外活动，契合小班主题“小花园”。活动时间建议为四周。涵盖科学、艺术、语言、社会、健康等领域。主要活动目标：幼儿感知野花野草的多样性；愿意利用野花野草制作各种装饰物，并感到快乐。主要经验点：幼儿了解野花野草自由生长的特点；野草会抢走其他植物生长所需的营养，所以需要清除；野花野草含有色素和水分，不同颜色的野花所含的色素不一样。

一、活动方案

“走一条小路”活动方案　　适合年龄段：3—4岁

基本流程	驱动性问题	活动目标	所需资源	支持性策略	探究经验点	成果个性化表达
我能在小路上找到的宝贝	小路上有什么宝贝？	1. 知道大自然中有各种各样的自然物，能成为游戏的宝贝。 2. 有探索自然的兴趣，愿意体验大自然的多样性。	1. 收纳各种宝贝的袋子。 2. 投票展板。	1. 幼儿自主收集小路上的宝贝。 2. “我的宝贝”交流分享会。 3. 为“我最喜欢的宝贝”投票。	小路上有各种各样的宝贝。	1. 幼儿自主寻找宝贝的照片集。 2. 幼儿交流分享会的视频集。 3. 搜集到的宝贝展览会。
遇见野花野草	野花野草们长得一样吗？	1. 感知野花野草生命的顽强。 2. 愿意亲近自然，并在自然中玩耍。	1. 可以点读的相关图书。 2. 适合幼儿户外记录的材料。	1. 在小路上走一走、看一看、玩一玩。 2. 亲子完成“寻找春天的野花”记录表。	1. 野花野草可以自由生长。 2. 野草会抢走其他植物生长所需的营养，所以需要被清除。	1. 幼儿寻找野花野草的照片集。 2. 幼儿关于野花野草的问题集。 3. 幼儿寻找野花的记录表。
和野花野草做朋友	1. 野花野草可以怎么玩？ 2. 野花野草可以用来干什么呢？	1. 愿意用野花野草制作各种装饰物，体验装扮的乐趣。 2. 使用野花野草进行拓印，进一步感知植物中的色素。	艺术创造的材料。	1. 幼儿尝试制作野花项链、野草手环等。 2. 尝试用野花野草拓印，感知植物的色素。	1. 可以用野花野草制作装饰物。 2. 野花野草含有色素和水分，不同颜色的野花所含色素不一样。	1. “花花绿绿”作品展。 2. “花儿美美”小市集。 3. “花儿飞飞”小舞台。 4. 幼儿制作装饰物的照片集。

二、活动实施

（一）集体学习活动

奇妙的植物色素

科学、艺术 ★★★　　语言、社会 ★★　　健康 ★

➢ 活动思路

大自然中有各种各样的小草，有五颜六色的野花。每当幼儿在草地上玩耍时，总会发现衣服上染上了花草的颜色。“植物色素”对他们来说很陌生，但在生活中却随处可见。于是，根据小班幼儿的年龄特点设计了本次教学活动，旨在让幼儿在活动中探索色素的秘密。

➢ 活动目标

知道植物中含有各种色素。

乐意探索，体验操作的乐趣。

➢ 活动准备

经验准备：知道植物各部分的名称。

物质准备：植物的叶子、果实、花瓣、白色棉布、小锤子。

➢ 活动过程

1. 观看魔术，引发兴趣

（1）预测猜想

提问：（呈现白色棉布和叶子）这些是什么？我把它们放在一起敲一敲，会发生怎样神奇的事情？

（2）观察验证

提问：白色的棉布变成了什么颜色？为什么棉布会变绿呢？

小结：植物的叶子里有绿颜色，这种成分叫植物色素。

（价值分析：通过观察和验证，让幼儿发现和证实自己的猜测，验证自己的观点。）

2. 自主操作，探索交流

（1）幼儿操作

提问：我们已经在植物的身体里找到了绿色，那植物的身体里还藏着哪些颜色？这里有植物的花、茎、叶子，它们又藏着什么颜色？

（2）交流分享

提问：你找到了哪些颜色？你是怎么找到的？

小结：植物的身体里藏着各种颜色，有红色、黄色、紫色、绿色等。这些藏在植物身体里的颜色叫作植物色素。

（价值分析：尝试在白色棉布上敲打不同的植物，观察棉布的颜色变化，对植物色素有深入了解。）

3. 联系生活，提升经验

（1）观看PPT

提问：这是什么？与我们平时吃的有什么不一样？

小结：生活中有很多食物用到了植物色素，可以让食物的颜色更好看。

（价值分析：结合实际生活，知道植物色素在生活中的广泛应用。）

（2）说说生活中的植物色素

小结：食用色素是安全的，在生活中有很多用处。

（价值分析：通过互相交流讨论，知道有些植物色素安全无害，可以食用。）

4. 延伸活动

区域延伸：利用植物色素将白布染成彩色的。

蒲公英

科学、语言 ★★★　艺术、社会 ★★　健康 ★

➢ 活动思路

蒲公英是比较常见的一种植物，毛茸茸的，风一吹，绒球就会散开。小班幼儿可以通过猜一猜、玩一玩的方式加深对蒲公英的了解。

➢ 活动目标

知道蒲公英是一种野花，有特别的花朵和茎叶。

愿意大胆尝试，并与同伴分享自己的心得。

➢ 活动准备

PPT课件。

➢ 活动过程

1. 猜谜语

有一种花就像绒毛球，很轻很轻，风一吹，绒毛就随风飘走，飘到哪就在哪里安家。请你猜一猜是什么花。

（价值分析：通过猜一猜的游戏，增强活动趣味性，让幼儿初步感知蒲公英的外形特征。）

2. 认识蒲公英的外形特征

（1）出示照片：蒲公英（花）

提问：蒲公英的花是什么颜色？花瓣是什么样的？

小结：蒲公英的花是黄色的，花瓣是长长的，一片一片的。

（价值分析：通过观察照片，让幼儿更清楚地分辨蒲公英花朵的特征。）

（2）出示照片：蒲公英（种子）

提问：这是什么？蒲公英生活在什么地方呢？

小结：蒲公英种子呈伞状，种子上有白色冠毛结成的绒球，花开后随风飘到新的地方，孕育新生命。蒲公英一般生长在中低海拔地区的山坡草地、路边、田野、河滩，比较喜欢温暖湿润的生长环境，喜欢阳光照射。

（价值分析：通过提问和探讨，让幼儿深入了解蒲公英的特性。）

3. 了解蒲公英的作用

提问：蒲公英能吃吗？

小结：蒲公英可以吃。根可以用来泡茶，花可以用来泡酒，还能用来煮汤。

（价值分析：通过讨论，让幼儿知道蒲公英的用处。）

4. 游戏：蒲公英飞走了

幼儿扮成蒲公英的种子，一点点长大。

幼儿扮成蒲公英的绒毛，风一吹，就飘到各处。

（价值分析：通过游戏让幼儿感知蒲公英的传播方式，在游戏中提高身体的协调能力和表现能力。）

5. 延伸活动

找一找家附近的蒲公英，吹一吹，并观察蒲公英种子飞行的样子。

引导幼儿创编蒲公英的儿歌。

（二）个别化学习活动

花草拼贴画

➢ 材料

野花野草、彩纸、固体胶、双面胶等。

➢ 玩法

幼儿自主选择野花野草，用胶水将野花野草粘贴在纸上，呈现不同造型的美术作品。

➢ 观察重点

观察幼儿如何使用辅助材料进行拼贴。

观察幼儿在活动过程中，手部精细动作和专注度的发展情况。

➢ 提示

收集野花野草的时候，注意毛刺，避免幼儿手部划伤。

提供大一点的背景纸，便于幼儿动手尝试，发挥想象力。

花草照相馆

➢ 材料

野花野草、纸、布袋子、小锤子、马克笔、手套等。

➢ 玩法

幼儿自由选择喜欢的野花野草，放在纸上或者布袋上，进行敲打，将花草的颜色印染在上面，然后在印染的图形上添画眼睛、嘴巴等。

➢ 观察重点

观察幼儿如何创作。

观察幼儿在创作时有哪些创新表现。

➢ 提示

可以提供多种材料，比如纱布、盒子、KT板等，让幼儿多次尝试。

三、活动分享

走在田间的小路上——遇见野花野草

洒满阳光的春日里，当童心遇上自然，就成了最美的风景。当我和孩子们一起在田间的小路上看一看、找一找、玩一玩的时候，筱涵摘下一朵野花，挂在自己的耳朵上，对旁边的熙熙说："好看吗？"孩子们与野花野草的故事就从这里开始了。

镜头一

熙熙看了看筱涵，也采了地上的野花挂在自己的耳朵上对依依说："看我们漂亮吗？"依依看了一眼说："我想放在其他地方。"熙熙问："你要放在哪里？"我抓住机会，将熙熙的问题抛给了所有孩子："野花野草可以放在身上哪些地方，让自己变得更漂亮呢？"

我结合孩子的已有经验，生成了关于野花野草活动的思维导图（见图1）。

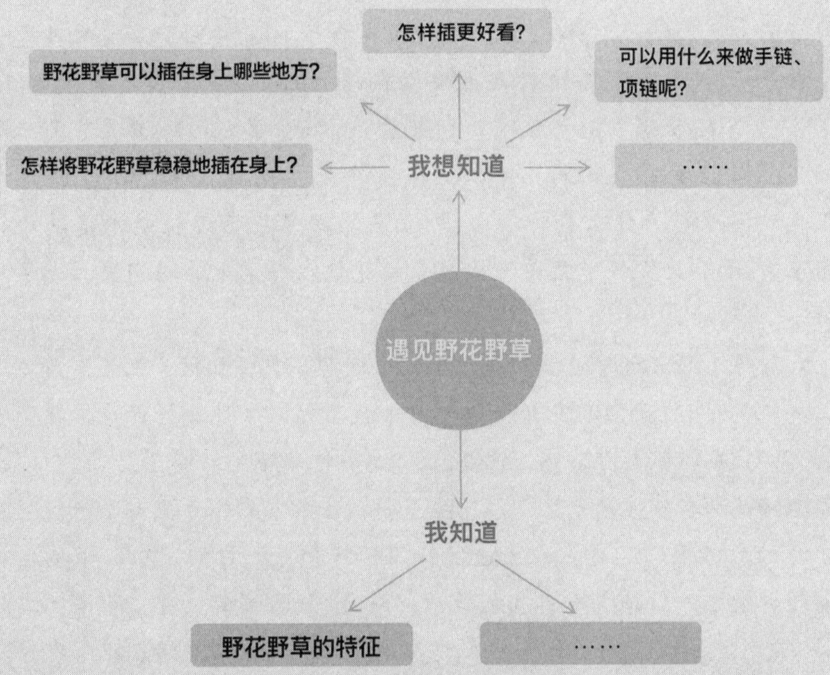

图1 有关野花野草活动的思维导图

孩子们也开始行动起来。

煊煊摘下野花插在头上，可是他的手刚拿开，野花就从头上掉落下来。煊煊说："我的小花怎么掉了啊？"这时，旁边的雨琪把野花插进头发中。煊煊看了看雨琪，又一次把小花插在了自己的头上，高兴地说："哈哈，我的小花也插在头发上咯。"可刚抬头，小花又再次掉落。"怎么又掉了呀？"雨琪笑着说："你是男生，头发太短了，我是女生，头发长。"

图2 煊煊把花插在雨琪头上

煊煊听了，蹲下来把野花插在了鞋带的洞洞里。他走了几步，野花没有掉下来。他高兴地对雨辰说：“小花插在鞋子的洞洞里了，我的鞋子变成花朵鞋了。”雨辰看了看说：“我也要插在鞋子上，可是我没有鞋带呀。”我问道：“没有鞋带就不能插了吗？想想办法，试一试。”雨辰蹲下来，用手指戳了戳：“这里有个洞洞，可以把花插进去。”可刚抬脚，小花就掉在了地上。我问道：“为什么会掉下来？”雨辰思考了一下说：“是不是这个花秆太短了。”雨辰又去摘了朵花秆比较长的花插在鞋子上的洞洞里，走了几步成功了。

我顺势又抛出问题：“除了鞋子上的小洞洞，衣服和裤子上还有哪些地方可以插花吗？”孩子们都开始在自己身上找了起来。梦晗把野花插在了裤子口袋里，秋亦把野花插在衣服口袋里，志成把野花插在裤子后面的口袋里，铭洋把野花插在衣服袖子里，以琛把野花插在朋友的帽子里，丞秀把野花插在自己的拉链上。这时，雨馨拔了好几根野草，把它们一根一根插在自己胸前的口袋里，高兴地说：“我的口袋好看吗？”煊煊回应道：“好看，真好看呀！”我问道：“孩子们，你们觉得呢？”依依说：“可以再插点花，有了花更漂亮。”语泽说：“可以用不一样的花，五颜六色像彩虹一样好看。”雨琪说：“可以再插个大大的花和小小的花，看起来也漂亮。”我回应道：“雨馨这样也好看，虽然只有一种，但也是一种美啊！”孩子们都沉浸在快乐的游戏氛围中。

这个项目化活动是从户外活动中产生的，完全建立在幼儿已有经验的基础上。幼儿置身于自然环境中，环境中丰富多彩的自然物都能成为他们的玩具。

当幼儿将草插在口袋里询问是否好看时，我将问题适时抛给了其他幼儿。听了他们的回答，我知道，在他们的心里，美有千万种，他们拥有发现美、欣赏美的眼睛。

追求美是人的天性，幼儿用眼睛去发现美，用小手去创造美，用心去感受美，审美能力不断提升。野花装扮的美，野草组合的美，让幼儿敏锐的感知力、丰富的想象力和透彻的理解力得以提升。

镜头二

当孩子们用野花野草装扮自己时，筱涵跑过来跟我说："老师，我想拿野花做个耳环，但是耳环一直掉下来。"我对她说："那我们回班级找找可以固定野花的材料。"我和孩子们回教室后进行了热烈讨论，孩子们找来了透明胶、扭扭棒、衣架、小夹子等固定材料。

带上这些辅助的材料，我们在一个风和日丽的上午又来到田间的小路上。

有些孩子还沉浸在之前将野花野草插在各种洞洞里的游戏中，但另外一些孩子开始了新尝试。熙熙在材料篮中拿了一些平时穿手链用的塑料积木，穿成手链后戴在手上，然后摘了几朵野花，插在了手链上，跑过来问我："老师，我的手链漂亮吗？"

铭洋摘了几朵野花放在一起，用绳子小心翼翼地绕了起来，绕了一圈，绳子又松开了。筱涵建议："那就多绕几圈试试。"多绕几圈后，花就固定住了，筱涵迫不及待地帮铭洋戴上了。

这时，左左拿着扭扭棒跑过来问："老师，我想做个手链。"我蹲下来跟她说："小花可以插在洞洞里，你能让扭扭棒变成洞洞吗？"左左拿着扭扭棒开始尝试，她把扭扭棒弯成圈，洞洞太大了。左左又试着把洞洞一点点变小，直到花能成功插进去。我追问道："除了这种方法，还有其他方法吗？"左左思考了一下，又拿了两根扭扭棒扭在一起，再从中间向两边拉出一个洞，笑着说："看，变出了洞洞哦。"说完，她把花插进洞洞里，一个洞里插一朵花，一条野花手链做好啦！

正当大家都沉浸于各自的装扮活动中时，突然又传来了梦婷的声音："用夹子夹不住野花啊，我想做条花裙子，肯定很漂亮！"我说道："那我们的材料篮里还有什么物品可以帮助你呢？"梦婷在篮子里找来了一根绳子放在地上，拿夹子将野花夹在绳子上，再将绳子绑到裙子上，一条特别的花裙子完成啦。

新的问题出现后，幼儿发起了关于材料使用的思考和讨论。在讨论过程中，有的幼儿找到了扭扭棒、透明胶、绳子等材料，有的幼儿找到了空瓶、衣架等材料，我让大家用找到的材料进行尝试。在尝试的过程中，幼儿发现有的材料并不适合作为辅助材料，比如瓶子并不适合绑在身上，衣架挂在身上插花也不美观，小夹子夹在身上更适合。在提问—假设—验证—调整的过程中，幼儿们找到了适合的辅助材料。

教师聚焦幼儿的问题，引发幼儿更深入的思考。当有幼儿产生疑问后，教师并不是直接给予帮助，而是把问题抛给幼儿，引导幼儿根据已有的经验进行探究和实验。教师完全尊重幼儿，放手让幼儿自己去搜集材料，支持幼儿验证材料的可行性和美观性。

镜头三

为了留住美，孩子们想到了各种各样的方式：在舞台表演的时候会用野花装扮自己和舞台，还给舞台取名为“花儿飞飞”；给制作好的物品拍照，布置成“花花绿绿”作品展，把美留在照片里；还开展了一次“花儿美美”的小市集，将制作的成品分享给其他宝贝们，也有幼儿将制作好的作品带回家，送给爸爸妈妈。

图3 装扮小舞台

整个活动中，小班幼儿不断游戏，在游戏的过程中收集美、展示美、留住美，野花野草的游戏逐渐融入幼儿的一日生活中。

图4 一起表演

图5 “花儿美美”小市集

案例启示

在自然环境下，幼儿能够将生活中获得的经验转化成另一种形式的游戏，用游戏的方式与自然进行联结和互动，建构新经验。大自然充满变化，充满未知。幼儿贴近自然，从自然中感受美，感受力量，让思想不受拘束。

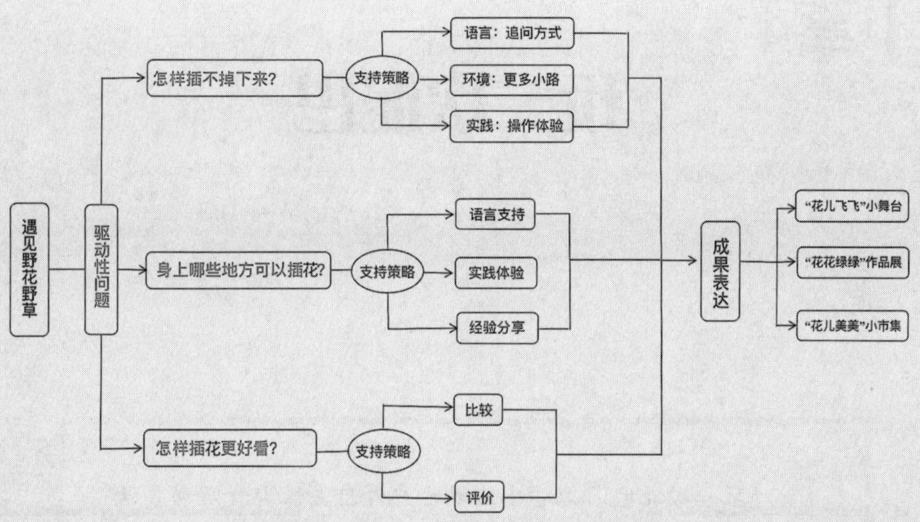

图6　架构图

从图6的架构图可以看出，活动的开展围绕孩子们提出的三个驱动性问题。幼儿通过不同的路径去探索，去发现，教师给予支持，将成果进行个性化表达。成果名称也是由孩子们经过讨论后决定的，我起初觉得小班孩子可能不具备这样的能力，但在实际过程中，却发现孩子们的独立思考水平、共同游戏的能力，还有语言发展都在不断提升。在这个过程中，孩子们给了我很多的惊喜，也让我对小班孩子的年龄特点有了新的认识。

把幼儿交给自然，把自然还给幼儿。教师带幼儿到自然环境中去游戏、去观察，既满足了幼儿的多种需要，又使幼儿的身体得到了健康发展，这是生命成长的最好方式。

穿过树叶的光影，怒放的野花，柔软的草地，动听的鸟鸣，大自然时刻都在用它的力量去绽放。让幼儿置身自然，做个快乐的“野”娃娃。

小事4

玩一次泥巴

陶春超

“玩一次泥巴”源于小班幼儿户外自主性游戏活动。活动时间建议为四周。涉及科学、艺术、语言等领域。主要活动目标：幼儿在探索家乡泥土的过程中了解中国地域的辽阔，了解泥土的作用和多种玩法。主要经验点：幼儿在玩泥土的过程中了解泥土的多样性。

一、活动方案

"玩一次泥巴"活动方案　　适合年龄段：3—4岁

基本流程	驱动性问题	活动目标	所需资源	支持性策略	探究经验点	成果个性化表达
家乡的泥土	1. 家乡的泥土一样吗？ 2. 你能收集到多少种泥土？ 3. 不同的泥土适合种植的东西一样吗？	1. 了解自己家乡的泥土。 2. 幼儿自主调查，了解泥土的特性。 3. 在收集、讨论泥土的过程中感受中国的地大物博。	1. 全国各地不同泥土的实物、照片、视频。 2. 挖掘与储存的工具。 3. 幼儿家乡的泥土。	1. 师幼观看关于泥土的实物、照片、视频。 2. 幼儿挖一挖小区和幼儿园附近的泥土。 3. 幼儿讨论并记录泥土的区别。	1. 全国各地的泥土都不一样。 2. 全国各地的泥土适合种植的植物也不一样。 3. 了解中国的地域辽阔。	1. 家乡的泥土记录本。 2. 全国各地泥土讨论集。 3. 泥土与对应植物的记录册。
泥土日记	1. 泥土有什么用？ 2. 你知道泥土的故事吗？	1. 了解泥土的各种作用。 2. 愿意用泥土进行制作。 3. 了解泥土里的生命和石头等。	1.种庄稼的图片、视频。 2.以前造泥房子、泥桥的照片、视频，现在用泥做砖头的照片、视频。 3.燕子造窝的视频。 4.腌制咸鸭蛋所需的材料。	1. 田野中观看庄稼的种植场景。 2. 收集泥房子、泥桥、泥砖的照片，举办展览会。 3. 观看燕子造窝的视频，寻找燕子窝。 4. 腌制咸鸭蛋。	1. 泥土可以提供庄稼生长的养分。 2. 泥土加水夯实可以建造牢固的建筑。 3. 黄泥加盐包裹住鸭蛋后可以腌制出咸鸭蛋。	1. 幼儿观看庄稼种植的记录、视频集。 2. 咸鸭蛋。 3. 泥土日记。
来吧，和泥土一起游戏	1. 泥土可以怎么玩？ 2. 创编泥土游戏。	1. 知道泥土可以玩很多游戏，如颠泥球、扔泥巴等。 2. 幼儿创编的泥土游戏。	1.幼儿园里的泥巴地。 2.幼儿玩泥土的照片、视频。 3.玩泥土的工具。	1. 幼儿在泥巴地里玩游戏。 2. 记录幼儿自主创编的泥土游戏。	1. 幼儿了解泥土的多种玩法。 2. 幼儿在玩的过程中了解各种各样的泥土游戏。	1. 泥土游戏集。 2. 幼儿玩泥巴的照片集、视频集。

二、活动实施

（一）集体学习活动

不一样的泥土

科学、语言 ★★★ —— 社会、艺术 ★★ —— 健康 ★

➢ **活动思路**

泥土在生活中随处可见，公园、路边的灌木丛、森林等都能看到泥土的存在。幼儿对泥土也非常好奇，为什么泥土有时候是硬的，有时候是软的？开展“不一样的泥土”活动，可以让幼儿感知泥土，了解不同地方泥土的颜色、味道、质地的不同。

➢ **活动目标**

借助多种感官感知泥土，了解不同地方泥土的颜色、味道、质地的不同。

鼓励幼儿积极参与活动，在收集、讨论泥土的过程中知道中国地域辽阔的特点。

➢ **活动准备**

经验准备：有区分差异的经验。

物质准备：幼儿收集的泥土，全国各地泥土的实物、图片，记录纸，PPT课件。

➢ **活动过程**

1. 介绍自己收集的泥土

出示幼儿自己收集的泥土，请小朋友看一看、闻一闻、摸一摸。

提问：你们收集的泥土有什么不同？

（价值分析：幼儿了解在家周围挖出来的泥土的味道、形状、颜色都不同。）

2. 不一样的泥土

（1）教师出示全国各地泥土的照片，请小朋友猜一猜这些泥土分别来自哪里

提问：请你们猜一猜，这些泥土来自哪里？谁来说一说？

小结：黑土是东北的，黄土是我国中部、陕北一带，红土是广西、福建一带，棕色的土在辽东、山东半岛一带，紫色的土在四川盆地一带。

（2）教师出示全国各地泥土的实物，请小朋友辨别

提问：刚刚我们都了解了全国各地泥土的不同，请你们辨别一下这些泥土来自哪里。

小结：全国各地的泥土的颜色和质地都不同。

（价值分析：幼儿了解全国各地泥土的颜色和质地不同。）

3. 延伸活动

在自由活动中玩一玩泥巴。

在家庭中进行亲子玩泥巴活动。

泥土探秘

艺术、科学 ★★★ — 社会、语言 ★★ — 健康 ★

➢ **活动思路**

作为生活在农村的幼儿，泥土对于他们来说并不陌生。在开展本次活动之前，我带着幼儿去挖土、筛土、分土，幼儿喜欢上了玩泥巴。

➢ **活动目标**

鼓励幼儿能够按自己的意愿进行创造活动，充分发挥想象力、创造力。

通过操作、实践，引导幼儿了解泥土的性能和用途，感知泥和土的不同特性。

➢ **活动准备**

经验准备：幼儿了解水土流失与填海造田的案例。

物质准备：大量不同种类的土、水、玩泥工具、和好的泥（少量）、各种泥玩具、录音机、《泥娃娃》歌曲。

➢ **活动过程**

1. 儿歌导入，激发兴趣

播放儿歌《泥娃娃》，引出泥巴。

提问：这个小娃娃是用什么做的？

小结：原来这个小娃娃是用泥巴做的，所以越洗越脏。

（价值分析：引导幼儿了解泥巴的特性。）

2. 玩泥巴，感知泥巴特性

（1）出示泥巴，请幼儿仔细观察、感知

提问：想一想，泥还有什么用处？

小结：泥可以用来种花、种树、种庄稼，人们盖房子也要用泥，有的小动物也生活在泥土里。

（价值分析：引导幼儿了解泥土对人及动植物的重要性。）

（2）玩泥活动

出示和好的泥，观察和好的泥与土有什么不同，怎样才能让土变成泥。教师和幼儿共同尝试和泥巴。

加水过少，泥土有点干，不易成形，易破碎。

加水过多，泥土就变成稀泥，顺手流淌，不易成形。

加适量的水和土，泥土就会黏稠，使劲揉就会变得光滑细腻。

提问：泥巴是什么样子的？揉一揉、捏一捏有什么感觉？

小结：干泥加水会变成湿泥，可以揉捏出不同的形状。

（价值分析：幼儿了解泥土的性能、用途，感知泥和土的不同特性。）

3. 延伸活动

观察自然角里种植的植物，了解泥土与植物的关系。

（二）个别化学习活动

哪些泥土适合种植

➢ 材料

不同种类的泥土（红土、黄土、沙土等），植物种子，记录纸，笔。

➢ 玩法

将植物种子分别种植在不同种类的泥土中。

观察哪种泥土最适合植物生长，并进行简单记录。

➢ 观察重点

观察幼儿在种植植物时如何进行记录。

观察幼儿处理不同泥土中的植物的方法有何不同。

➢ 提示

每天观察植物的生长情况。

要将植物种植在适合它们生存的泥土中。

陶艺

➢ 材料

泥土、水。

➢ **玩法**

将水慢慢倒入干泥中。

干泥变湿泥后，开始捏造型。

➢ **观察重点**

观察幼儿如何控制加水量。

观察幼儿如果加水过多是如何处理的。

➢ **提示**

往干泥里倒水一定要慢。

幼儿捏完泥后要清洗双手。

三、活动分享

泥巴真好玩

大自然是孩子们感受自然、亲近自然的最佳场所，而泥土是大自然珍贵的资源。孩子们对于泥土充满好奇，都想摸一摸、玩一玩。孩子们通过玩泥巴，了解泥的特性和用途，体验玩泥巴的乐趣。

镜头一：做牛肉粉丝汤喽

户外自主游戏开始了，铎铎拿着一把铁锹正在挖泥。婷婷问："铎铎，你在做什么呀？我们正准备开一家店呢！"铎铎说："我正在准备煮牛肉粉丝汤呢！"接着，铎铎邀请她说："和我一起准备材料做牛肉粉丝汤吧！我们

图1　挖泥做牛肉粉丝汤

图2　煮开水做牛肉粉丝汤

一起开一家卖牛肉粉丝汤的店。”几个孩子一起忙活起来，分工合作。铎铎挖泥，婷婷盯着“锅”里的水，梦轩、梦婷姐妹准备煮“牛肉粉丝汤”的“调料”。

孩子们制作“牛肉粉丝汤”的游戏来源于日常生活经验，孩子利用玩泥区的已有材料，将泥巴、水想象成制作牛肉粉丝汤的材料，体现了孩子们丰富的想象力。孩子们在模仿的基础上加入自己的想法，结合当下的情景创设出新的游戏。

镜头二：卖牛肉粉丝汤喽

铎铎、婷婷把“牛肉粉丝汤”初步制作好以后，婷婷再次往“牛肉粉丝汤”里加水，并用大铲子搅拌。这时，铎铎开始叫卖：“卖牛肉粉丝汤喽！卖牛肉粉丝汤喽！谁来买呀？”这时，梦婷、梦轩姐妹过来了：“有没有牛肉粉丝汤和烧饼呀？”“烧饼没有哦。”铎铎说道。梦婷、梦轩说：“妈妈带我们去吃过牛肉粉丝汤配烧饼，可好吃啦！”铎铎和婷婷说：“好，我们现在就去做烧饼。”于是，两人分工合作，婷婷继续搅拌，铎铎用湿泥巴做“烧饼”。搅拌中，婷婷觉得“汤”太浓了，又雇了一名“员工”去打水加汤。等到铎铎做好“烧饼”，两人又开始叫卖：“牛肉粉丝汤配烧饼，谁要吃？快来买喽！”

图3 挖泥做烧饼

图4 打水加汤

从这个游戏片段中可以看出孩子对制作“牛肉粉丝汤”的兴趣十分浓厚。他们制作“牛肉粉丝汤”、售卖“牛肉粉丝汤”、制作“烧饼”的游戏都是自发生成的。孩子们通过玩泥巴，不仅提高了动手能力，而且调动了生活体验，增进了合作意识。

案例启示

第一，游戏材料生活化。

生活化的游戏材料更能激发幼儿的游戏兴趣，幼儿在玩泥游戏中不断积累经验，发挥想象力。

第二，游戏场地自然化。

泥沙区是幼儿非常喜欢的游戏区。我们认识到，在区域设置上，应选择低结构、开阔的游戏，满足幼儿的游戏需要。

第三，观察先行，指导退后。

教师只有在充分观察的基础上，才能对游戏情况作出正确判断，帮助幼儿获得发展。通过观察，教师才能知道幼儿是否需要增加游戏时间，材料提供是否恰当，经验是否丰富。教师只有了解幼儿的游戏内容，才能避免用成人的看法干涉幼儿的游戏。

小事5

玩一个田野游戏

陆燕燕

“玩一个田野游戏”源于小班主题“小花园”。活动时间建议为四周。涵盖科学、语言、艺术、社会等领域。主要活动目标：幼儿在探索体验中发现身边的自然物是宝贵的游戏资源；玩转田野小游戏，体验玩游戏的乐趣。主要经验点：幼儿了解田野里的自然物可以用来玩游戏；自然材料具有自然、环保、经济、就地取材等特点。

一、活动方案

“玩一个田野游戏”活动方案　　　　适合年龄段：3—4岁

基本流程	驱动性问题	活动目标	所需资源	支持性策略	探究经验点	成果个性化表达
玩过的田野游戏	你玩过什么田野游戏？	1. 尝试走进田野，感知田野里的自然物。 2. 利用田野里的自然物玩游戏。	1. 乡下农田。 2. 小公园。 3. 父母、祖辈家长。 4. 竹篮、剪刀、小铲子等。	1. 鼓励幼儿说说玩过的田野游戏。 2. 走进田野，趣玩田野。 3. 家园合作，分享田野游戏的照片、视频。 4. 创设“我玩过的田野游戏”互动墙面。	1. 田野里有丰富的自然物。 2. 田野里的自然物可以用来做游戏。	1.“亲子田野游戏”视频集、照片集。 2.“我玩过的田野游戏”互动墙面。
我喜欢的田野小游戏	1. 你喜欢玩什么田野小游戏？ 2. 你想先玩哪一个游戏？	1. 尝试记录游戏的过程和玩法。 2. 体验田野游戏的乐趣。	1.幼儿园的小山坡、绿化区域。 2.幼儿园的菜地、果园。 3.瓶子、盒子、盘子、铲子、泡泡水、剪刀、压花机、放大镜、浇水桶、记号笔、纸、水彩笔、录音笔、拍摄设备等。	1. 把幼儿的游戏过程用照片、视频的形式记录下来。 2. 汇总幼儿喜欢的田野小游戏。 3. 创设互动区域，召开“田野小游戏分享会”，为自己喜欢的小游戏投票。 4. 说说：“想先玩哪一个？”“你是怎么玩的？” 5. 尝试说说在游戏中的发现。	1. 探索田野自然物的多种玩法。 2. 发现自然物具有自然、环保、经济、就地取材等特点。	1.“我最喜欢的田野小游戏”视频集、照片集。 2.“我的游戏过程”记录本。

二、活动实施

（一）集体学习活动

树叶宝贝

科学、社会 ★★★　　语言、艺术 ★★　　健康 ★

➢ 活动思路

幼儿有着强烈的好奇心和探究欲，结合主题“小花园”中的核心经验“喜欢观察周围的花草树木”，针对小班幼儿年龄特点，以“自然触碰、田野探究”为活动主线，预设了本次活动内容，让幼儿走进田野，收集各种各样的树叶，感知树叶的特点。

➢ **活动目标**

观察田野自然物，感知树叶大小、颜色、形状的相似与不同。

愿意用比较完整的语言描述树叶的特征。

➢ **活动准备**

经验准备：已有区分大小、颜色、形状的经验。

物质准备：幼儿园花园中掉落的树叶。

➢ **活动过程**

1. 捡捡看看

出示幼儿在花园中找到的各种树叶。

提问：这些都是我们在花园中找到的树叶宝贝，你们仔细看一看，这些树叶宝贝长得一样吗？

（价值分析：初步了解田野中的树叶，通过捡捡、看看感知树叶的外形。）

2. 比比看看

和同伴比比树叶有哪些不同。

提问：和旁边的小朋友比一比，你们拿的树叶有什么不一样？

小结：原来每片树叶都长得不一样。

（价值分析：通过比一比、看一看，进一步感知树叶的特点。）

3. 认认看看

引导语：这些树叶是哪棵树上的？我们去认一认、找一找。

幼儿在小花园里拿着树叶进行寻找、比对。

思考：一棵树上的树叶宝宝都一样吗？有什么不一样？

小结：原来，同一棵树上的树叶长得也会不一样。

4. 延伸活动

区域延伸：小花园中还有哪些树叶宝贝？捡回来看一看、比一比、说一说，发现树叶不一样的地方。

家庭延伸：在田野周围寻找树叶，比一比，说一说。

社区延伸：到社区、公园中寻找树叶，比一比，说一说。

趣玩田野果实

科学、社会 ★★★　　语言、艺术 ★★　　健康 ★

➢ **活动思路**

以“自然触碰、田野探究”为活动主线，结合小班幼儿好奇探究的特点，预设了本次活动，让幼儿在自然中发现田野中的果实，创设玩法，进一步激发探究自然物的兴趣。

➢ **活动目标**

发现田野中的各种果实，探索“田野果实小游戏”。

体验田野果实小游戏的多种玩法。

➢ **活动准备**

经验准备：幼儿具有描述物体形状的经验和一定的语言表达能力。

物质准备：各种田野里可见的果实（黑黑的、绿绿的、红红的、圆圆的、扁扁的、光光的、毛毛的等）。

➢ **活动过程**

1. 看看说说

幼儿展示自己找到的果实。

提问：请介绍你找到的果实。

小结：这些田野里的果实颜色不一样，有红的、黑的、绿的等；外形特征也不一样，有的圆圆的，有的扁扁的，有的光光的，有的毛毛的。

（价值分析：初步了解果实，通过看看、说说来发现果实的特点。）

2. 玩玩说说

（1）玩一玩

幼儿摆弄果实。

同伴之间交换玩、合作玩果实。

（2）说一说

提问：你是怎么玩的？

小结：原来果实可以玩这么多小游戏，真有趣。

（价值分析：通过玩一玩、说一说，进一步探索、体验田野果实小游戏玩法的多样性。）

3. 延伸活动

区域延伸：探索更多的游戏玩法，尝试把游戏的过程记录下来。

家庭延伸：在田野周围继续寻找田野果实，尝试玩一玩。

社区延伸：到公园等地继续找寻果实，尝试玩一玩。

（二）个别化学习活动

田野健康馆

➢ **材料**

各种自然物（各种树叶、树枝、小石块、泥块、野花野草、种子、棉花、稻穗等），不同材质的瓶子和罐子（塑料、玻璃、不锈钢、陶瓷等）。

➢ **玩法**

用树枝或柳条编织成圆形的格子，玩跳房子游戏。

用泥块、石头与柳条圈组合进行套圈游戏。

利用树枝与瓶子组合进行投壶游戏。

➢ **观察重点**

观察幼儿在多种活动中的手眼协调性、身体的灵敏性如何。

观察幼儿好奇心和探索兴趣如何，是否能创编多种游戏玩法。

➢ **提示**

引导幼儿利用提供的树枝、瓶罐进行游戏，同时关注幼儿的游戏安全。

投壶的瓶子可以选用塑料瓶，瓶口大一些，也可以用竹筐、篮筐代替。

果实集合营

➢ **材料**

田野中找到的各种植物果实。

➢ **玩法**

把果实放入瓶中，摇一摇、听一听。

把果实按大小顺序排列。

利用果实进行点数活动。

➢ **观察重点**

观察幼儿对瓶子里发出的声音是否感兴趣。

观察幼儿给果实排序、数数的情况。

➢ **提示**

将田野中的果实放进瓶子，摇晃发出声音。

选用表面较干净、不易破碎的果实，保障游戏的安全、卫生。

三、活动分享

哇，田野果实真好玩

户外活动时，小朋友们发现地上全是掉落的树叶。小洋正在捡落叶，突然举起一颗黑乎乎的果实大喊："快来看，我捡到一个松果！"小朋友们一窝蜂地围上前，观察着他手中的"松果"，叽叽喳喳地讨论着。

镜头一：这是松果吗？

捡到"松果"后的讨论

小阳：这是松果吗？

小瞳：这不是松果。

婷婷：幼儿园没有小松鼠，不会有松果的。

涵涵：松果不是长这样的，我明天拿来给你们看。

实物对比

小洋：哇！它们长得真的有点像！谁才是真的松果啊？

孩子们的发现

淇淇：一个瘦瘦的，一个胖胖的。

小欣：一个长得像刺猬，一个像面条。

小琛：胖胖的像旋风，另一个有点瘦瘦的、尖尖的。

图1 观察松果

分辨真假

教师：我们应该如何寻找答案？爸爸妈妈可是我们学习的好伙伴呢！

淇淇：原来松果是尖尖的，广玉兰果是毛毛的。

涵涵：我拿到幼儿园的是松果，幼儿园里找到的是广玉兰果。

小兴：你们仔细看，它们果然不一样！在幼儿园捡到的不是松果。

通过自主查阅、小小讲解员活动，幼儿知道了这颗“松果”原来是广玉兰的果实。

镜头二：松果从哪里来？

小琛：广玉兰果实是长在树上的，松果是长在树上的吗？

小煜：我们幼儿园有松果吗？

婷婷：老师，这棵树好大，是什么树？

教师：这棵是松树。

小瞳：松树上会不会有松果？

沐沐：我找到了松果，你们看，松果在树上。

小瞳：老师，这是什么树呀？

教师：这也是松树？

小阳：都叫松树，怎么长得不一样？

教师和孩子们一起查阅了关于松树种类的信息，也获知松果是长在树上的。《3—6岁儿童学习与发展指南》中指出，儿童有着与生俱来的好奇心和探究欲望。基于幼儿对松果、广玉兰果的兴趣，满足幼儿对事物的好奇心，激发幼儿进一步探索自然田野的欲望，师幼开启了果实探秘之旅。

图2　树下找松果

图3　找到松果

镜头三：它们都是果实吗？

再观察

孩子们充满了大大的疑惑：这些都是果实吗？为什么它们长得不一样？

淇淇：松果像一朵花。

小曈：松果是椭圆形的。

小宇：广玉兰果尖尖的。

小凡：它们颜色不一样，一个是灰色的，一个是咖啡色的。

小琛：一个像开花的，一个没有开花，包在一起的。

图4　松果再观察

沐沐：一个闻起来有味道，一个闻起来没有味道。

婷婷：广玉兰果像一个个小嘴巴。

星星：广玉兰果有个长长的柄。

教师：原来松果和广玉兰果形状不一样，大小也不一样。松果的外壳像鱼鳞，广玉兰果的外壳鼓鼓的。松果是咖啡色的，比广玉兰果的颜色深。

寻找答案

教师：回家和爸爸妈妈一起查阅资料，寻找问题的答案。

总结：松果和广玉兰果都是大树的果实！

探究：生活中还有哪些大树也会长果实，树上的果实都是种子吗？有哪些大树的果实就是种子？

镜头四：草里的果子

找到果子了

一次午后散步时间，若轩指着紫薇树上高高的小果子说："你们看，这是什么？"同伴们纷纷抬起头，都说树上的是果子。突然，佳煜说："老师，我踩到黑黑的果子了。"话音刚落，大伙儿都去检查自己的脚底是否有黑黑的果子，婉婷蹲下身大喊："我也找到果子了。"于是，孩子们一起蹲下来捡果子。

小曈：我找到的果子是绿绿的。

教师：在哪里找到的？

小曈：在草里。

小煜：我找到的果子是黑色的。

图5　找到果子

小轩：我找到了好多呀。

小琛：果子们大小不一样。

小煜：我有两个果子。

带回果子

采摘结束后，大家把果子带回班级，放在了自然角的小竹篮里。

教师：果子在哪里摘的？

小瞳：在草里。

教师：我们原来是在树上看到的果子，怎么草里也有？

小琛：可它就是在草里摘的。

教师：原来不仅树上会长果子，草里也会长果子。

小轩：这些果子有什么用呀？

沐沐：可以玩呀。

小琛：可以比大小。

小洋：可以听声音，放在瓶子里摇一摇听声音。

经过了一番讨论，孩子们想出了很多和果子一起玩的游戏。

镜头五：果子怎么玩？

好听的声音

户外活动中，孩子们拿出了之前采摘的果子。

星星：这个怎么玩呀？

小兴：把果子放进瓶子里玩。

星星：我们一起放。

接着，两人拿起三五颗果子放进了塑料瓶里。

小兴：我听到有声音，你听到了吗？

星星：我听到了，可是声音好小，听不清楚。我来刮刮看，我之前玩蛙鸣乐器的时候也是刮的。

小兴：那我拿松果也来刮刮。

星星：刮了之后声音有点响了。

小兴：我用松果刮出来的声音更响。

果茶

小雅：我在那棵树下面找到了小红果，把它放在杯子里当作食物去招待客人。

小诺：我也去找找有没有其他果子。

小雅：（一边说一边指）我就在那棵树下面找到的。

小诺：我去看看，我也找到果子了，我找到了大红果。

小雅：大红果怎么玩呀？

小诺：我要把大红果放到锅里，加点水，给它煮一煮，做成果茶，我还要加点树上掉下来的花瓣，让果茶变得香香的。

小雅：我也去试试。

幼儿对捡到的果子很感兴趣，不断丰富游戏情节，感知自然的美妙。

图6 果子花茶

案例启示

第一，教育契机。

在探索果实的过程中，教师针对幼儿的问题，敏锐地抓住教育契机，积极引导幼儿大胆表达自己的想法，及时帮助幼儿梳理与整合问题，关注幼儿的兴趣点，充分体现幼儿的主体性，让日常生活中见过但并不了解的松果，变成“活教材”，让课程充满生命力。大自然赋予了幼儿无穷的探究欲望和学习机会，在故事中，我们看到果实引发了幼儿一次又一次的探究兴趣和探究行为，在猜想、观察、查阅中探寻“真假松果”的秘密。教师捕捉幼儿的探究兴趣，给予幼儿充分的支持与帮助，以儿童视角的真问题、真感受助推主题的深入发展。

第二，支持探究。

师幼互动、生生互动、亲子互动是活动开展的重要方式。在案例中，前期的活动是由教师在园支持幼儿逐步开展的，家长则在家中支持、陪伴幼儿查阅资料，家长也能有效支持和激发幼儿的探究意识。

第三，回归本真。

幼儿走进自然，利用果子、石头、树枝等自然物进行体验、感受和探索。自然是幼儿快乐游戏的源泉，幼儿按照自己的意愿选择游戏，开展游戏，丰富游戏，获得成长。

第四，共同成长。

教师和幼儿形成了学习共同体。在活动开展的过程中，教师对幼儿的关注更多了，对幼儿的观察更细致了，倾听幼儿的问题、观察幼儿的动态，与幼儿共同发现、共同探索。

整个活动过程中，教师观察幼儿的游戏，认同幼儿的兴趣，解读幼儿的游戏行为，支持幼儿的自主探究和发展。当幼儿遇到困难时，教师并不急于干预，而是抛出问题、讨论分享、提供材料，做幼儿的陪伴者、支持者。教师在游戏中不断进行总结、讨论，助推游戏的持续性发展。

小事6

做一个垃圾桶

陆静怡

“做一个垃圾桶”源于小班延伸主题。活动时间建议为三周。涵盖科学、健康、语言、社会等领域。主要活动目标：幼儿了解和认识垃圾桶的颜色和功能；培养幼儿初步的环保意识。主要经验点：幼儿进一步感知垃圾分类的重要性；在日常生活中主动、自觉地进行垃圾分类，更好地了解垃圾分类的意义，培养环保意识。

一、活动方案

"做一个垃圾桶"活动方案　　适合年龄段：3—4岁

基本流程	驱动性问题	活动目标	所需资源	支持性策略	探究经验点	成果个性化表达
认识常见的垃圾桶	生活中常见的垃圾桶是什么样？	1. 了解常见的垃圾桶。 2. 知道垃圾桶的作用。	1. 垃圾桶实物。 2. 有关垃圾桶的书。	1. 找找生活中的垃圾桶。 2. 与找到的垃圾桶合影。	红色代表有害垃圾，褐色代表湿垃圾，蓝色代表可回收物，黑色代表干垃圾。	1. 幼儿了解生活中常见的四种颜色的垃圾桶所代表的意思。 2. 幼儿与不同垃圾桶的照片集。
自制垃圾桶	如何制作垃圾桶？	1. 了解垃圾分类的意义。 2. 提倡垃圾分类，萌发环保意识。	废旧纸盒、纸箱、牛奶盒、彩纸、画笔、胶带等。	用废旧材料制作简易垃圾桶。	1. 制作各种颜色的垃圾桶。 2. 选择合适的材料制作垃圾桶。	1. 幼儿制作的垃圾桶展示台。 2. 教室中随处可见幼儿制作的垃圾桶。
探秘垃圾桶	什么样的材料更适合制作垃圾桶？	选择合适的材料制作不同种类的垃圾桶。	废旧纸箱、塑料桶、画笔、胶带、彩纸等。	1. 用各种材料制作垃圾桶。 2. 将制作好的垃圾桶运用在生活中，看看材料是否合适。	投放湿垃圾的垃圾桶需要硬一点的材料。	1. 幼儿园中呈现幼儿制作的垃圾桶。 2. 垃圾桶制作比赛。

二、活动实施

（一）集体学习活动

垃圾入桶

科学、社会 ★★★　健康、语言 ★★　艺术 ★

➢ **活动思路**

在幼儿对常见垃圾桶有所了解的基础上，培养幼儿不乱扔垃圾的行为习惯。同时，让幼儿清晰地了解常见垃圾的分类方法，从小培养环保意识。

➢ **活动目标**

了解常见的垃圾桶，知道垃圾桶的作用。

养成不乱扔垃圾的好习惯。

➢ **活动准备**

经验准备：幼儿对常见的垃圾分类有所了解。

物质准备：有关垃圾分类的课件。

➢ **活动过程**

1. 实物展示，引入话题

提问：桌上摆放的手工制品漂亮吗？它们是用什么做成的？

小结：摆放的都是手工制作的垃圾桶。

提问：这些垃圾桶有各种颜色，这些颜色代表什么意思？

小结：红色代表有害垃圾，褐色代表湿垃圾，蓝色代表可回收物，黑色代表干垃圾。

（价值分析：通过实物展示让幼儿认识垃圾桶的四种颜色，并能了解不同颜色的垃圾桶所代表的含义。）

2. 情境感知，认识垃圾

（1）说一说家里需要处理的垃圾

提问：家里平时扔掉了哪些垃圾呢？

（2）看一看废品回收站的工作视频，认识垃圾分类

提问：平时家里要扔掉的垃圾可真不少，这些垃圾有的可以回收利用，有的却没有回收的价值，怎样来分类处理呢？

提问：刚才观看了视频，回收站的阿姨都收购了哪些废品？

（3）课件展示废品回收再利用的过程，认识垃圾分类回收的益处

小结：现在你们已经知道垃圾回收后有什么用处了吧！垃圾并不都是废品，不要随便乱扔，要变废为宝，将垃圾分类处理。

（价值分析：通过观看视频让幼儿了解垃圾回收后可以变废为宝，从而认识垃圾分类的重要意义。）

3. 情境体验，学会分类

情境内容：给垃圾找个合适的“家”。

情境规则：首先请幼儿给垃圾分类，然后请幼儿说说自己是如何分类的。

（价值分析：通过情境重现，让幼儿进行垃圾分类，进一步巩固垃圾分类的方法。）

4. 延伸活动

引导幼儿在生活中养成不乱扔垃圾的习惯。

垃圾桶

社会、健康 ★★★

科学、语言 ★★

艺术 ★

➢ 活动思路

现今垃圾分类已成为生活新时尚，本次活动引导幼儿认识常见的垃圾桶，萌发环保意识，了解垃圾分类的重要性。

➢ 活动目标

了解垃圾分类的意义，知道垃圾分类给生活带来了很多便利。

提倡垃圾分类，萌发环保意识。

➢ 活动准备

经验准备：已认识垃圾桶。

物质准备：PPT课件、图画纸、记号笔若干。

➢ 活动过程

1. 谜语引入，激发兴趣

谜语导入：今天，老师带来了一个有趣的谜语，你们猜猜谜底是什么？小宝贝，笑哈哈，每天张着大嘴巴，果皮废纸都吞下，保持清洁功劳大。（谜底：垃圾桶）

（价值分析：通过谜语导入，激发幼儿兴趣，引入垃圾桶话题。）

2. 感知分类、美化生活

（1）出示PPT图片，认识四种垃圾桶

提问：这些垃圾桶是什么颜色？你在哪里见过？

小结：这四种颜色的垃圾桶，分别投放不同的垃圾，为我们提供了许多便利。

（2）通过PPT图片，了解垃圾分类为生活带来的便利

提问：图片中的人们分别将哪些垃圾扔到了哪个垃圾桶里？分类垃圾桶为我们生活带来了哪些便利？

小结：红色垃圾桶可以投放对人体有害的垃圾，比如电池、过期药品、废旧灯管等；蓝色垃圾桶可以投放可回收物，比如塑料瓶、废纸盒、螺丝、铁钉、玻璃瓶等；褐色垃圾桶可以投放湿垃圾，比如剩菜、剩饭等；黑色垃圾桶可以投放其他垃圾。它们虽然小小的，但为我们生活中的垃圾分类提供了许多便利。

（价值分析：通过图片展示让幼儿直观清楚地认识不同垃圾应该分类扔到不同颜色的垃圾桶内。）

3. 呈现图片，引发讨论

（1）人们乱扔垃圾PPT情境导入

（2）观察PPT图片，分组讨论，大胆表达看法

提问：发生了哪些不愉快的事呢？

小结：有些人乱扔垃圾，没有对垃圾分类，随意扔进垃圾桶；还有的人虽然分类了，但没有仔细看清垃圾桶的颜色就随意扔进去。

4. 提倡垃圾分类，大胆表述

引导幼儿大胆表达保护四色垃圾桶的方法。

提问：发生了这么多不愉快的事情，你会怎么保护四色垃圾桶？

（价值分析：将垃圾分类意识渗透在幼儿的一日生活中。）

5. 延伸活动

教师和幼儿一起动手清理垃圾，并把它们分类扔到垃圾桶里。

（二）个别化学习活动

制作分类垃圾桶

➢ **材料**

瓦楞纸、彩纸、彩笔、剪刀等。

➢ **玩法**

用瓦楞纸折成大小相同的纸盒；在纸盒的一面剪出一个口投放垃圾；按照垃圾分类的名称和图片进行绘画。

➢ **观察重点**

观察幼儿折纸的方法是否正确。

观察幼儿的绘画是否有创意。

➢ **提示**

幼儿使用剪刀的时候，教师需要进行帮助。

变废为宝

➢ 材料

旧纸箱、塑料袋、彩纸、画笔、身边的废旧材料等。

➢ 玩法

利用画笔、彩纸等材料，将纸箱、塑料袋设计制作成垃圾桶。

➢ 观察重点

观察幼儿如何设计垃圾桶。

观察幼儿对废旧材料的使用是否合适。

➢ 提示

幼儿可将纸质塑料袋套在身上表演走秀活动。

三、活动分享

做一个垃圾桶

垃圾分类和垃圾桶的使用是保护环境和保持健康的重要话题。在幼儿园普及观念、加强宣传，同时通过手工制作垃圾桶，不仅可以锻炼幼儿的动手能力，激发幼儿的创造力和想象力，还可以引导幼儿养成节约资源、保护环境的好习惯。小班幼儿刚入园，对垃圾怎么丢充满了疑问。餐后，经常有幼儿问："老师，东西吃完了应该丢到哪里去？""老师，这个应该放在哪个垃圾桶里？"根据幼儿们当下感兴趣的话题，我们开展了"做一个垃圾桶"的活动。

镜头一：做一个垃圾桶

"制作垃圾桶要用什么材料呢？"我问道。

悠悠说："我们用快递箱，我妈妈买了好多快递，箱子都挺大的，我可以带过来制作垃圾桶。"

思思建议："还需要颜料，我们可以用彩纸和蜡笔装饰垃圾桶。"

第二天，孩子们就用悠悠拿来的大纸箱制作垃圾桶了。

悠悠提议："垃圾桶需要盖子，我们直接拿个板盖在纸箱上。"

于是，悠悠和思思制作了一个简易垃圾桶，然后再将纸箱涂成褐色，班级中的褐色垃圾桶就出现了，幼儿们可以将点心和水果皮扔在垃圾桶里。

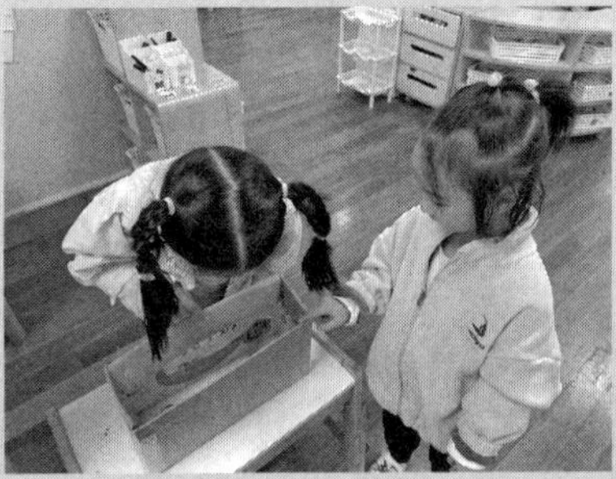

图1 寻找做垃圾桶的材料

图2 和小伙伴一起制作垃圾桶

镜头二：加固我的垃圾桶

制作的垃圾桶被布置在教室里和校园内，每次散步，孩子们看到自己制作的垃圾桶，心里充满了自豪感。

突然下了几天雨，很多手工制作的垃圾桶被雨淋坏了。

"为什么我的垃圾桶破了啊?"小谷难过地问道。果然，小谷用纸盒制作的垃圾桶在经历了几场大雨后，已经破了。"因为垃圾桶是纸盒做的，下雨了肯定会破的。"韵韵说道。"那我们用什么材料制作垃圾桶才能结实一点呢?"我借机问道。孩子们纷纷思考起来，在班级里进行了热烈的讨论。

"用塑料盒子，外面的垃圾桶也是塑料的。"小王说道。

"可是学校里没有塑料盒子。"小王继续说道。

"我家有，我爸爸上班的地方有。"媛媛说道，"明天我带来。"

第二天，大家用媛媛带来的塑料盒子制作了新的垃圾桶。

镜头三：垃圾去哪了?

随着一系列活动的开展，有一天韵韵突然问道："我们扔在垃圾桶里的垃圾去哪里了?"

呆呆说道："被环卫工人拖走了。"浩浩则说："垃圾被烧掉了。"大家对垃圾处理产生了疑问，纷纷发表自己的看法。带着这个问题，大家放学后查阅资料，询问家长。

琳琳说："我爸爸说垃圾会被集中烧掉。"小谷说："昨天我看视频说垃圾扔掉后会进行各种处理，有的垃圾还能重复利用呢。"大家对这个问题进行了热烈讨论，并总结了垃圾处理的多种方法，解决了心中的疑问。

案例启示

通过系列活动，孩子们对垃圾的产生、危害，以及垃圾怎样处理有了初步的认识和了解。

垃圾桶的制作充分体现了孩子的自主性，他们通过动手操作，制作了形象可爱、色彩鲜艳的垃圾桶，解决了班级垃圾分类的问题。

这样的活动可以提高家庭和社区的垃圾分类意识，提高孩子的环保意识。经过这样的活动，孩子们乱扔垃圾的现象明显减少了，在幼儿园和家中能自觉维护整洁的环境。

小事7

种一次蚕豆

戚婷婷

“种一次蚕豆”源于小班主题“小花园”。活动时间建议为一学期。涵盖科学、社会、语言等领域。主要活动目标：幼儿对探究田野里的蚕豆感兴趣，发现蚕豆不同时期的生长变化；在种植蚕豆的过程中，体验劳动的快乐，培养爱护植物的感情。主要经验点：幼儿了解蚕豆的特点是长长的、尖尖的、毛毛的，外皮为青绿色，也有的是灰绿色，还有不常见的黑色或者紫色；蚕豆的生长过程是：种子出芽—幼苗生长—现蕾分枝—开花结荚—种子成熟。

一、活动方案

“种一次蚕豆”活动方案 适合年龄段：3—4岁

基本流程	驱动性问题	活动目标	所需资源	支持性策略	探究经验点	成果个性化表达
它是谁？	这是蚕豆吗？	在寻找蚕豆的活动中，自主探索蚕豆的外形特征和生长过程。	1. 蚕豆种植园地。 2. 豆荚若干。 3. 蚕豆若干。 4. 介绍蚕豆“小耳朵”的视频及蚕豆生长视频。	1. 教师和家长带幼儿去田间寻找蚕豆。 2. 开展剥豆荚活动。 3. 亲子合作完成蚕豆美食。	1. 蚕豆花长得像蝴蝶，可以做药材。 2. 蚕豆长长的、尖尖的、毛毛的，外皮多为青绿色。 3. 蚕豆在开花的时候会长出“豆耳朵”。 4. 每节豆荚剥出来的蚕豆数量不一样。 5. 蚕豆可以制作各种美食。	1. 幼儿寻找蚕豆的照片或者视频。 2. 剥蚕豆的照片和视频。 3. 蚕豆美食品尝会的照片。
我来种蚕豆	蚕豆种哪里？	1. 学习种植蚕豆的几种基本方法，体验劳动的快乐，培养爱护植物的情感。 2. 在观察蚕豆种子和蚕豆种植的过程中，发现蚕豆的特点。	1. 种蚕豆的各种器皿及所需用具。 2. 收获的蚕豆种子若干。 3. 自然角中幼儿种植的蚕豆。 4. 园内蚕豆种植区。	1. 蚕豆的不同种植视频。 2. 幼儿一起挑选蚕豆种子进行种植。	1. 蚕豆的种植方法有水培、土培、沙培等。 2. 蚕豆的生长周期为5个月左右。 3. 蚕豆的生长过程：种子发芽—幼苗生长—现蕾分枝—开花结荚—种子成熟。 4. 不同的生长环境对蚕豆的生长过程有一定影响。 5. 晒干的蚕豆经过水的浸泡会变软。	1. 幼儿观察蚕豆生长的照片。 2. 挑选种子的问题清单。

二、活动实施

（一）集体学习活动

蚕豆花

科学、社会 ★★★　　健康、语言 ★★　　艺术 ★

> **活动思路**

春天的幼儿园种植园地里，麦苗儿绿绿的，油菜花一片金黄，最吸引幼儿的是像小眼睛一样的蚕豆花。

➢ **活动目标**

观察、感知蚕豆花的外形特征。

喜欢蚕豆花，懂得要关心、爱护它。

➢ **活动准备**

散步时观察过蚕豆花；在自然角里见过蚕豆种子，了解其外形特征。

➢ **活动过程**

1. 寻找蚕豆花

带领幼儿到幼儿园内寻找蚕豆花，并能表述蚕豆花的特点。

（价值分析：通过实地寻找蚕豆花，引发幼儿的兴趣。）

2. 观察蚕豆花，了解外形特征

提问：蚕豆花是什么样子的？什么颜色？外形像什么？蚕豆花的叶子又是什么颜色和形状？蚕豆花长在哪里？

小结：蚕豆花像小蝴蝶，也像小眼睛。它是一丛丛开放的，叶子绿绿的，呈椭圆形。

（价值分析：幼儿观察蚕豆花并准确表述蚕豆花的外形特征。）

3. 自由欣赏，表达见解

幼儿结伴观察蚕豆花，大胆讲述自己的发现。

4. 提出疑问，引发幼儿继续探究

提问：蚕豆花凋谢之后，种子是如何长出来的？

小结：当蚕豆花渐渐凋谢，花萼开始膨大并形成豆荚，当豆荚成熟后，就可以采摘下来食用。蚕豆花的种子是豆荚里的蚕豆。

5. 延伸活动

在自然角寻找蚕豆花的种子和果实，做蚕豆发芽的小实验。

在个别化学习活动中开展民俗活动“立夏吃蚕豆”。

有趣的蚕豆

社会、健康 ★★★　科学、语言 ★★　艺术 ★

➢ **活动思路**

充分利用各种资源，让孩子们了解蚕豆的生长过程。

➢ 活动目标

了解蚕豆的特征，知道每个蚕豆荚里蚕豆的数量是不一样的。

自己动手剥蚕豆，培养劳动意识。

➢ 活动准备

蚕豆、电磁炉、PPT课件。

➢ 活动过程

1. 认识蚕豆荚的名称和外部特征

问题：这是什么？它的名字叫什么？

提问：请你们看一看、摸一摸、捏一捏、闻一闻，说出它的样子。（幼儿自由操作、探索，教师分组指导。）

小结：蚕豆荚是绿色的，长长的，两头尖；摸一摸，有点毛；捏一捏，硬硬的；长得像小船，像月亮。

（价值分析：幼儿通过探索感知，了解蚕豆荚的外形特征。）

2. 通过实践活动认识蚕豆

（1）提问：请小朋友猜一猜，蚕豆荚里住着谁？

过渡：住着蚕豆宝宝，你们想请蚕豆宝宝出来玩吗？

（2）教师示范剥蚕豆的过程，并请幼儿操作

提问：请小朋友们看一看，蚕豆是什么样的？摸上去感觉如何？

小结：蚕豆是扁扁的，淡绿色的，摸起来是滑滑的、凉凉的。

（价值分析：幼儿自己动手剥蚕豆，培养劳动意识，在动手操作的过程中了解蚕豆的特征。）

（3）引导幼儿了解每个蚕豆荚里蚕豆的数量不一样

提问：你们剥开的蚕豆荚里有几个蚕豆？数量一样吗？

小结：原来每个蚕豆荚里的蚕豆数量不一样。

3. 延伸活动

幼儿品尝水煮蚕豆，描述蚕豆的口感和滋味。

亲子寻找用蚕豆制作的食物。

（二）个别化学习活动

送豆豆回家

➢ **材料**

勺子、蚕豆若干、标有数字的瓶子五个。

➢ **玩法**

用勺子将不同数量的蚕豆分别装进标有相应数字的瓶中。

➢ **观察重点**

观察幼儿装入瓶中的蚕豆数量是否与瓶子上的数字相对应。

观察幼儿能否熟练地用勺子将蚕豆装入瓶中。

➢ **提示**

装好蚕豆后将瓶盖拧上。

躲豆豆

➢ **材料**

纸、记号笔、蚕豆若干。

➢ **玩法**

抓一把蚕豆轻轻撒落在纸上，在蚕豆之间画线，不能碰到蚕豆。

➢ **观察重点**

观察幼儿能否专注于画线的任务。

➢ **提示**

让幼儿自己设计摆放蚕豆的方式并进行游戏。

三、活动分享

大家一起种蚕豆

吃午饭的时候，辰辰挑出碗里的蚕豆说：“老师，这是什么？”妮妮说：“我知道，我知道。妈妈烧给我吃过，它叫豆豆。”

其他小朋友跟着说：“哦！豆豆！”孩子们对今天午餐的蚕豆并不熟悉，我决定让孩子们深入了解蚕豆。

镜头一：我想吃蚕豆

我拿了一些自然角中的蚕豆进行展示，带着孩子们共同了解蚕豆的特点。

小雨：老师，我还想吃蚕豆，但是没有了。

轩轩：蚕豆是怎么长出来的？

于是，我决定带着孩子们一起种植蚕豆，观察蚕豆的生长过程。

镜头二：我要选择你

种植蚕豆的第一步是选择好的蚕豆种子。辰辰把蚕豆倒入筐里，发现蚕豆大小不一。孩子们仔细地观察和比对，发现了许多蚕豆的小秘密。

杰杰：蚕豆颜色不一样。

辰辰：这个蚕豆大，可以做种子。

豆豆：选绿色的吧。

桐桐：有洞洞的不要选。

辰辰：大的、大的、小的、小的……

杰杰：有洞洞，没洞洞……

孩子们把需要的蚕豆放进了篮子里。

不一会，几个孩子开始一把一把地抓蚕豆，直到把筐里的蚕豆抓完了。孩子们观察着桌子上挑剩的蚕豆，又自发地讨论起来。

杰杰：这个豆豆有洞，是被蚂蚁咬掉了吧！

辰辰：有洞的豆豆没有用。

桐桐：这个豆豆怎么那么小?

桐桐：小豆豆也没用。

我询问孩子们："已经选好了蚕豆种子，接下来应该怎么做?"

豆豆想了一会，不确定地说："我见过奶奶把蚕豆浸在水里!"

"为什么放水里?"辰辰不解地问。

"不知道!"豆豆很干脆地答道。

"那我们也放水里。"杰杰问道。

几个孩子不太确定怎么办，希望征求我的意见。我提议："你们可以试一试!"

孩子们找来两个透明塑料盒，倒进去一些蚕豆，加水放在桌子上。孩子们仔细观察发现，有的蚕豆会"游泳"，在水面上，有的蚕豆在水里。

图1　蚕豆会"游泳"

辰辰：这个浮起来的豆豆都坏了，肯定没用。

桐桐：都臭掉了，扔掉吧。

杰杰：蚕豆怎么变大了?

豆豆：软软的。

桐桐：你们看，可以剥开，里面白白的。

图2　蚕豆上面有洞洞

豆豆：这个可以吃。

杰杰：这颗蚕豆怎么有白色的小尖尖。

桐桐：长大了?

杰杰：这是发芽了!以后可以长出新蚕豆。

镜头三：我来种蚕豆

看到自己挑选的蚕豆种子还有很多，孩子们提议要把它们种到土里。他们拿着种植小工具，提着篮子就出发了。来到小四班的种植园地，辰辰和豆豆用铲子挖洞。

图3　我的蚕豆比你的大

豆豆：可以了，把蚕豆放进去。

杰杰：放一个？两个？几个？

辰辰：多放几个？

桐桐：多放几个，埋起来。

豆豆：种好了，我们走吧。

桐桐：还要浇水了，要不然会死的。

惦记着亲手种下的种子，他们经常去给蚕豆浇水、施肥、除草。

图4　泥巴好硬

有小朋友问我："老师，蚕豆什么时候长大呀？""什么时候才可以吃到蚕豆啊？"我给孩子们准备了植物观察表，让大家每隔一段时间就去观察蚕豆的变化并进行记录，丰富他们对蚕豆的认知。小班的孩子虽然年龄小，但是对身边的一些种植常识还是有所了解的，在共同种植的过程中，积累了诸多有益的经验。

案例启示

"种一次蚕豆"的活动，是孩子们主动生成的，建立在孩子原有经验基础上。

在整个活动中，对于"挑选蚕豆种子"的问题，教师没有遵循以往的经验去引导，而是顺应孩子的需要，让孩子们在相互讨论中了解蚕豆的特征，引发深度探索。

在孩子们挑选的蚕豆种子中，还有一些外表没有坏，但里面坏了的蚕豆，教师没有把成人的经验直接告诉孩子，而是给予他们探索发现的机会。

苏霍姆林斯基说：儿童是富有探索精神的探索者，是世界的发现者。我们要站在孩子的立场，去思考、去等待、去观察，学会支持孩子的行为。

小事8

剥一次毛豆

柴素静

“剥一次毛豆”源于小班主题“娃娃家”。活动时间建议在10月份。涵盖健康、社会、科学、语言等领域。主要活动目标：幼儿模仿大人剥毛豆，发现和感知毛豆的主要特征；乐于用感官观察、探究和分辨毛豆，初步了解和体会毛豆与我们生活的关系；比较剥毛豆的方法，虽然剥毛豆很难，但不轻易放弃。主要经验点：幼儿了解毛豆长在豆萁上，一株豆萁上会结许多毛豆荚，毛豆荚里会有2—4颗豆子；毛豆荚上有密密的细毛，豆子之间有浅绿色的豆衣连接着；剥毛豆需要一些技巧，如在毛豆荚的尖角处捏一捏，豆荚打开小口就容易剥，或把毛豆荚扭一扭，使豆荚开裂再剥。

一、活动方案

"剥一次毛豆"活动方案 适合年龄段：3—4岁

基本流程	驱动性问题	活动目标	所需资源	支持性策略	探究经验点	成果个性化表达
寻找毛豆	毛豆长在哪里?	1. 探寻毛豆的生长环境，在采摘中感受毛豆的特点。 2. 亲近毛豆，对探索毛豆感兴趣。	1. 种有毛豆且有毛豆荚的种植园地。 2. 供幼儿进行匹配游戏的毛豆荚实物。 3. 小篮子。 4. 放大镜。	1. 幼儿拿着毛豆荚在种植园地里寻找毛豆。 2. 采摘毛豆荚。 3. 用放大镜观察毛豆荚，看看豆荚上有些什么。	1. 毛豆长在豆萁上，一株豆萁上有许多毛豆荚。 2. 毛豆荚两头尖、弯弯的，有许多细毛。	1. 幼儿寻找毛豆时的图片集。 2. 幼儿对毛豆荚的描述记录册。
剥毛豆	毛豆怎样剥?	1. 尝试剥毛豆，在观察、比较中探索剥毛豆的方法，感知毛豆的主要特征。 2. 喜欢剥毛豆，体验劳动的快乐。	1.装有毛豆荚的篮子。 2.盆子。 3.剪刀。	1. 观察毛豆荚，想办法将毛豆荚剥开。 2. 比较哪种方法容易剥开毛豆荚。 3. 观察毛豆荚上的凸起部分，猜测有几颗豆子。 4. 剥开毛豆荚后观察豆子的大小、颜色、数量等。	1. 手指抓住毛豆荚尖尖的两端扭一扭，使豆荚开裂再剥。 2. 毛豆荚里有2—4颗豆子，一个毛豆荚里的豆子大小也不一样。	1. 幼儿剥毛豆的图片集。 2. 幼儿绘画毛豆荚的图片。
长大以后我就成了你	毛豆和黄豆一样吗?	1. 通过观察、触摸、掂量等方法比较毛豆荚和黄豆荚，发现毛豆和黄豆的不同点。 2. 感知毛豆与黄豆的关系，了解毛豆和黄豆的营养都很丰富。	1.毛豆变黄豆的视频。 2.毛豆制成的食品和黄豆制成的食品。	1. 比较毛豆荚和黄豆荚，感知其不同点。 2. 观看毛豆变黄豆的视频，发现毛豆和黄豆的关系。 3. 探索毛豆和黄豆制品，品尝豆制品。	1. 毛豆荚有细毛、水分，是绿色的；黄豆荚光滑且没有水分。 2. 毛豆嫩，豆子之间有浅绿色的薄衣；黄豆硬，豆子之间没有薄衣。 3. 毛豆和黄豆可以做成各种好吃的豆制品。	1. 幼儿比较毛豆荚和黄豆荚不同点时的视频记录。 2. 幼儿品尝毛豆和黄豆制品时的视频。

二、活动实施

（一）集体学习活动

数毛豆

科学、健康 ★★★　语言、社会 ★★　艺术 ★

➢ **活动思路**

虽然幼儿经常能吃到毛豆，但往往是剥好的，对毛豆的认识较为浅显。本活动设计了毛豆的点数活动，让幼儿在数数过程中发现豆荚中豆子的数量，并获得数数的方法。

➢ **活动目标**

仔细观察毛豆荚里的豆子，能手口一致点数，并说出总数。

在数数游戏中体验点数毛豆的乐趣。

➢ **活动准备**

经验准备：有采摘毛豆荚的经验。

物质准备：已剥开的毛豆荚人手一份，数字卡片，毛豆萁1株。

➢ **活动过程**

1. 数数豆子有几颗

提问：手里的毛豆荚有几颗豆子呢？试着数一数，有什么发现呢？

小结：原来毛豆荚里的豆子数量不一样，大小也不一样。

（价值分析：在数豆子的过程中，引导幼儿手口一致点数，并说出总数，同时初步感知毛豆荚里豆子的数量特征。）

2. 豆子找朋友

（1）相同数量豆子找朋友

引导语：毛豆荚里有两颗豆子（三颗、四颗）的，一起抱一抱。

小结：原来不同数量的豆子都能找到很多朋友。

（2）看数字找朋友

提问：这是数字几？谁的豆子数量与这个数字一样？

小结：两颗豆子可以用数字2表示，有几颗豆子就可以用数字几表示。

（价值分析：在找朋友游戏中引导幼儿进行数物配对。）

3. 数数毛豆荚有几个

提问：这株毛豆萁上有几个毛豆荚？有什么方法数清？

小结：我们可以用手指着一个一个点数，也可以一个一个摘下来再数。

（价值分析：可以引导幼儿仔细观察，用一一对应、手口一致点数的方法数清毛豆荚。）

4. 延伸活动

在区域活动中投放毛豆荚，让幼儿边剥边数。

幼儿与家长一起走进农田开展毛豆采摘活动，继续体验采摘和剥毛豆的快乐。

长大以后我就成了你

社会、健康 ★★★ | 科学、语言 ★★ | 艺术 ★

➢ 活动思路

毛豆与黄豆的外形差异很大，小班幼儿没有相关的经验，往往不能将两者关联起来。

活动分三步：首先，让幼儿观察毛豆和黄豆的主要特征；其次，观看毛豆变黄豆的视频，了解两者的关系；最后，让幼儿品尝由毛豆和黄豆制成的食物，进一步比较它们的不同。

➢ 活动目标

在比较毛豆和黄豆的异同时发现它们之间的关系。

乐于表达自己的想法，对探究毛豆感兴趣。

➢ 活动准备

经验准备：对毛豆有一定的认知经验。

物质准备：毛豆荚、黄豆荚若干，盆子若干。

➢ 活动过程

1. 摸豆荚、猜豆荚

请幼儿在暗箱里摸一摸、猜一猜，引出毛豆荚和黄豆荚的话题。

（价值分析：在游戏中让幼儿对毛豆荚和黄豆荚形成初步印象。）

2. 比较毛豆和黄豆的不同

（1）幼儿人手一份毛豆荚和黄豆荚，运用观察、触摸、倾听、掂量、剥开等方法进行比较

（2）请幼儿说说毛豆和黄豆的不同

提问：毛豆和黄豆有哪些不一样？

（价值分析：幼儿自主运用多种方式进行比较。教师可引导幼儿细致观察，并

用图片呈现他们的发现。）

3. 毛豆和黄豆是一家

提问：毛豆和黄豆会是同一种豆吗？为什么？

观察毛豆长成黄豆的视频。

小结：原来黄豆是由毛豆长成的，它们是同一种豆子。

（价值分析：通过视频观看让幼儿了解毛豆和黄豆是同一种豆子。）

4. 延伸活动

在点心环节提供毛豆和黄豆制成的食品，让幼儿进一步探索它们的差异。

引导幼儿持续观察毛豆的生长情况，并用照片的形式记录毛豆生长的过程。

（二）个别化学习活动

剥毛豆

➢ **材料**

毛豆荚若干，盆子，剪刀。

➢ **玩法**

取一个毛豆荚，想办法将其剥开。

幼儿顺着裂开的口剥毛豆。

剥出的豆子按大小分类摆放。

➢ **观察重点**

观察幼儿在剥毛豆时使用的方法。

观察幼儿对剥毛豆活动的兴趣度如何。

➢ **提示**

当幼儿无法剥开毛豆时，可引导幼儿尝试多种方法，并说一说哪种方法更简便。

剥毛豆前可猜测豆子数量，能将豆荚凸起的数量与豆子的数量联系起来。

毛豆荚壳创意画

➢ **材料**

毛豆荚壳若干、橡皮泥1盒、剪刀1把、固体胶1支、纸。

➢ 玩法

幼儿创作绘画作品。

幼儿与同伴分享自己的作品。

➢ 观察重点

观察幼儿制作毛豆荚壳的创意如何。

观察幼儿制作时的专注度和持续性如何。

➢ 提示

毛豆荚上有细毛，不易粘贴，教师在活动过程中关注幼儿粘贴毛豆荚壳的方法。

在制作过程中，可引导幼儿根据需要裁剪毛豆荚壳，使用剪刀时需注意安全。

三、活动分享

毛豆不好剥

幼儿的餐桌上经常会出现毛豆做成的菜肴。一天午餐吃的是毛豆红烧肉，佳佳边吃边和同桌的小朋友说："我和妈妈一起剥过毛豆。"旁边的圆圆说："我和奶奶也剥过毛豆。"凡凡也不甘示弱，"我也会剥毛豆"。我大声回应："那么厉害呀，都会剥毛豆，那我们明天一起剥毛豆吧！"

镜头一：毛豆荚壳剥不掉

幼儿们正兴致勃勃地剥着毛豆。有的幼儿拿起毛豆荚就开始剥，有的则看着毛豆荚寻找可以剥开的地方，还有的索性看着同伴剥。超超试着用指甲抠，可是毛豆荚没有剥开，他又尝试了三次，毛豆荚依旧没有变化。超超开始把玩毛豆荚："你们看，这毛豆荚像把刀。"说完，甩了甩毛豆荚。越越的注

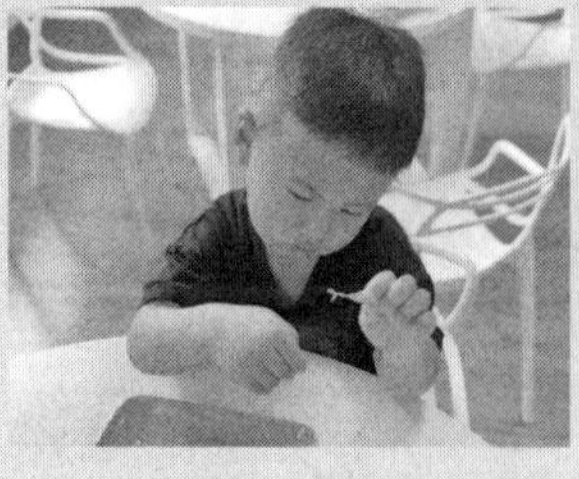

图1　毛豆荚壳剥不掉

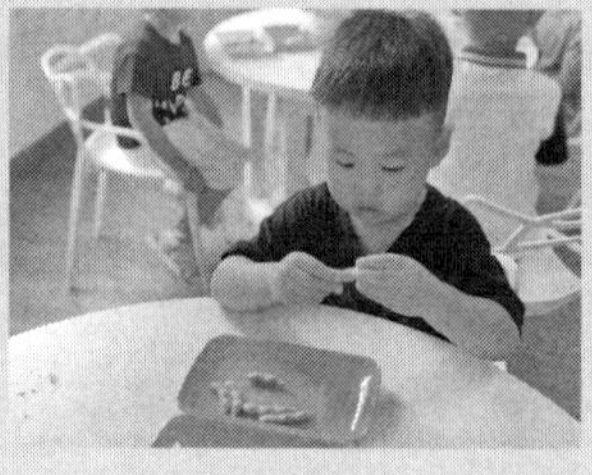

图2　毛豆荚像把刀

图3　毛豆荚像小船

图4 毛豆荚好硬

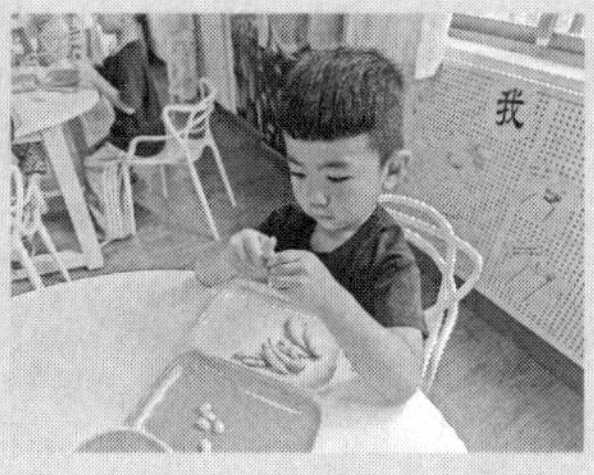

图5 数数有几颗毛豆

图6 里面好像藏了三颗，剥剥看

意力也被吸引过来，跟着说：“它像小船，弯弯的。”妍妍说：“毛豆荚毛毛的，摸上去好舒服呀。”幼儿们你一言我一语地开始讨论起毛豆荚。

我也加入了他们的讨论：“你们观察得真仔细，毛豆荚上摸起来硬硬的是什么？”有的说：“是毛豆。”“是吗？那会有几颗毛豆呢？”我故作惊奇。幼儿观察着自己手中的毛豆荚，数着豆荚上凸起的地方，猜测着毛豆颗粒的数量。“是这样吗？你们剥开来数数，和你们说的一样吗？”幼儿的兴趣又转移到点数毛豆数量上，要去探究里面到底有几颗毛豆。

小班幼儿小手肌肉发育尚未完善，像剥毛豆这样的精细动作对他们来说有点困难。他们在尝试剥毛豆时，手指之间的协调能力不够，缺乏剥开毛豆的力量和方法，所以毛豆荚壳剥不掉。

小班幼儿无意注意优于有意注意，当他们剥不开毛豆荚壳时就对毛豆荚的外形产生兴趣，热烈地讨论着毛豆荚像什么。

我顺应了幼儿的特点和需要，与他们一起讨论毛豆荚的外形特点，有意识地引导他们继续探索剥毛豆的方法。

镜头二：发现剥毛豆的“机关”啦

皓皓使劲抠毛豆荚壳，可是再怎么用力都抠不出来。他又用手指抓住毛豆荚的两端使劲掰。这时，毛豆荚开裂了，毛豆掉出来了。皓皓很高兴，就用这种方法又剥了两个豆荚。第三个毛豆荚很短，他抓不住豆荚的两端，就抓住了豆荚尖角处，往下一扯，那壳像被拉开的拉链一样，出现了小缝，用手指一掰，毛豆荚开了。皓皓高兴地跟同伴说：“我发现‘机关’啦！”他详细地给同伴演示了剥毛豆时的发现。同桌的小伙伴按照他的方法顺利剥开了好多毛豆荚。

图7　毛豆抠不出来

图8　毛豆荚裂开了

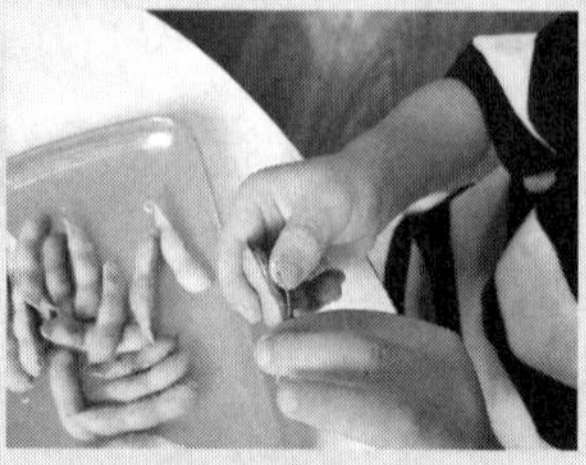
图9　好方法一起分享

从小班幼儿剥毛豆的过程可以看出幼儿行为的变化：从随意摆弄到有意探索，从遇到问题不知所措到尝试解决问题，这些变化源于小班幼儿对剥毛豆事件的探究兴趣，且在反复摆弄中形成初步的探究能力。

小班幼儿之间也具有互相分享和互相学习的品质，当皓皓发现了更好的剥毛豆方法时，他立刻分享给了同伴。

镜头三：可以用剪刀吗?

男孩祺祺用各种方法尝试剥毛豆，可是豆荚就是剥不开。他问我："老师，可以用剪刀吗?"我答应了。他拿起剪刀，用力一剪，毛豆就被剪出来了，但是掉出来的毛豆一分为二，原来剪刀剪在了豆子上。他看了看豆子，对我说："老师，剪坏了。"我问："你剪在豆荚的什么位置上了?"祺祺认真地说："豆荚凸起的地方。"我就顺势引导："那你换个位置试试看?"祺祺拿着剪刀在两颗豆子的中间剪了一刀，毛豆荚一分为二，祺祺用手指轻轻一掰，豆子就剥出来了，他拿着剥出来的豆子高兴地给同桌展示。

小班幼儿在剥毛豆时想到了使用工具，可见其有一定的生活经验。教师给予积极支持，让幼儿尝试自己解决问题。教师引导幼儿反思，鼓励幼儿继

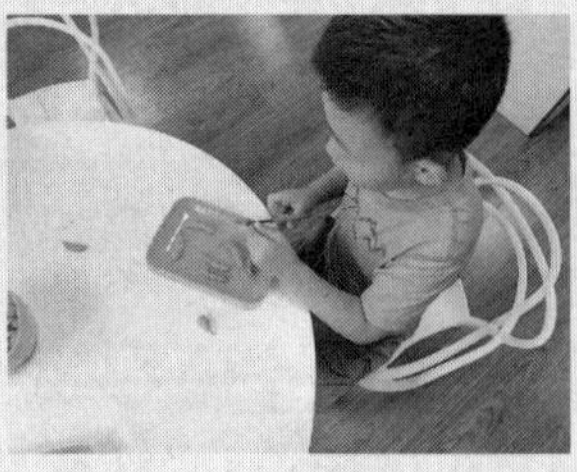
图10　用剪刀剪毛豆

图11　毛豆一分为二

图12　毛豆从洞洞里钻出来了

续尝试，直至剥出毛豆，让幼儿体验到成功的喜悦。

案例启示

第一，找准提升幼儿探究能力的着力点。

小班幼儿通过自己动手剥毛豆来体验做家务的快乐，从而喜欢劳动，养成爱劳动的习惯。但剥毛豆又不仅仅是一次劳动，而是幼儿在劳动中不断探索和发现，不断积累探索经验的过程。当他们想要看清豆荚里有多少颗豆子时，就要想办法剥开豆荚。在剥的过程中，幼儿会尝试多种方法，进而提升探究能力。

第二，强化自主探究，锚定幼儿探索行为的关键点。

剥毛豆的过程是幼儿自主探究的过程，只要教师给予充分的时间和空间，他们就能自主想出各种办法。

在自主探究过程中，教师要善于等待，允许幼儿不断试错，引导幼儿学习反思问题，为后续的学习和发展奠定基础。

第三，聚焦真实生活，寻找支持幼儿主动学习的切入点。

案例中，教师为幼儿创设了剥毛豆的情境，有效激发了幼儿剥毛豆的兴趣。他们始终积极参与，乐意尝试，愿意反思，体现了幼儿主动学习的愿望。

生活即教育，真实生活满足了幼儿真实体验的需求，让幼儿逐渐积累生活经验和认知经验，提高劳动技能。

“剥一次毛豆”让小班幼儿踏上了自然探索之旅，为童年生活增添了色彩。

小事9

交一个树朋友

朱　婕

“交一个树朋友”源于小班主题“小花园”。活动时间建议为两周。涵盖科学、社会、语言等领域。主要活动目标：幼儿喜欢观察身边的树，初步感知树的种类繁多；愿意爱护树木。主要经验点：幼儿了解树的高低、粗细和树叶颜色的不同；学习不扒树皮、不采摘树叶等保护树木的方法。

一、活动方案

"交一个树朋友"活动方案

适合年龄段：3—4岁

基本流程	驱动性问题	活动目标	所需资源	支持性策略	探究经验点	成果个性化表达
幼儿园的树	1. 树都一样吗？ 2. 树上的树叶和地上的树叶一样吗？	1. 喜欢观察身边的树，感知它们的不一样。 2. 观察树叶，感知树叶的颜色、大小、形状的不一样。	1. 幼儿园的各种树。 2. 图画书《小熊画大树》。 3. 各种各样的树叶。	1. 带幼儿在幼儿园里走一走、看一看，寻找各种各样的树。 2. 亲子观察周边的树，收集身边的树叶。 3. 在班级中创设关于树的环境。	了解身边常见的树，观察树的高低、粗细和树叶颜色。	1. "我画的大树"作品集。 2. "我最喜欢的树叶"作品集。 3. "我的树朋友"亲子调查表，以录音、点读笔、图片等形式自制有声故事绘本或互动墙。
树真好	我们可以和树一起玩吗？	知道树是我们的好朋友，愿意和树朋友一起做游戏。	1. 幼儿园的各种树。 2. 喷壶、颜料、各种树叶等游戏材料。	1. 带幼儿一起和大树做游戏。 2. 讨论保护树的方法。 3. 带幼儿在树下乘凉，捡捡树叶，寻找鸟窝。 4. 设置"我的树朋友"主题墙。 5. 亲子制作"树叶面具"并做游戏。	1. 保护树木的方法。 2. 可以在树下做游戏。 3. 树荫可以遮阳、躲雨。	1. "我的树朋友"合影集。 2. "和树做游戏"照片集。 3. "树叶面具"亲子游戏照片集。

二、活动实施

（一）集体学习活动

树叶小秘密

社会、科学 ★★★　　艺术、语言 ★★　　健康 ★

➢ **活动思路**

树叶的形状、颜色、纹理各不相同，树叶中还蕴藏着树木自然生长、四季更替的秘密。在季节变换的时节，让幼儿通过观察感知树叶的不同特征，进一步培养自主探索、自主发现的学习能力。

➢ 活动目标

初步探索感知绿叶和枯叶的不同。

乐意在大自然中活动，亲近自然。

➢ 活动准备

小桶、积木、白纸。

➢ 活动过程

1. 找树叶

幼儿在幼儿园里寻找一片绿色的树叶和一片黄色的树叶。

（价值分析：去户外找树叶能激发幼儿兴趣，为接下来的环节做铺垫。）

2. 说树叶

（1）看一看，摸一摸，说说自己找到的树叶

提问：你找到的树叶宝宝是什么样的？

（2）说说绿叶和枯叶的不一样

提问：这两片树叶一样吗？哪里不一样？

小结：绿绿的是绿叶，黄黄的是枯叶。

（价值分析：观察树叶并尝试准确描述。）

3. 敲树叶

幼儿尝试敲打树叶，探索两者的不同。

提问：敲打树叶时，你发现了什么？

小结：原来绿叶里有水分，不容易敲碎，枯叶没有水分了，所以一敲就碎了。

（价值分析：在游戏中探索两者的不同，丰富科学经验。）

4. 游戏：找树叶

玩游戏“找树叶”，尝试分辨绿叶和枯叶。

5. 延伸活动

幼儿尝试用绿叶和枯叶创作树叶小贴画。

找一找家附近的绿叶和枯叶。

树叶找妈妈

社会、科学 ★★★　　艺术、语言 ★★　　健康 ★

➢ 活动思路

根据小班幼儿的年龄特点，结合主题教学内容生成了本次学习活动。

在环节设计中，第一环节创设情境，激发幼儿去户外开展活动的兴趣；第二环

节以谈话为主，引导幼儿用简单的语言表达自己的感受；第三环节引导幼儿自主探索树叶的奥秘。

➢ **活动目标**

在帮助树叶宝宝找妈妈的过程中，感知树叶大小、颜色、形状的不同。

乐意在大自然中活动，喜欢亲近自然。

➢ **活动准备**

篮子若干，树叶若干，户外有树的场地。

➢ **活动过程**

1. 选落叶

引导语：树叶宝宝们从树上掉下来，找不到自己的妈妈了，你们愿意帮助它们吗？

要求：每人从篮子里选一片树叶拿在手里。

（价值分析：创设帮树叶宝宝找妈妈的情境，增强幼儿对活动的价值感。）

2. 比树叶

（1）说说自己拿的树叶的特征

提问：你拿到的树叶宝宝是什么样的？

（2）和同伴比比树叶有哪些不同

提问：和旁边的小朋友比一比，你们拿到的树叶有什么不一样？

小结：原来，每片树叶长得不一样。

（价值分析：在树叶比较中培养幼儿的语言表达能力和探索发现的能力。）

3. 送树叶

引导语：这些树叶宝宝的妈妈在哪里？我们一起去比一比，找一找。

幼儿在小树林里比对树叶，找到树妈妈后把树叶放到相应的筐中。

在寻找中，引导幼儿说说树叶的不同之处。

（价值分析：总结经验，引导幼儿认识每棵树上的树叶是不同的，丰富科学经验。）

（二）个别化学习活动

装扮大树

➢ **材料**

树的空白版面、彩纸、颜料、固体胶等。

➢ 玩法

制作各种各样的大树。

根据自己的想象装扮大树。

➢ 观察重点

观察幼儿如何使用材料装扮大树。

➢ 提示

用来装扮的材料应多样。

叶子里的大秘密

➢ 材料

各类树的照片、叶子、叶子图片、放大镜。

➢ 玩法

可拿放大镜观察树叶。

根据叶子的图片去匹配照片中的大树。

➢ 观察重点

观察幼儿对树叶的探究情况。

➢ 提示

观察树叶的形状和颜色。

三、活动分享

“木”遇春风，随“叶”而行

春天到来之际会有“春阴垂野草青青，时有幽花一树明”的景色，春去秋来记载了无数人的回忆。又是一年春来到，小班的孩子们在户外活动过程中，好奇地感受着园里的一草一木，在与大树的亲密接触中，产生了诸多奇思妙想。

镜头一：我的树朋友

一天午后，我带着孩子们散步。孩子们走在阳光下和自己的影子做游戏。突然，影子消失了。“影子朋友去哪里了？”墨墨疑惑地抬起头。原来，是大树的叶子挡住了太阳。“哇！好大的树！”许多孩子发出赞叹声。“好大啊！它会长到天上去吗？”煦煦问道。“我想摸摸大树。”航航说。“我想抱抱大树！”妙妙说。“我想和大树一起玩”“我想和它做朋友”，孩子们七嘴八舌地诉说着自己的心愿。过了一会儿，我小声问道：“大树到底有多大呢？和你的朋友一起想办法量一量。”

图1 讨论“大树有多大”

图2 抱抱大树

于是，果果便召集好朋友们一起讨论。“我有办法啦！”果果拉着伙伴们来到大树下，“我们抱住它！”果果和伙伴们手拉手，试图把大树围起来。“人不够，你们快来！”萱萱开始召集更多的小伙伴。围上来的人越来越多，最后，十四个小伙伴才将大树完全抱住。“这个大树朋友真的好大！”果果兴奋地喊道。“其他的树也一样大吗？”有小朋友好奇地问道。“一样大！”“不一样大！”孩子们又争论起来，大家决定再抱一抱其他的树，就能知道答案了。

“老师，我衣服脏了，我不想抱了。”洋洋看着被树皮蹭脏的衣服很苦恼。“那该怎么办呢？”我问洋洋。“我们想想别的办法！”果果回答。孩子们纷纷开动脑筋。“可以用尺！”萱萱说。“没有这么长的尺！”兜兜反驳道。“那可以用线绕起来，我奶奶这么做过！”萱萱又想到了好主意。于是，孩子们从教室里拿来麻绳，用麻绳把树围起来。果果拿出记号笔在麻绳上做好记号，宣布道：“这个树朋友真壮！”“我还想找一找其他的树朋友！”航航又提出了建议。于是，孩子们纷纷在幼儿园里寻找自己想要测量的树朋友。

图3　我的树朋友

图4　树朋友合影墙

喜欢摆弄各种物品，好奇、好问是小班幼儿的年龄特点。教师在有意识的观察中，抛出问题，引发幼儿思考探究。当幼儿遇到困难时，教师并没有第一时间做出直接回应，而是给予幼儿自己解决问题的机会。

镜头二：树叶“咔嚓”“咔嚓”

“这片树叶为什么是黄色的？”轩轩捡起地上的树叶，疑惑地问道。其他孩子也纷纷开始寻找不同的树叶。“快看！这片树叶上面有个洞！”“这片叶子边上长出了好多牙齿。”“我这一片是棕色的！”“那是干掉的树叶。”

孩子们将自己捡到的树叶带回班级，并为树叶找到了合适的“家”，有些放在篮子里，有些挂在墙上。我继续引导孩子：“树叶还能用来干什么呢？”“做东西”“画画”“玩游戏”，大家的答案千奇百怪。经过讨论后，我们决定到外面和树叶宝宝玩树叶“咔嚓”的游戏。

图5　树叶问题墙

兜兜、果果和家萱组队一起玩，

家萱说："我不要玩喷瓶，手会脏的。"果果拿着喷瓶对家萱说："我们一起去玩吧。"说完，她拉着家萱一起走了。果果拿着一个紫色的喷瓶蹲在路边。她将树叶放在了地上，拿着喷瓶对着叶子喷了起来，由于喷瓶离叶子的距离太近，颜料都堆积在叶子上，当果果把叶子拿开后，地上并没有形成叶子的形状，只有一地的颜料。

"啊，这个叶子的形状喷不出来。"果果又换了一片叶子继续在地上喷颜料。又一次拿起叶子后，她看了看地上的颜料，皱起眉头说："啊……还是不行！"果果很泄气，站在一旁不愿尝试了。我看了看，对果果说："怎么啦？"果果说："老师，我喷不出来。""咦？是不是喷瓶坏了呢？"果果说："喷瓶肯定坏了！""那我们来修好它吧。"我拿过喷瓶，对着地上的叶子喷了几下，果果拿开叶子一看，地上出现了叶子的形状，高兴地喊道："修好了！"于是果果拿过了喷瓶，一边学着我的方法在远一点的地方喷颜料，一边自言自语道："要这个样子才能喷出形状。"

图6　和树叶做游戏

果果看着地上呈现了叶子轮廓，开心地笑了，开始去寻找不同颜色、不同形状的树叶继续做游戏。这时，我发现家萱已经在果果的带动下玩了起来。很快，果果已经不满足于在地上印树叶了，她开始到处寻找可以印出树叶形状的地方。

果果来到小树屋的台阶旁，问我："老师，这里可以喷出来吗?""你可以试一试。"我回答道。于是果果蹲在地上，把树叶放在台阶上，拿起颜料瓶喷了几下，"这里也可以!"她高兴地叫道。于是，果果在每一节台阶上都留下了树叶的轮廓。

果果个性较强，自尊心也较强，好胜不服输。对于这样的幼儿可以采取激励的方法，及时鼓励她，以增强她的自信心。所以当果果发现自己没有办法在地上印出树叶时，教师借修理喷瓶的机会，为她演示正确使用喷瓶的方法。在果果发现树叶可以印在不同的地方时，教师则鼓励她寻找更多的地方印树叶，感受活动的趣味性。

案例启示

第一，尊重和信任，实现幼儿自我成长。

教师应努力发现每个幼儿独特的成长需求，基于他们的兴趣和发展水平给予支持，促进每个幼儿全面且富有个性地成长。当幼儿遇到困难时，更要把解决问题的机会还给幼儿。当教师充分尊重幼儿，相信幼儿有能力解决问题时，幼儿就能在支持性的氛围下从试错中学习，实现自我成长。

第二，对话和欣赏，支持幼儿自主探究。

当幼儿自主探索时，教师只需要追随他们，和他们一起感受、体验、发现。教师应站在孩子的立场，顺应他们的需求，通过对话帮助他们转换探究思路，以欣赏的眼光看待他们，并提供必要的支持，让幼儿的探究更有意义。

小·事10

养一次乌龟

王晓雯　朱惠倩

“养一次乌龟”源于小班主题“学本领”。鉴于乌龟冬眠的习性，活动时间建议在10月至次年4月。涵盖科学、语言、社会、艺术等领域。主要活动目标：幼儿通过照顾乌龟，初步了解乌龟的外形和习性；愿意主动照顾并坚持观察乌龟；在照顾乌龟的过程中，探索照护方法，激发亲近动物、喜爱动物的情感。主要经验点：幼儿了解乌龟的生活习性和外形特点，掌握照顾乌龟的一些方法，例如给乌龟换水、给乌龟的喂食、为乌龟布置冬眠环境等。

一、活动方案

"养一次乌龟"活动方案　　适合年龄段：3—4岁

基本流程	驱动性问题	活动目标	所需资源	支持性策略	探究经验点	成果个性化表达
你好，乌龟	1. 为什么乌龟的家变脏了？ 2. 乌龟有牙齿吗？它怎么吃东西？	1. 初步了解乌龟的生活习性。 2. 在照顾乌龟的过程中，探索照顾乌龟的方法，进而激发亲近动物、喜爱动物的情感。	1. 大小、种类不同的乌龟，有两栖场所的饲养地，乌龟爱吃的食物等。 2. 有关乌龟外形与生活习性的资料。	1. 收集不同乌龟的照片和资料。 2. 幼儿制作手工"小乌龟"。 3. 谈话活动"你好，乌龟"。 4. 亲子活动"制作乌龟"。	1. 乌龟既能在陆地生活，也可以在水里生活。 2. 乌龟的外形特征（有四条腿、一个头、一条尾巴和硬硬的龟壳）。 3. 饲养乌龟的方法（定期换水、合理喂养）。	1. 乌龟饲养角。 2. 互动墙（幼儿问题、搜集的材料、幼儿绘画作品或语音作品等）。 3. 乌龟作品墙（用不同材料制作的乌龟）。 4. "给乌龟喂食"互动墙。
一动不动的乌龟	1. 乌龟怎么不动了，是生病了吗？ 2. 乌龟睡着了吗？ 3. 乌龟睡着了还会吃东西吗？	1. 了解乌龟冬眠的特性。 2. 在照顾乌龟的过程中，激发对乌龟的保护意识。	1.乌龟冬眠需要准备的材料。 2.关于乌龟冬眠的视频资料。	1. 谈话活动"乌龟冬眠了"。 2. 亲子阅读关于乌龟的故事书。 3. 与幼儿一起讨论如何创设乌龟冬眠的环境。	乌龟冬眠的生活环境（躲在沙子里，需要适当的水分）。	1. 创设乌龟冬眠的环境。 2. 亲子阅读绘本视频、点读区。
乌龟爬出来了	乌龟怎么爬出来了？	1. 探索乌龟爬行的特点。 2. 感受动物冬眠的神奇。 3. 了解不同动物的爬行方法，尝试模仿动物爬行。	1.关于动物爬行的图书、录像等。 2.其他动物的活动方式视频。	1. 观看乌龟爬行、游泳的视频。 2. 幼儿参与"乌龟运粮食"游戏。 3. 谈话活动"乌龟的朋友"。 4. 学习活动"小乌龟的生日"。	动物不同的爬行方法（有的有许多腿、有的横着爬、有的没有腿等）。	1. 主题互动墙：动物爬行照片、爬行小动物。 2. 小舞台表演。

续　表

基本流程	驱动性问题	活动目标	所需资源	支持性策略	探究经验点	成果个性化表达
不一样的本领	1. 乌龟遇到危险时怎么保护自己？ 2. 乌龟怎么翻身？	1. 乌龟遇到危险时会将四肢和龟头缩进龟壳里保护自己。 2. 激发幼儿模仿的兴趣。	1. 自制故事书《小乌龟看爷爷》《送小乌龟回家》。 2. 乌龟爬行、游泳、翻身的视频和图片。	1. 学习活动“送小乌龟回家”。 2. 运动活动“聪明的乌龟”。 3. 谈话活动“保护乌龟”。 4. 制作活动“各种各样的乌龟”。	1. 乌龟遇到危险时会将四肢和龟头缩进龟壳。 2. 乌龟翻身的方法（四肢和头同时用力翻身）。	1. 创编的乌龟故事（亲子自制图画书）。 2. 主题互动墙（幼儿模仿乌龟翻身的照片）。

二、活动实施

（一）集体学习活动

小乌龟的生日

语言、科学 ★★★ —— 社会、健康 ★★ —— 艺术 ★

➢ **活动思路**

幼儿在观察乌龟的爬行方法后纷纷模仿，对爬行动物产生了浓厚的探究兴趣。为了加深幼儿对爬行动物的了解，我们针对爬行动物的外形特征设计了相应的活动。

➢ **活动目标**

通过比较，辨别与感知乌龟的爬行特征。

激发探索爬行动物的兴趣。

➢ **活动准备**

经验准备：对乌龟有一定了解，对几种常见的爬行动物有所了解。

物质准备：故事书《小乌龟过生日》。

➢ **活动过程**

1. 小乌龟过生日

引导语：小乌龟的生日到了，它想邀请好朋友一起参加生日会。它想要邀请的朋友是和它的爬行方法一样的动物们。

提问：小乌龟是怎样爬行的？它的好朋友又是怎样爬行的？

小结：原来小乌龟的四条腿努力爬呀爬，爬得慢时还会左右摇摆。

（价值分析：通过观察图片，引导幼儿初步了解乌龟的爬行特点。）

2. 乌龟找朋友

提问：鹦鹉和青蛙是乌龟的好朋友吗？

小结：鹦鹉用翅膀飞行，青蛙则跳来跳去，它们都不是爬行动物，所以不是乌龟的朋友。

（价值分析：通过比较，说出鹦鹉和青蛙的行动方式，明确爬行的特征。）

提问：小蜥蜴路过了，它可以参加生日会吗？为什么？

小结：小蜥蜴趴在地上一步一步地爬了过来，和小乌龟一样，四条腿正在努力爬行。它可以参加小乌龟的生日会。

（价值分析：小蜥蜴的爬行动作让幼儿更直观地了解动物的爬行特征。）

3. 寻找更多的动物朋友

呈现图片。

引导语：小乌龟想邀请更多的朋友来吃蛋糕，你们还能帮它找到好朋友吗？

幼儿操作：每人一张动物记录表和一些蛋糕贴纸，先判断记录表中的动物是否是爬行动物，为爬行动物贴上蛋糕贴纸。

请幼儿说一说，自己帮小乌龟邀请吃蛋糕的动物朋友是谁？

（价值分析：通过游戏拓展幼儿对爬行动物的认知经验。）

4. 延伸活动

区域延伸：提供各种常见动物的图片，幼儿根据动物的不同特征进行分类，如将爬行动物和哺乳动物进行分类。

家庭延伸：与家长一起检索爬行动物的信息。

送小乌龟回家

语言、社会 ★★★　科学、健康 ★★　艺术 ★

➢ 活动思路

通过前期经验铺垫，幼儿已初步了解乌龟的生活习性，知道乌龟喜欢生活在水里，本活动旨在让幼儿通过看看、猜猜、说说的方式理解故事内容，尝试用完整的语句表达故事内容，感受朋友之间互相帮助的快乐。

➢ 活动目标

尝试帮小乌龟呼救，听信号帮小乌龟回家。

感受互助的真挚感情，为小乌龟获救感到高兴。

➢ 活动准备

经验准备：有帮助他人或被他人帮助的经验。

物质准备：音乐、PPT课件。

➢ 活动过程

1. 游戏导入，听声辨物

引导语：小动物们在草地上做游戏呢，我们一起来扮演不同的小动物。（跟随音乐模仿小动物的动作。）

提问：有个东西正滚下来，我们来听一听，是什么东西滚下来了？

小结：原来小乌龟摔跤，爬不起来了。

（价值分析：通过声音引入，激发幼儿对乌龟的探究兴趣。）

2. 理解故事，听音呼救

（1）听故事，回忆内容

提问：听到了吗？小蚱蜢在喊什么？

（如果幼儿说不出，可以再播放一次故事内容。）

幼儿回答，引导其说完整。

（2）听信号，呼救

要求：听音乐换一棵小树站站好，齐声喊“快来救救小乌龟呀”！

重复游戏：幼儿再次模仿。

小结：我们一起喊，声音传得远，小动物们听见了才能来救小乌龟。

（价值分析：尝试听音乐信号帮小乌龟呼救。）

3. 情景演绎，经验迁移

（1）完整听音

提问：为什么小乌龟到河里就得救了？

小结：原来乌龟会游泳，所以它到河里就得救了。

（2）个别游戏

过渡语：四个孩子拉住小乌龟的四条腿，听信号把小乌龟推进河里。

小手小手小手动一动，肩膀肩膀肩膀抬一抬，屁股屁股屁股扭一扭，脖子前后前后伸一伸。（播放音频）谢谢大家的帮忙。小动物也开始用你们的方法帮助小乌龟了。（播放PPT和音乐。）

小结：小乌龟得救了，是大家的功劳。今天，我们做了一件有意义的事情，真开心呀！

（价值分析：体验帮助他人的快乐。）

4. 延伸活动

区域延伸：根据故事情节，将故事背景图、玩偶放入区域活动中，幼儿选择玩偶进行扮演，并根据图片上的内容说一说、演一演。

（二）个别化学习活动

给乌龟喂食

➢ **材料**

橡皮泥、美工纸、扭扭棒等。

➢ **玩法**

幼儿尝试用多种材料制作乌龟的食物。

将做好的食物粘贴在背景墙上。

➢ **观察重点**

观察幼儿和材料的互动情况。

观察幼儿能否熟练使用固体胶、双面胶、扭扭棒等材料，精细动作的发展水平如何。

➢ **提示**

活动初期，提供的材料不宜过多；当幼儿对材料和玩法比较熟悉后，教师可以循序渐进地补充与调整材料，如贴纸、手工纸等。

乌龟过冬

➢ **材料**

玩具乌龟若干、乌龟过冬需要的材料图片、KT板迷宫。

➢ **玩法**

两名幼儿各自选择一只玩具乌龟，放在KT板迷宫上。

两名幼儿根据提示将乌龟从迷宫起点送到对应的冬眠地点。

比一比谁送得又快又正确。

➢ **观察重点**

观察幼儿是否了解乌龟的过冬方式。

观察幼儿的规则意识。

➢ **提示**

多提供一些乌龟过冬的材料，让幼儿自主选择，丰富活动内容。

三、活动分享

嗨，小乌龟

来园活动环节，小乌龟总会迎来一堆小客人的围观。幼儿对小乌龟充满好奇，照顾小乌龟的意愿很强烈，叽叽喳喳地讨论着小乌龟的各种问题。

镜头一：乌龟初印象

孩子们看着可爱的乌龟展开讨论。

妍妍：乌龟喜欢住哪里？

瑶瑶：乌龟为什么爬得这么慢？

芯芯：乌龟喜欢吃什么？

小羽：乌龟会拉便便吗？

一段时间的照顾和观察后，孩子们开始交流自己的发现。

小羽：哇，小乌龟的壳上有好看的花纹呢！

妍妍：咦？大乌龟和小乌龟长得不一样，颜色也不一样！

图1　观察乌龟

瑶瑶：快看，乌龟的头伸出来了。乌龟的尾巴又细又小，眼睛小小的，轻轻摸一下，它的头和脚都会缩到壳里。

每次来到乌龟饲养区，孩子们总是喋喋不休地谈论着自己的发现。

幼儿对小乌龟充满好奇，愿意用自己的方式记录乌龟的成长过程。

镜头二：给小乌龟起名字

照顾小乌龟一段时间后，孩子们对乌龟的了解更细致了，从而展开了根据乌龟的不同特征给乌龟起名字的活动。

图2　给乌龟取名字

轩轩：老师，这只乌龟叫什么？

欣欣：我们可以给乌龟起名字吗？

玥玥：我觉得它的背上有一条白白的花纹，像数字“1”，我想给它起名叫“小一”（见图2）。

文旭：我觉得它的头看起来像“铁头”。

涵涵：我想叫它“小尖”，因为我看到它的尾巴尖尖的。

图3　乌龟大讨论

莜莜：它的身体硬硬的像石头，我给它取名为“石头”。

孩子们各抒己见，仔细观察着小乌龟。有的孩子关注龟背的花纹，有的孩子关注乌龟的模样，还有的孩子则关注乌龟的颜色……

兴趣是幼儿学习与发展的动力，因兴趣的驱使，幼儿能够坚持不懈地观察、探索。

镜头三：照顾小乌龟

小乌龟喜欢吃什么

孩子们围绕着乌龟喜欢吃的食物展开讨论。

小宝：小乌龟喜欢吃米饭。

岳岳：它们应该更喜欢吃龟粮。

小芯：它们喜欢吃肉，也喜欢蔬菜。

最后大家决定将食物带到教室做实验，一起来看看乌龟喜欢吃什么！

在饲养的过程中，大家发现小乌龟特别喜欢吃龟粮，但是通过亲子调查活动，他们了解到巴西龟平时主要吃龟粮、虾干、鱼、肉等食物，有时也会吃一些蔬菜水果。

在照顾乌龟的过程中，孩子们想到自己每天吃的食物很丰富，便对于乌龟喜欢吃什么感到好奇。他们将各种各样的食物带来给乌龟吃，验证自己的猜测。

图4　讨论乌龟喜欢的食物

清理小乌龟的家

随着时间的推移，主动照顾小乌龟的孩子逐渐变少，小乌龟的家也一天比一天难闻。

岳岳：我们可能换水的次数太少了，大家都没有给乌龟换水。

小晨：我觉得龟粮也不可以放太多，龟粮泡在水里，容易散发臭味。

小晞：我觉得每天都要换水。

丹丹：每天换水小乌龟会害怕。

小晞：那我们两天换一次怎么样?

岳岳：我同意，而且我们每次换水要记录一下，这样就知道什么时候该换水了。

图5　帮乌龟换水

在换水、为乌龟清理家的过程中，幼儿们丰富了养护经验，责任感和保护意识也逐渐增强。

镜头四：一动不动的小乌龟

一天清晨，正在班级自然角照顾动植物的贝贝忽然大喊道："老师，我们班的小乌龟好像死了！"听到她的喊声，孩子们纷纷上前了解情况。

"小乌龟怎么不动了?""它是生病了吗?""它是不是死了呀?"

就在这时，岳岳提议："我们可以戳一戳，要是它会动，就说明没死！"于是，孩子们找来了小树枝，轻轻地碰了碰小乌龟。瞧，小乌龟的头和脚慢慢探出来了，原来小乌龟安然无恙。可是为什么它不动了呢?

为了解答幼儿的疑惑，我拍下照片发到班级群内，请幼儿和爸爸妈妈一起探讨。

过了一段时间，孩子们带来了自己和爸爸妈妈调查的结果。原来冬天到了，小乌龟们开始冬眠了。小乌龟为什么要冬眠呢？为了解答心中的疑惑，大家一起检索资料，找到了乌龟冬眠的秘密，也认识了很多喜欢冬眠的小动物。

图6　与乌龟相关的故事书

案例启示

第一，深入观察，自主探索，提升专注品质。

幼儿往往把小动物当成自己成长中的亲密伙伴，对小动物充满好奇，因此教师要善于发现和保护幼儿的好奇心。在饲养小乌龟的过程中，幼儿们对小乌龟的观察也非常细致。他们借助放大镜，仔细观察乌龟的外形特点。小班幼儿的探索时常比较浅显，不够深入，因此，如何引导幼儿深入探究、主动探索非常必要。

第二，悉心照料，亲自求证，提升多元能力。

幼儿每天坚持不懈地照顾小乌龟，责任感逐步提高。面对偶发事件“越来越臭的乌龟缸”，教师敏锐地觉察到其中的教育契机，支持幼儿在行动中获得有益的感性认识，引导他们相互交流、分享，进一步感知动物与其生活环境之间的关系。

小事11

养一群兔子

费　燕

“养一群兔子”源于小班主题“小兔乖乖”。活动时间建议为四周。涵盖科学、社会、语言、艺术等领域。主要活动目标：幼儿亲近、关爱身边的小动物，感受动物是人类的好朋友；体验照顾兔子是一件快乐的事情。主要经验点：幼儿了解兔子的种类较多，是食草类动物，繁殖能力强；兔子喜欢住在干净、干燥的地方。

一、活动方案

“养一群兔子”活动方案 适合年龄段：3—4岁

基本流程	驱动性问题	活动目标	所需资源	支持性策略	探究经验点	成果个性化表达
幼儿园来了一群兔子	兔子从哪里来？	丰富幼儿对兔子的认识，在探索中增进与兔子的情感。	1.《逃家小兔》图画书。 2. 兔子视频和图片。 3. 养殖兔子若干。 4. 幼儿与兔子的合影照片。	1. 家长借助各种渠道引导幼儿观察兔子。（家里、电视、兔子养殖基地。） 2.“可爱的兔子从哪来”亲子线上采访活动。 3.“兔子朋友在哪儿”寻友会。 4. 开展“我和兔子合影”照片展。 5. 开展“兔子叫什么”取名大赛。	1. 兔子一般都是家养的。 2. 幼儿园里的兔子是大家从不同地方带来的。	1. 观察兔子的视频集。 2. 亲子线上采访记录。 3. 兔子寻友会照片录。 4. 兔子的取名册。 5. 幼儿与兔子的合影集
我来照顾兔子	1. 兔子的眼睛为什么是红色的？ 2. 萝卜是兔子最喜欢吃的食物吗？ 3. 兔子喜欢喝水吗？	1. 初步感知兔子的外形特征，喜欢和兔子做朋友。 2. 通过照料兔子，与兔子建立亲密的情感关系。 3. 了解兔子喜欢吃的食物，并尝试种植。	1.“小兔的秘密”调查表。 2. 幼儿收集的兔子资料。 3. 兔子爱吃的蔬菜。 4. 班级自然角和种植地。 5. 种植需要的材料。	1. 亲子开展“兔子的秘密”调查活动。 2. 开展“喜欢兔子的理由”分享会。 3. 邀请有养兔子经验的家长进行介绍。 4. 亲子制作兔子窝。 5. 开展“兔子搬新家”活动。 6. 幼儿收集兔子爱吃的食物。 7. 种植兔子喜欢吃的菜。 8. 开展兔子“最爱吃的食物”排行榜活动。 9. 开展“小兔来上幼儿园”童话剧场。 10. 邀请家人共同饲养兔子并开展为最可爱兔子点赞活动。 11. 建立兔子爱心小站。	1. 兔子眼睛的颜色与它们皮毛的颜色有关。 2. 兔子繁殖能力强。 3. 兔子喜欢干净。 4. 兔子是食草类动物，主要以草、蔬菜、饲料为食。	1. 兔子眼睛的绘画集。 2. 家园合作《兔子的秘密》故事书。 3.《兔子补牙记》自制故事书。 4.“喜欢兔子的理由”分享会视频集。 5. 兔子“爱心小站”照片集。 6. 幼儿设计（搭建）兔子窝的照片。 7. 兔子窝展示。 8. 兔子小菜园种植照片册、视频。 9. 兔子喜欢的食物观察记录表。 10.“最可爱兔子”点赞榜。

续　表

基本流程	驱动性问题	活动目标	所需资源	支持性策略	探究经验点	成果个性化表达
原来你也是兔子	兔子的家里还有谁？	初步了解不同种类的兔子，并对各种兔子产生探究兴趣。	1.各种兔子的图片、故事、视频。 2.各种兔子的表演服饰。	1. 亲子收集不同种类的兔子信息。 2. 开展“兔子俱乐部”活动。 3. 开展“一起来嗨皮”兔子舞会。 4. 开展“我最喜欢的兔子”投票活动。	1. 兔子按用途可分为四大类，分别是食用兔、毛用兔、实验兔和宠物兔。 2. 兔子按体型可分小型兔、中型兔、大型兔和巨型兔。	1. 自制《兔兔的一家》故事书。 2.“兔子俱乐部”照片集。 3.“一起来嗨皮”表演视频。 4.“我最喜欢的兔子”投票榜。

二、活动实施

（一）集体学习活动

小兔的眼睛

科学、语言 ★★★　艺术、社会 ★★　健康 ★

➢ **活动思路**

活动源于小班主题“小兔乖乖”，兔子外形可爱，是小班幼儿颇为喜欢的小动物，为了满足小班幼儿的探究兴趣，特意设计了本次活动。

➢ **活动目标**

了解不同品种兔子眼睛的颜色。

喜欢兔子，体验探究的乐趣。

➢ **活动准备**

经验准备：幼儿认识兔子，接触或饲养过兔子。

物质准备：白色、黑色、棕色的兔子头饰，PPT课件，兔子舞的音乐。

➢ **活动过程**

1. 创设情境

提问：仔细观察，这几只小兔有什么不一样吗？它们为什么没有眼睛呢？

（价值分析：创设情境使幼儿对探究活动产生兴趣。）

2. 猜测验证

提问：你认识它们的眼睛吗？

小结：小兔们害怕大家会认错自己的眼睛，特意把自己的照片带来了，请小朋友们看一看它们的照片，再去帮它们找眼睛。

（价值分析：引导幼儿运用已有经验进行猜测。）

提问：这些兔子的眼睛和它们皮毛的颜色一样吗？

小结：我们想知道兔子的眼睛是什么颜色，就看它身上的毛色，两者的颜色一致，但小白兔的眼睛是红色的。

（价值分析：通过操作验证猜测，丰富幼儿对兔子眼睛和皮毛的认知经验。）

3. 趣贴眼睛

引导语：我们赶快去帮他们找眼睛吧。

找眼睛：在很多眼睛图片中找出兔子的眼睛。

贴眼睛：给兔子贴上合适的眼睛。

4. 延伸活动

区域延伸：在个别化活动中提供各种毛色的兔子图片，让幼儿为它们画上适合的眼睛；提供图画书《逃家小兔》，引导幼儿阅读。

家庭延伸：引导幼儿不要和兔子一样成为近视眼，要保护眼睛，学做眼保健操。

小兔吃什么

社会、科学 ★★★　艺术、语言 ★★　健康 ★

➢ 活动思路

根据小班幼儿爱模仿的特点，充分调动幼儿的多种感官，让幼儿在猜猜、看看、贴贴的过程中感知兔子的生活习性。

➢ 活动目标

观察兔子进食，感知兔子嘴巴的特征。

在探索中加深对兔子的了解，增进和兔子的情感。

➢ 活动准备

经验准备：幼儿见过兔子或者家里饲养过兔子。

物质准备：兔子，蔬菜，点心，肉类、菌类、水果类等食物。

➢ **活动过程**

1. 猜猜说说

引导幼儿讨论小兔子为什么哭了。

提问：小兔子爱吃肉吗？为什么呢？

小结：小兔子不能吃肉，吃肉会不消化。

（价值分析：引导幼儿讨论动物可能吃什么，给予幼儿充分讨论的时间，关注与众不同的意见。）

2. 看看说说

（1）给兔子喂食，观察兔子进食

提问：兔子的嘴巴是什么样的？兔子喜欢吃你喂的食物吗？

（2）引导幼儿仔细观察兔子进食的场景

提问：兔子是怎么用嘴巴吃东西的？它最爱吃的食物是什么？

小结：兔子是三瓣嘴，可以很方便地进食。兔子最喜欢吃蔬菜、萝卜、蘑菇等。

（价值分析：创设问题情境使幼儿对兔子产生进一步的探索兴趣。）

3. 贴贴说说

尝试用画画的方法记录自己的观察结果。

引导：请你找到兔子喜欢吃的食物，贴在表格里，一起做“兔子最爱吃的食物”调查表。

（价值分析：让幼儿在梳理过程中了解兔子喜欢的食物并进行简单归类。）

4. 延伸活动

区域延伸：投放与兔子相关的泥塑作品，引导幼儿欣赏、表达。

家庭延伸：鼓励幼儿在家中饲养兔子，引导幼儿学会照顾兔子。

（二）个别化学习活动

喂小兔

➢ **材料**

切成丝状、条状、片状的食物，喂食的工具，记录插卡。

➢ **玩法**

幼儿自由观察小兔，自主选择食物喂给小兔，并尝试用插卡的方式记录。

➢ 观察重点

观察幼儿在喂小兔过程中的行为表现。

观察幼儿给小兔选择了什么食物。

➢ 提示

教师根据幼儿兴趣、主题核心经验、季节变化等调整环境材料。

可用“笑脸卡”等方式记录喂食的次数，防止过度喂食，并初步建立规则意识。

找小兔

➢ 材料

背景墙，小兔的影子，房子图，其他小动物图片若干。

➢ 玩法

根据小兔的外形特征把种类相同的兔子影子送到同一个房子里。

找出背景图中的小兔，说说小兔藏在哪里了，并把找到的小兔与相应的影子进行匹配。

➢ 观察重点

观察幼儿寻找小兔影子的方法。

观察幼儿对小兔影子的匹配、调整情况。

➢ 提示

根据幼儿对兔子外形特征的了解更换不同种类的兔子。

幼儿找到与影子相同的兔子后可引导其进行归类。

三、活动分享

萌兔探秘记

与家长们协商后，雨琪从家里带来了大家都喜欢的新朋友——兔子，大家看见兔子都特别好奇，异常兴奋，不时地走过去要和兔子打招呼。

镜头一：初探兔子

煊煊：小兔的耳朵是长长的。

涵涵：它的眼睛红红的，真好看。

成成：老师，兔子的嘴巴好奇怪。

熙熙：兔子的尾巴短短的。

梦梦：我知道小兔喜欢吃萝卜和青菜，我在动物园里喂过兔子。

依依：大家轻轻摸，别把小兔弄疼。

熙熙：小兔软软的，像个小肉球。

涵涵：小兔身上滑滑的，感觉很暖和。

成成：小兔喜欢吃什么呢？

小班幼儿的认识比较浅显，他们对动物的观察还停留在动物的外形特征，知道兔子有雪白的绒毛、长长的耳朵，在与同伴的交流中产生了疑问："小兔喜欢吃什么？""为什么和家里的小兔长得不一样？"

幼儿在感知和观察中发现了兔毛的柔软以及兔子的外形特征，丰富了感知经验。作为教师，在幼儿们讨论的同时，寻找幼儿感兴趣的话题，给予支持，促进他们对兔子的深入探索。

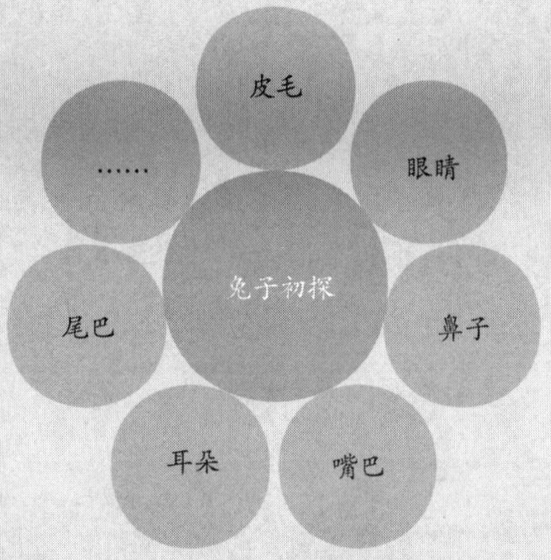

图1　兔子初探思维导图

镜头二：再探兔子

依依：小兔子叫什么？

教师：它们还没有属于自己的名字呢。

话音刚落，孩子们又围绕名字叽叽喳喳地谈论起来，一场关于"给小兔取名字"的讨论开始了，各种名字也接踵而来……

丫丫：我觉得可以叫豆豆。

悦悦：叫小皮球吧。

生生：应该叫大白。

梦梦：我想叫它小爱。

涵涵：可以叫小葡萄。

珊珊：小蝴蝶很好听。

图2 给小兔起名“豆豆”

图3 给小兔起名“大白”

图4 给小兔起名“棒棒糖”

孩子们的想法很多，为了公平，最终他们决定给最喜欢的名字投票。孩子们给兔子取的名字都很有特点，与他们的生活经验紧密相关，他们更愿意用自己喜欢的东西为兔子命名。

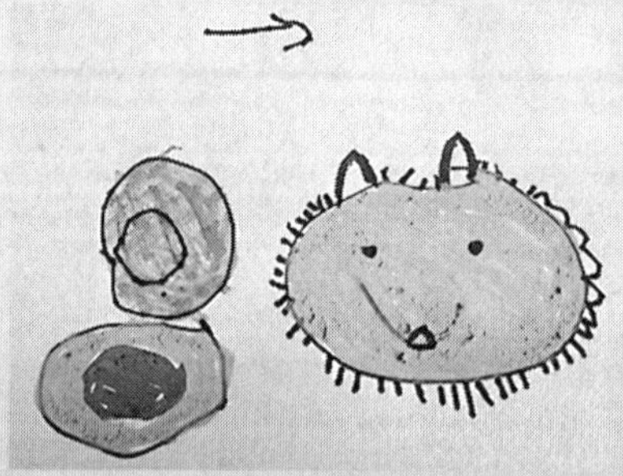

图5 小兔豆豆的取名记录

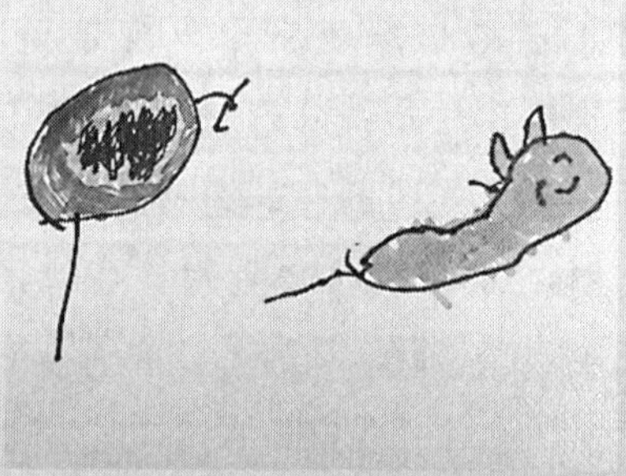

图6 小兔棒棒糖的取名记录

在这个过程中，幼儿获得了主动探索的品质以及初步的责任意识。幼儿们对小兔的关爱还在继续，对小兔的探索也在持续。

镜头三：续探兔子

讨论：棒棒糖爱吃什么？

桐桐：为什么兔子只吃草，不吃肉呢？

图7　兔子爱吃的食物记录

涵涵：之前我喂它吃过树叶，它喜欢树叶的。

煊煊：它喜欢吃苹果，你还记得吗？

成成：我觉得它还喜欢吃生菜。

梦梦：我喜欢吃饼干，不知道兔子喜不喜欢吃饼干。

寻找：棒棒糖爱吃的食物

孩子们对兔子吃什么特别感兴趣，于是，一场关于小兔子喜欢吃什么的研究之旅开始了。我请幼儿把这些问题带回家和爸爸、妈妈一起讨论，寻找答案。

图8　我带来了白菜

图9　我带来了萝卜

图10　我带来了菜叶

第二天，孩子们自发地从家里带来了不同食物：青菜、白菜、萝卜、菜叶、面包等。

通过亲自喂食，孩子们了解到小兔子喜欢吃很多食物，比如胡萝卜、青菜、牧草、苹果、萝卜叶、莴笋叶等。

图11　兔子喜欢吃的食物统计图

验证：棒棒糖会吃什么？

依依：兔子会抢我手里的菜，太搞笑了。

煊煊：兔子爱吃胡萝卜，青菜在旁边都不吃。

涵涵：你们看，它们也挑食呢，光吃菜叶，不吃菜梗。

孩子们在喂食兔子的同时，通过观察验证自己的猜想，还提出了很多值得探究的问题。在讨论过程中，每个孩子都踊跃地表达着自己的发现。

图12　给小兔喂点水

图13　请小兔吃菜叶

在接下来的日子里，孩子们每天精心照顾小兔，给小兔喂青菜和萝卜，和小兔聊聊天。每天早上，孩子们进班后的第一件事就是到自然角里看望小兔。孩子们与小兔建立了深厚的感情。就连其他班级的老师和小朋友们也经常到班里来看望小兔，还给它带来好吃的食物。

“小兔喜欢吃什么”活动为幼儿提供了大量科学探究和语言表达的机会。活动实施中，幼儿们通过亲子探秘活动增进了亲子情感，提升了家园共育的质量。教师的放手给予幼儿充分探索的空间，让幼儿在轻松愉快的氛围中获得丰富的认知经验。

案例启示

第一，以“爱”为名，赋能幼儿情感发展。

幼儿在和兔子接触的过程中，拉近了人与动物之间的距离。幼儿们把兔子当成自己的朋友，亲自喂食，贴心照料，对兔子有了更多的了解，也萌发了亲近自然、爱护动物的情感。

第二，以“爱”为名，赋能幼儿思维表征。

活动中，每个幼儿都有机会充分、自由地表达自己的想法，发现别人思维的闪光点，在同伴学习中积累宝贵经验，在轻松愉悦的氛围中发展创造性思维。

第三，以“爱”为名，赋能幼儿探索发现。

幼儿在与兔子生活的过程中，提升了观察能力、表达能力、分析问题和解决问题的能力。

作为教师，保护幼儿的好奇心，支持、理解幼儿独特的想法，培养幼儿的主动性，才是教育的真谛。

小事12

孵一次蛋

王　林

“孵一次蛋”源于小班主题“学本领”。活动时间建议为三周，后续饲养家禽还需一个月。涵盖科学、语言、社会、艺术、健康等领域。主要活动目标：幼儿关注生命的起源，感受生命的奇妙；在孵蛋、饲养的过程中体验做事的乐趣。主要经验点：幼儿了解鸡、鸭、鹅、鹌鹑等都会生蛋，蛋的孵化是复杂、精细的过程；家禽的种类繁多，特点各异，饲养不易。

一、活动方案

"孵一次蛋"活动方案

适合年龄段：3—4岁

基本流程	驱动性问题	活动目标	所需资源	支持性策略	探究经验点	成果个性化表达
谁的蛋	1. 什么动物会生蛋？ 2. 蛋都是一样的吗？	多种途径收集蛋，仔细观察和比较，感知蛋的多样性。	1. 各种不同的蛋和图片。 2. 关于蛋的调查表。 3. "这是谁的蛋"调查表。 4. "鸡蛋立正""水晶鸡蛋""悬浮的鸡蛋"等科学小实验。	1. 完成亲子问卷，感知不同家禽的蛋不一样。 2. 围绕蛋的外形特点开展大讨论，收集不同类型的蛋。 3. 家庭进行科学小实验，发现蛋的秘密。 4. 幼儿用自己的方法保护自己的蛋。 5. 幼儿创建蛋的博物馆，收集摆放各种蛋。	1. 常见的蛋有鸡蛋、鸭蛋、鸽蛋、鹌鹑蛋等。蛋富含蛋白质、维生素等营养物质，是重要的食物之一。 2. 蛋壳的颜色由特定的化学物质决定。	1. 亲子共做科学小实验的视频集。 2. 幼儿音乐表演视频集。 3. 幼儿创建的"蛋的博物馆"。 4. 幼儿蛋壳作品集。
孵一个蛋	1. 蛋壳里有什么？ 2. 蛋是怎么孵化的？	用多种感官探究，持续观察蛋孵化的过程，感受小动物出壳的奇妙过程。	1.不同的蛋；各种蛋孵化出壳的视频。 2.孵化工具。 3.《孵不出来的小鸡》《爱迪生孵蛋》等故事。 4.蛋孵化过程的记录本、拍摄设备。	1. 利用家长资源让幼儿了解孵蛋的方式方法。 2. 师幼共同孵化鸡蛋，布置饲养家禽的区域。 3. 家庭进行亲子阅读，了解蛋孵化的各种秘密。 4. 幼儿自主为即将孵化的动物们布置成长空间。	1. 不同的蛋孵化的时间不同，有的时间长，有的时间短。鸡蛋需要20—21天，鸭蛋需要26—28天，鹅蛋需要29—31天。 2. 受精的蛋需要在一定的温度和湿度条件下，经过一段时间才能孵化出来。	1. 幼儿孵蛋活动的照片集和视频集。 2. "名字大投票"展板。 3. 完成家禽饲养区域的布置。

续 表

基本流程	驱动性问题	活动目标	所需资源	支持性策略	探究经验点	成果个性化表达
陪着你长大	怎么照顾小动物们?	1. 在饲养过程中，感知家禽的生活习性与成长变化。 2. 用多种方式探究家禽与人们生活的关系。	1.有饲养经验的家长。 2.有关家禽成长的视频和照片。 3.“它爱吃什么”调查表。 4.家禽照料记录表。	1. 采访有饲养经验的家长，探究如何饲养禽类动物。 2. 亲子完成“它爱吃什么”调查表，了解家禽的习性。 3. 采访有饲养经验的人，了解如何更好地照顾家禽。 4. 开展故事会，相互分享饲养的趣事，比较饲养的方式。	在家禽养殖中，鸡、鸭、鹅、鹌鹑是常见的养殖品种，养殖起来并不容易。	1. 幼儿表达饲养感受的视频集。 2. 幼儿饲养照片互动墙。 3.“动物身高体重测量表”展示板。

二、活动实施

（一）集体学习活动

谁的蛋

科学、语言 ★★★ | 艺术、社会 ★★ | 健康 ★

➢ 活动思路

“谁的蛋”源于幼儿生活，通过找一找、玩一玩、跳一跳的形式让幼儿观察、了解蛋的特性，在轻松活泼的音乐氛围中感受游戏的快乐。

➢ 活动目标

感受和蛋做游戏的趣味，在游戏中感知蛋的特征。

感受轻松活泼的旋律，并用肢体语言大胆表达自己的发现。

➢ 活动准备

经验准备：前期有感受音乐旋律的经验。

物质准备：大蛋壳教具，鸡妈妈、鸭妈妈、鹌鹑妈妈的家，电子琴或钢琴。

➢ **活动过程**

1. 创设情境，找蛋宝宝

（1）幼儿聆听《小小蛋儿把门开》，拍手走进活动室

（2）幼儿观察鸡妈妈、鸭妈妈、鹌鹑妈妈的家，在家里找出蛋宝宝

（价值分析：通过音乐进入情境，感知不同蛋宝宝的特性，初步了解蛋的外形特点。）

2. 多元感知，丰富认知

（1）幼儿跟随音乐，滚一滚、摸一摸、看一看

引导语：谁在里面？让我们仔细听一下，里面在说，蛋壳快开门，我要出去和小朋友唱歌、做游戏。

（2）幼儿跟随音乐敲击蛋壳

提问：蛋壳里住着谁？

小结：小鸡满身都是黄色的绒毛，胖乎乎的。小鸡在蛋壳里待很久了，太闷了，现在蛋壳打开了，小鸡可高兴了。

（价值分析：在音乐游戏中，感知小鸡出壳的景象，感受生命诞生的喜悦。）

3. 表演游戏

幼儿跟着音乐舞动起来，并敲开不同的蛋壳，感知蛋的秘密。

提问：这些蛋里的宝宝又是什么样？

小结：原来好多小动物都是从蛋里孵化出来的。

4. 延伸活动

在区域中提供蛋的模型或蛋壳，让幼儿自主探索蛋的特性。

在家中与父母一起用蛋烹饪美食，了解立夏吃蛋的习俗，并共同创编与蛋相关的小游戏。

幼儿与父母一起去超市、菜场，实地观察蛋的种类和外形。

孵一次蛋

语言、科学 ★★★　社会、健康 ★★　艺术 ★

➢ **活动思路**

小鸡是怎么出来的？小小的生命是如何诞生与成长的？小班幼儿对此充满好奇。因此，我们选择了蛋的孵化活动，让幼儿科学认识鸡蛋孵化的条件和

过程。

➢ **活动目标**

初步感知小鸡在鸡蛋内成长的情况，以及小鸡的孵化过程。

感受鸡妈妈是如何保护小鸡宝宝的，萌发爱护小鸡的情感。

➢ **活动准备**

图画书《小鸡从哪里来》、鸡蛋。

➢ **活动过程**

1. 孵化鸡蛋

（1）阅读故事，了解小鸡的变化

提问：小鸡在鸡蛋里有什么变化？

小结：小鸡的身体发育完整，在蛋壳里慢慢长大。

（2）孵化鸡蛋，感知鸡蛋孵化的秘密

提问：鸡蛋是怎么孵化的？

小结：在母鸡的精心呵护下，经过21天，小鸡就孵化出来了。

（价值分析：通过故事阅读，幼儿初步了解母鸡孵化鸡蛋的过程，了解小鸡在鸡蛋里的变化。）

2. 我们的孵化日记

（1）选择孵化工具

提问：我们用什么孵化鸡蛋呢？

小结：我们需要准备鸡蛋、孵化器等工具。

（2）孵化开始了

提问：孵化期间需要做什么？

小结：关注孵化器的温度和湿度，注意添加水分，并每天观察鸡蛋的变化。

（3）小鸡破壳了

提问：鸡蛋是怎么孵化出来的？

小结：受精的鸡蛋在孵化器中不仅需要一定的温度，还要定时加水、翻蛋，让鸡蛋保持在一定的湿度环境中，才能孵出小鸡。

（价值分析：通过亲身体验、实际操作，进一步感知孵蛋的快乐，初步了解人工孵蛋的方法。）

3. 游戏：老鹰捉小鸡

提问：母鸡是怎么保护小鸡的？

引导语：我们今天要玩“老鹰捉小鸡”的游戏。

教师扮演母鸡，一名幼儿扮演老鹰，其他幼儿扮演小鸡，进行游戏。

4. 延伸活动

在区域中添置孵化区，供幼儿长期观察孵蛋过程。

小鸡出壳后，征询家长和幼儿意见，请幼儿将孵化出的小鸡带回家照顾。

幼儿在家长的帮助下，购买蛋并自制孵化机，进行孵蛋实验。

在区角活动中投放故事书《爱迪生孵蛋》，指导幼儿阅读。

（二）个别化学习活动

鸡妈妈生蛋

➢ **材料**

乒乓球、吸管、玩具母鸡、盒子。

➢ **玩法**

将乒乓球放入特制的“草地”盒子中。

将吸管一头对准乒乓球用力吸，吸住乒乓球放置在玩具母鸡身旁。

➢ **观察重点**

观察幼儿是否能用吸管吸起乒乓球。

观察幼儿手眼协调能力的发展。

➢ **提示**

吸管的一头要紧贴乒乓球面，才能成功将乒乓球吸住。

蛋壳灯

➢ **材料**

马克笔、双面胶、纸巾、白纸、蛋壳等。

➢ **玩法**

收集没有蛋液的蛋壳。

在蛋壳上画上自己喜欢的图案。

在白纸上绘画装饰图，撕下后装饰蛋壳。

➢ **观察重点**

观察幼儿在蛋壳上的绘画水平。

观察幼儿在蛋壳上撕贴、绘画时，手部精细动作的发展情况。

➢ 提示

拿取蛋壳的时候要轻拿轻放。

幼儿在活动中使用剪刀时需注意安全。

三、活动分享

孵一次蛋

一次餐前的谈话中，我与孩子们说着故事《一只特立独行的鸡》。故事的主人公克莱德是一只刚入住晨曦农场的公鸡，在农场里负责鸣叫，可农场里的动物都不喜欢它。故事刚讲个开头，艺轩便问："那这只鸡是从哪里来的？"有的孩子说："它是从别的农场来的。"有的孩子说："它是买来的。"艺轩着急地说："我说的是，它是从哪里来的？"朗朗说："我想，应该是从鸡妈妈的肚子里生出来的吧！"羽彤说："不对，不对，小鸡是从蛋壳里出来的。"瑶瑶说："对的，对的，小鸡是从鸡蛋里出来的。"艺轩说："是吗？可我从没见过。"瑶瑶说："是真的，妈妈告诉我的。"虽然我的故事没办法继续讲下去了，但是从孩子们的对话中，我发现小鸡的出生成了孩子们感兴趣的话题，于是"孵蛋"活动应运而生。

成人要善于发现和保护幼儿的好奇心，充分利用自然和实际生活的机会，引导幼儿通过观察、比较、操作、实验等方法，学会发现问题、分析问题和解决问题，帮助幼儿不断积累经验，形成受益终身的学习方法和能力。艺轩的思维很敏捷，总是在谈话和游戏中产生奇思妙想。他发现问题后，会主动询问身边人，积极寻找解决方法。教师要做的，就是保护幼儿的好奇心和求知欲，让幼儿真正成为活动的主人。

镜头一：蛋宝宝来啦

紧接着，我们准备好了孵蛋器，孩子们还从家中带来了许多蛋。可是，孵化活动还未开始，俊贤又发现问题了，他说："为什么我们拿来的蛋都不一样？"我说："俊贤的眼睛很亮哦，我们一起来看看，这些蛋有什么不一样？"亦潼说："这些鸡蛋大小不一样，有大有小。""可是蛋里面都会有谁呢?”孩子们不约而同地说:“蛋里有恐龙,有小鸡,有小鸭,有大怪兽……”那我们的蛋里到底会有谁?我们一起来把它们孵化出来,看看谁的猜想是正确的!

动植物是孩子们的亲密伙伴,他们对生命的诞生与成长感到好奇。我们选择了蛋的孵化过程作为观察对象。在这个过程中,观察、记录、科学表达、质疑等科学素养也在孩子的心中慢慢生长。

后续,教师可以为幼儿创设一块区域,让幼儿们放置他们找到的各种各样的蛋,让他们持续观察,更深入地探讨蛋的秘密。

镜头二:破壳而出

每个孩子选了一个自己喜欢的蛋,放进了孵蛋器。

伊萝说:“你看,这是我的蛋,我在上面画了个爱心做标记。”

童童说:“我的蛋在哪里?我要放在这里。”

腾宇说:“老师,我的蛋要放在这里,和天祺的放在一起。”

弘霆说:“我放在这里,这里就我一个鸡蛋,你放我旁边。”

我问:“宝贝们,你们知道蛋孵出来要多久吗?”大家摇摇头。我们一起检索资料,最终确定,鸡蛋需要21天,鸭蛋需要28天。这二十多天虽然有点漫长,但孩子们没有停下探索的脚步,他们都很好奇自己的蛋里正在发生怎样的变化。俊贤每天都会问:“老师,我的蛋孵出来了吗?”腾宇说:“老师,让我看看我的蛋吧。”

第五天,在孩子们的好奇下,我将蛋放在照灯下,问大家:“你们看看,你们的蛋怎么了?”俊贤说:“我的蛋里面有好多点点,像星星一样。”伊萝说:“我的蛋里有好多黑点点。”亦潼说:“我的蛋里有一块黑黑的,一块透透的。”思睿说:“哇,这个蛋里有恐龙,你看上面的是恐龙,下面的是他吃的草。”

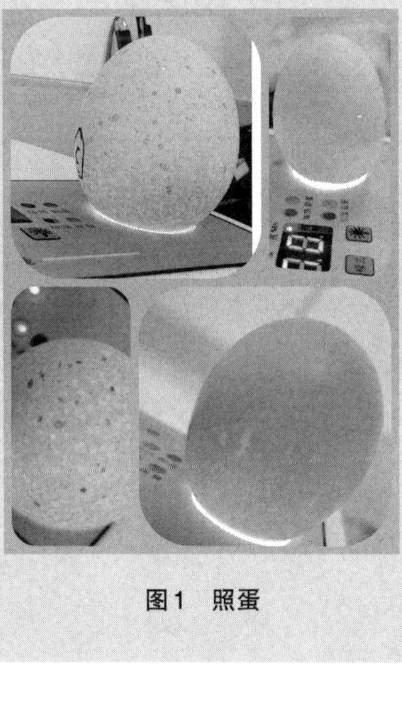

图1　照蛋

终于到了第二十天,孵化器里的蛋有动静了,有几个蛋破壳了。乐琪说:“你看,蛋上有个洞洞，里面有小鸡，小鸡要出来啦！”修远说：“你看看，琋玥的蛋碎了，我的蛋怎么还没碎啊？”梓豪说：“好多鸡蛋都裂开了。”

第二十一天，小鸡们都陆陆续续出壳了。孩子们看着出壳的小鸡十分兴奋。

艺铭说：“蛋里面有毛出来了，从那个缝缝里出来了。”

之轩说：“是小鸡，是小鸡的毛，小鸡的毛湿湿的。”

昱林说：“哇，你看，蛋都碎成两半了。”

以诺说：“那是小鸡。”

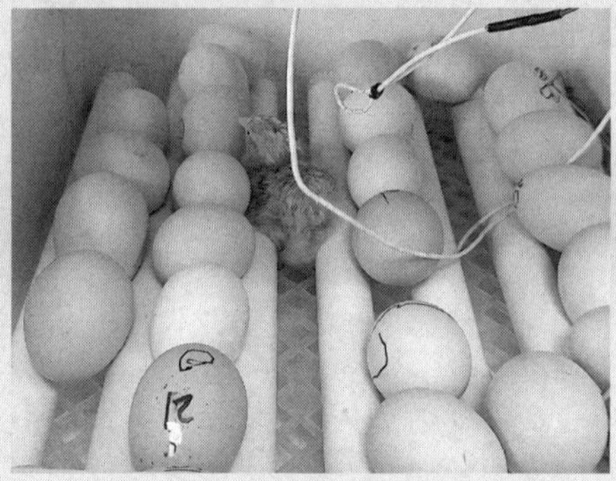

图2 小鸡出壳了

图3 小鸡出笼

“为什么我们的蛋宝宝还没有孵化好呢？”有的蛋还没有动静，孩子们特别着急。我提议：“不如，我们去问问别人，为什么有的蛋孵化了，有的还没有。”我带着孩子询问了科学老师，原来温度不稳定会对小鸡的孵化产生影响。我说：“孩子们，不如我们再耐心等待一下吧！”过了一段时间，所有的小鸡都破壳而出了。

孵蛋之旅告一段落，孩子们在孵蛋的过程中，不仅了解了鸡蛋的秘密，还学会了耐心等待和细心观察。在这一过程中，孩子们通过直接感知、实际操作和亲身体验不断探索、学习，真切感受到了生命的奇妙。二十多天的生命孕育之旅让孩子们见证了生命的奇迹，并且让他们带着新的问题，继续自己的探索之旅。

在孵蛋的过程中，幼儿们不但学习了观察、记录的方法，还提高了问题解决的能力。当小鸡破壳时，幼儿们高兴地与同伴分享成功的喜悦。

图4　为小鸡换家

图5　观察小鸡

案例启示

第一，适宜的环境支持幼儿的探索。

教师应该创设环境，准备丰富多样的材料支持幼儿的探索。如幼儿发现还有没孵化成功的鸡蛋，教师可以在班级中准备一个问题角，让幼儿将自己的发现布置在环境中，再将解决问题的方法呈现在其中。

第二，亲密的支持延伸幼儿的探索。

教师应成为幼儿的同伴，与幼儿共同发现、探究、操作。如对于未孵化的鸡蛋，教师可以与幼儿共同寻找答案，或者支持幼儿再次孵化鸡蛋。在孵蛋的过程中，幼儿们在教师的陪伴下，学会使用孵化器、调节温度和湿度、照蛋等技能，提高了实践操作能力。

小事13

吹一次泡泡

李钰怡　陈佩瑶

“吹一次泡泡”源于中班主题“水真有用”。活动时间建议为四周。涵盖科学、语言、艺术、健康等领域。主要活动目标：幼儿探索泡泡水的制作方法，尝试用不同的材料制作泡泡水；尝试用植物吹泡泡或者用植物自制泡泡器，萌发吹泡泡的兴趣。主要经验点：幼儿了解制作泡泡水的材料配比方法；有洞的植物和能变出洞的植物都能吹出泡泡。

一、活动方案

"吹一次泡泡"活动方案　　适合年龄段：4—5岁

基本流程	驱动性问题	活动目标	所需资源	支持性策略	探究经验点	成果个性化表达
制作泡泡水	什么东西能做泡泡水？	1. 探索泡泡水的制作方法，尝试用不同的材料制作泡泡水。 2. 体验动手操作的乐趣。	1. 各种辅助材料和工具若干。 2. 制作泡泡水所需的观察记录表。 3. 产生泡泡的洗涤剂产品。 4. 家长和网络资源。	1. 共同探索并完成观察表。 2. 收集一些能够产生泡泡的洗涤剂产品。 3. 创设泡泡环境区域。	制作泡泡水的材料配比要准确，做出来的泡泡水才能成功吹出泡泡。	1. 幼儿制作泡泡水的视频。 2. 亲子调查表。 3. "泡泡水配比"记录册。
寻找能吹泡泡的植物	植物可用来吹泡泡吗？	1. 尝试用植物吹泡泡，萌发探究兴趣。 2. 感知有洞的材料能吹出泡泡。	1. 幼儿园有各种植物的场所。 2. 各种不同的植物。 3. 泡泡液。 4. 记录用的设备。 5. 用植物吹泡泡的视频、照片等。	1. 幼儿在户外寻找能吹泡泡的植物，尝试用植物吹泡泡。 2. 收集各种各样的植物，探究吹泡泡的方法。 3. 幼儿尝试用各种植物吹泡泡。 4. 亲子完成"植物吹泡泡"的调查表。	有的植物有洞洞，有的植物能变出洞洞，它们都能吹出泡泡。	1. 能吹泡泡的植物图册集。 2. 幼儿用植物吹泡泡的视频集。 3. 亲子调查表。 4. 泡泡乐园资料集。
做个植物泡泡器	怎样的植物才能吹出泡泡？	1. 尝试用植物自制泡泡器。 2. 愿意在探索过程中自主解决问题。	1. 不同的植物。 2. 自制植物泡泡器所需要的辅助材料。 3. 泡泡液。	1. 幼儿收集不同的植物。 2. 亲子设计植物泡泡器。 3. 幼儿自制植物泡泡器。 4. "我最喜欢的泡泡器"评选活动。 5. "泡泡嗨翻天"主题活动。	植物泡泡器上需要有洞洞。	1. 亲子设计植物泡泡器图册。 2. 幼儿制作的植物泡泡器作品册。 3. 幼儿用植物泡泡器吹泡泡的视频集。 4. "泡泡嗨翻天"主题活动资料库。 5. "我最喜欢的泡泡器"评选照片集。

二、活动实施

（一）集体学习活动

自然物吹泡泡

科学、语言 ★★★ —— 健康、社会 ★★ —— 艺术 ★

➢ **活动思路**

吹泡泡是幼儿非常喜欢的一项游戏，该活动贴近幼儿生活，让他们体验科学探究活动的乐趣。

➢ **活动目标**

探索自然物吹泡泡的方法，发现有洞洞的自然物能吹出泡泡。

对自然物吹泡泡感兴趣。

➢ **活动准备**

经验准备：用泡泡机吹泡泡的经验。

物质准备：盘子、泡泡水、树叶、树枝、麦秆、竹子、藕、毛巾等。

➢ **活动过程**

1. 谈话导入

提问：你们玩过吹泡泡游戏吗？你是用什么吹的？

小结：用工具吹泡泡真有趣。

（价值分析：回忆以前吹泡泡的经历，引出活动内容。）

2. 自然物吹泡泡

（1）探索用自然物吹泡泡的方法

提问：你是用什么吹出泡泡的？你是怎么吹的？

小结：只要物品有洞就能吹出泡泡。

（价值分析：幼儿自主选择自然物吹泡泡，积累探索经验。）

（2）探索如何让自然物吹出泡泡

提问：你用什么方法吹出了泡泡？

小结：让自然物变出洞洞就能吹出泡泡。

（价值分析：引导幼儿深入探索吹泡泡的方法，促进幼儿探究能力的发展。）

3. 延伸活动

区域延伸：寻找其他自然物开展吹泡泡游戏。

家庭延伸：跟爸爸妈妈在家里用其他自然物玩吹泡泡游戏。

社区延伸：跟社区中的小朋友们一起玩吹泡泡游戏。

制作泡泡水

科学、艺术 ★★★　社会、语言 ★★　健康 ★

➢ 活动思路

吹泡泡游戏是幼儿熟悉和喜爱的活动，而如何调制泡泡水也成了幼儿探究的兴趣点。因此本活动的目的是为幼儿提供丰富的材料和适宜的工具，引导幼儿大胆尝试、努力探索，用不同的材料调制泡泡水。

➢ 活动目标

尝试运用各种材料制作泡泡水，激发探究兴趣。

体验与同伴一起制作泡泡水的快乐。

➢ 活动准备

经验准备：有吹泡泡的经历。

物质准备：洗衣液、洗衣粉、洗手液、沐浴露、洗发水等洗涤用品；一杯清水、搅拌棒、吹泡泡的工具、记录表等。

➢ 活动过程

1. 兴趣导入

（1）播放吹泡泡视频

引导语：泡泡水是怎么做出来的？

（2）幼儿讨论调制泡泡水的材料

（价值分析：视频导入，激发幼儿对调制泡泡水的好奇心。）

2. 调制泡泡水

（1）教师介绍各种洗涤材料

（2）幼儿分组操作，制作泡泡水

（3）幼儿交流分享探究成果

（价值分析：通过动手操作探究泡泡水的调制方法。）

3. 延伸活动

区域延伸：用自己调配的泡泡水进行吹泡泡游戏。

家庭延伸：和家人一起尝试使用其他洗涤材料调制泡泡水。

社区延伸：尝试制作彩色泡泡水。

（二）个别化学习活动

自制植物泡泡器

➢ 材料

各种植物、剪刀、双面胶等材料。

➢ 玩法

幼儿自主选择植物。

幼儿利用工具将自然物拼贴起来，制成植物泡泡器。

➢ 观察重点

观察幼儿是否能在制作植物泡泡器的过程中发现问题并解决问题。

观察幼儿是否乐于动手动脑探索制作泡泡器的方法。

➢ 提示

制作植物泡泡器前，幼儿可以先绘制植物泡泡器的设计图。

幼儿可以自主收集制作泡泡器的材料。

自制泡泡水

➢ 材料

搅拌棒、吸管、白糖、洗洁精、清水、容器、记录表。

➢ 玩法

幼儿自主选择材料配制泡泡水。

幼儿选择工具吹泡泡。

➢ 观察重点

观察幼儿在配制泡泡水的过程中是否具有发现问题、解决问题的能力。

观察幼儿是否乐于动手动脑，探究制作泡泡水的方法。

➢ 提示

适量加白糖，会让泡泡不容易破。

将幼儿配制泡泡水的记录表布置在科探区域，将经验分享给更多幼儿。

三、活动分享

好玩的泡泡

每次餐前洗手环节，幼儿们都很喜欢玩洗手液产生的泡泡。基于幼儿的兴趣点，我们开展了一次吹泡泡的探索活动。

镜头一：寻找生活中的泡泡

童童今天又待在卫生间里不肯出来，我走近一瞧，满满的水池里都是洗手液产生的泡泡。子扬说："老师，你快来看看，童童手上有好多泡泡呀。"小俊看看自己手上的泡泡说："为什么我的泡泡这么少，他们的这么多呢？"童童对着手上的泡泡大力一吹，"噗"的一声，泡泡就破了。童童沮丧地说："泡泡怎么破啦，泡泡怎么不会飞起来呢？"为了解答大家心里的困惑，我组织开展了一场关于泡泡的讨论。

图1　玩泡泡

小雨说："我妈妈洗衣服的时候会有许多泡泡。"琪琪说："我在刷牙的时候，嘴里也有好多泡泡，我的洗澡水里也有泡泡，我家鱼缸里有小鱼吐的泡泡，爸爸洗碗的时候也有好多泡泡呢。"轩轩说："我妈妈还给我买了泡泡机，它会吐很多很多泡泡。"幼儿们争先恐后地说着自己在生活中发现的泡泡。

镜头二：寻找吹泡泡的工具

童童苦恼地说："吸管不够了，我们小朋友都想玩吹泡泡游戏，该怎么办呀？"琪琪说："我们可以轮流玩呀，我玩好了再给别的小朋友玩。"小雨说："那要等好久，我现在就想玩了。"子扬大声说："我们找一找可以吹泡泡的工具吧！"于是，大家纷纷开始寻找自己身边的吹泡泡工具。

图2　用压花机在树叶上压洞洞

小雨说："我们的玩具可以吹出泡泡。"轩轩说："我用两只手围成一个圈圈来吹泡泡，我在爸爸的手机里面看到过。"童童说："我想用树叶吹泡泡。"子扬捂着嘴笑着说："树叶怎么吹泡泡呀，树叶上面没有洞洞。"童童耷拉着小脑袋，无奈地说："好吧。"我提示道："树叶一定不可以吗？我们一起来帮童童想想办法吧。"俊贤灵机一动："有洞洞才能吹出泡泡，我们只要让树叶有洞洞就可以了。"月月兴奋地说："我们可以用压花机压树叶，这样树叶上面就有洞洞了。"童童说："可真是个好办法，我们一起去试一试吧。"

幼儿在探究过程中对吹泡泡的工具产生了浓厚兴趣，尝试找到适合吹泡泡的工具。当找到的工具无法吹泡泡时，幼儿并没有放弃，而是向同伴求助。教师则引导幼儿通过观察、比较、操作、实验等方法，尝试解决问题。

镜头三：吹出大大的泡泡

图3　吹泡泡

童童拿起打好洞的树叶，把树叶伸进泡泡水里浸湿，又迅速放到嘴边，吹了一下，只见泡泡"啪"的一声破了。童童不甘心，再次尝试，结果还是一样。这时他看到旁边飘来一个大泡泡，原来是子扬吹的。他羡慕地对子扬说："为什么你的泡泡这么大，我怎么吹不出来？"子扬给童童演示了一遍，自信地说："这不是很简单嘛！"童童照着样子再吹了一遍，可还是失败了。站在一旁的子扬提示道："你吹得太用力了，要轻轻地吹才可以。"于是童童按照子扬的方法又尝试了一次，大大的泡泡出现了，童童兴奋得又蹦又跳。

活动中，当幼儿遇到困难时能够主动向同伴求助，并愿意采纳同伴的想法和建议，说明中班幼儿随着自我意识、自我控制能力及语言能力的发展逐渐与周围的人产生了交往关系，具有一定的交往能力。

案例启示

第一，关注兴趣，捕捉契机。

兴趣是最好的老师，教师可以根据幼儿的兴趣提供相应材料，让幼儿在与材料、环境、同伴的互动中形成探究能力。

幼儿园生活中处处存在教育契机。教师要善于捕捉生活中的教育契机，发现事物中所蕴含的教育价值，把握时机，提供适当的引导。

第二，亲身体验，认识世界。

亲身体验是幼儿认识世界的重要方式，也是获得知识的重要途径。幼儿通过亲身体验、动手操作和观察记录，成为活动的主人。在引导幼儿寻找吹泡泡的工具、调配泡泡水的过程中，教师采用兴趣激发、观察比较、交流验证、总结提升等方法，激发幼儿的探究兴趣，培养幼儿的科学素养。

第三，注重探究，及时记录。

探究和发现是科学活动的核心环节，教师唯有提供充足的探索机会，幼儿才能充分地尝试、验证、发现、比较和思考，得出初步结论并进行记录。在日常活动中，教师应注意培养幼儿良好的记录习惯，提升幼儿的学习品质和综合素养。

小事14

收一袋种子

沈春兰

“收一袋种子”源于中班主题“在秋天里”。活动时间建议为四周。涵盖科学、社会、语言、艺术、健康等领域。主要活动目标：幼儿发现一年四季中，秋天是收获的季节，是种子最多的季节；感知每一颗种子与众不同的特点。主要经验点：幼儿了解种子有不同的传播方式和孕育方式；不同种子的储藏方式也不同。

一、活动方案

“收一袋种子”活动方案

适合年龄段：4—5岁

基本流程	驱动性问题	活动目标	所需资源	支持性策略	探究经验点	成果个性化表达
收一袋秋天的种子	1. 秋天有哪些种子呢？ 2. 这是谁的种子？	1. 自主收集一袋秋天的种子。 2. 知道水果、蔬菜和花草树木等都有种子，并进行分类。	1. 有种植经验的家长。 2. 幼儿收集的种子实物。 3.“我收集的种子”记录表。 4. 关于种子的图片、视频、故事书等。 5. 有关种子标本的视频、相关材料等。	1. 亲子或师幼去田野寻找和收集种子。 2. 幼儿自由活动时寻找和收集种子。 3. 小组谈论如何收集种子、需要什么工具等。 4. 采访有种植经验的家长，了解不同种子和它们的保存方法。 5. 在中班大厅创设“秋天的种子”展区（蔬菜类、水果类、花草树木类等）。 6. 在中班大厅创设“种子的标本”展区。	1. 种子的大小、形状、颜色、数量、排列方式各不相同。 2. 不同的种子有不同的外形特征和用途。	1.“我收集的种子”记录册。 2. 对有种植经验的家长进行采访的视频和记录册。 3. 小组讨论种子收集经验的交流会。 4. 幼儿自制种子标本的成果集。 5.“秋天的种子”和“种子的标本”展览会。
种子的力量	1. 种子的力量有多大？ 2. 这些种子能放多久？	1. 了解种子发芽生长的基本条件和方法，探究种子的力量。 2. 了解种子不同的传播方式，了解种子的传播方式与其外形特征或生长环境之间的关系。	1. 种子生长的相关图片、视频、故事书等。 2. 观察种子的工具。 3. 种子观察记录本、手机等。 4. 种子展示墙或板。 5. 制作种子传播方式的图画。	1. 观看种子发芽破土而出的视频。 2. 采访有种植经验的家长，了解种子发芽的条件和方法。 3. 在自然角中创设种子实验区。 4. 分组照料种子，探索种子发芽生长的基本条件和方法，将过程及发现记录下来。 5. 在中班大厅创设种子展板和展柜。 6. 观看种子传播的纪录片。	1. 每一颗种子都有破土而出的力量。 2. 种子不同的传播方式都是为了将种子散布得更广，为了繁殖后代。	1. 幼儿问题集。 2.“收一袋种子”主题墙照片。 3. 种子展览会。 4. 小组“种子照料经验交流会”。 5.“种子照料大比拼”展示板。 6. 种子观察记录册。 7. 幼儿自制种子传播的图画书。

二、活动实施

（一）集体学习活动

植物妈妈有办法

科学、语言 ★★★　社会、健康 ★★　艺术 ★

➢ 活动思路

种子对于幼儿来说并不陌生，但是幼儿见到的大部分种子都是农作物的，是靠人类来种植的。在自然界中还有许许多多的植物种子，它们的传播方式特别多元，有的靠风力传播，有的靠动物传播，有的靠弹力传播等。幼儿通过收集种子实物和种子图片，了解种子传播的诸多秘密。

➢ 活动目标

了解种子的传播方式，知道不同特征的种子有不同的传播方式。

对种子的传播方式有探索的兴趣。

➢ 活动准备

经验准备：知道一些植物的名称，收集农作物的种子。

物质准备：多媒体课件、幼儿记录纸、黑板。

➢ 活动过程

1. 故事导入，激发兴趣

提问：蒲公英、豌豆、苍耳、石榴的种子是怎样传播的？

小结：植物妈妈有很多办法传播种子宝宝。有的种子比较轻，可以靠风伯伯来传播；有的种子靠自己传播；有的种子带刺，可以挂在动物皮毛上，靠小动物传播；有的种子被动物吃了，和粪便一起拉出来。

（价值分析：知道种子不同的传播方式，发现传播方式与种子外形特征或生长环境之间的关系。）

2. 经验巩固，区分种子的传播方式

提问：你觉得图片上这些植物种子是用什么方式传播的？

幼儿记录。

游戏：翻翻乐。

小结：风力传播的有蒲公英的种子；动物或者小鸟传播的有苍耳、樱桃、松子、野葡萄的种子；自体传播的有凤仙花、赤豆、豌豆的种子。

（价值分析：以游戏的方式巩固知识，让幼儿区分不同种子的传播方式。）

3. 延伸活动

幼儿与家长一起深入了解种子的传播方式。

在区角活动中投放关于植物种子的故事书，幼儿在书里找一找植物种子的秘密。

蔬菜种子的秘密

科学、语言 ★★★ —— 健康、社会 ★★ —— 艺术 ★

➢ 活动思路

蔬菜是幼儿每天都接触的食物，色彩斑斓、形态各异、味道鲜美、营养丰富，是幼儿健康成长的物质来源。同时，蔬菜的种子也藏着很多秘密，等待幼儿们去探索。

➢ 活动目标

观察比较不同蔬菜的种子，了解其特征。

对植物种子有好奇心和探究的欲望。

➢ 活动准备

经验准备：知道一些蔬菜的名称。

物质准备：各类蔬菜若干，盘子若干，芹菜、白菜、萝卜、韭菜、香菜、葱等蔬菜的种子。

➢ 活动过程

1. 交流导入

提问：你带来的蔬菜叫什么名字？能帮它们分类吗？

小结：我们可以把蔬菜分为瓜果类、根茎类等类别。

（价值分析：知道蔬菜有不同种类，可以分为瓜果类、根茎类、叶菜类等。）

2. 种子捉迷藏

引导语：带着蔬菜找一找它的种子吧。

提问：蔬菜都有种子吗？你找到的蔬菜种子在哪里？

小结：每种蔬菜都有种子，有的蔬菜虽然现在找不到种子，但等它长大一点就能看到它的种子了。

3. 种子探秘

提问：说一说你找到的种子的颜色和形状。

小结：蔬菜的形状、大小、颜色等各不相同。比如番茄的种子藏在它的肚子里，小小的、扁扁的，有很多很多粒。

（价值分析：知道蔬菜的形状、大小、颜色等各不相同。）

4. 延伸活动

在区角活动中投放改编的古诗：春种一粒粟，秋收万颗子。四海无闲田，农夫不饿死。

请家长帮助幼儿收集农作物的种子，丰富幼儿有关植物种子的知识经验。

每人在自然角中选择一颗种子进行种植，并记录种子发芽的过程。

（二）个别化学习活动

种子总动员

➢ **材料**

各类晒干洗净的种子若干、碗若干。

➢ **玩法**

幼儿自主选择不同类别的种子混在一起，倒入大碗中；幼儿闭着眼睛摸种子，按种子的大小、形状等特征分类，分别放入不同的碗中，最后睁开眼进行验证。

幼儿抓一把种子，目测有多少颗，写下数字；数一数，验证自己的猜测。

➢ **观察重点**

观察幼儿对种子大小、形状等基本特征的了解情况。

观察幼儿估测种子数量的方法。

➢ **提示**

种子的提供应由少到多。

鼓励幼儿创新玩法和规则。

种子对对碰

➢ **材料**

四宫格，九宫格，十六宫格，种子和对应植物的照片若干。

➢ **玩法**

幼儿玩种子翻翻乐的游戏，将种子和对应植物的图片翻出来。

幼儿玩种子猜猜乐的游戏，说一说不同种子对应的植物的名称、用途、传播方式等。

➢ **观察重点**

观察幼儿对种子基本特征、传播方式、用途等的了解情况。

观察幼儿如何用九宫格创新游戏方式。

➢ **提示**

幼儿根据自身情况，自主选择四宫格、九宫格、十六宫格进行游戏。

增加留白的卡片。

三、活动分享

豌豆生长记

一次收蚕豆活动让幼儿萌生了种植蚕豆的想法。

家祺看着手里刚摘下来的蚕豆自言自语："我们可以自己种蚕豆吗？"由于现在已经过了种植蚕豆的时节，幼儿有些失望。"我们可以种其他植物呀！"教师提议。"老师，那我们种什么呀？"家祺好奇地问道。"我们不会种呀！""是的，我也不会。"幼儿们叽叽喳喳地说着。阿哲歪着脑袋问："老师会吗？可以教我们种吗？"教师笑着说："好呀，我们一起种。但有的植物长在土里，有的植物长在水里，咱们种什么植物呢？用水培还是土培？"最后，大家一致选择了水培豌豆。

镜头一：选器具

种植豌豆对中班幼儿来说是一项挑战。虽然在之前的种植活动中，幼儿已积累了一些种植经验，但是如何水培豌豆却是一个难题。他们基于已有经验开始选择水培的器具。

家祺：可以把豌豆放在盆子里。

桐桐：对呀，好多蔬菜都是在水盆里长出来的。

睿睿：土豆、洋葱之前都是用水盆种植的，底部放在水里，上半部分腾空架在水盆上面。

佳佳：可是豌豆太小，不能架在水盆上面呀？

家祺：我们可以放在瓶子里，瓶子底部放点纸巾。

阿哲：豌豆放在瓶子里，瓶盖盖住会不会闷死呀？

睿睿：我们可以在瓶盖上扎个小孔，这样就可以啦！

他们在观察、实验以及选择豆子种类的问题上开始思考：如何选择便于观察的生豆芽器具？最后选择了矿泉水瓶，并在瓶盖上扎上小孔，这样豆豆能呼吸，还能方便换水。

镜头二：说方法

孩子们选择了15—20颗豌豆做实验，凭借以往的知识和经验，进行了一系列猜想。涵涵说："我们平时也会水培豌豆，但是生豌豆芽需要更多的水，才能长得特别好。"昊昊说："植物浇太多水会被淹死，我们之前泡葵花种子时，只泡了一晚上，葵花籽就张开小嘴了。"然然说："我觉得豌豆需要泡水，这样才能长出芽。"于是孩子们纷纷画起了豌豆种植的思维导图。

图1 选豌豆做实验

图2 数豌豆

镜头三：生豆芽

大家第一天将豆豆浸泡在水中。

第二天，大家讨论是否要把浸泡了一天的豆芽水倒掉。幼儿们都争先恐后地发表着自己的看法，大部分幼儿认为生豆芽需要泡水，有个别幼儿认为要把浸泡了一天的豆芽水倒掉，还需一天换两次水。

通过实践，大家发现，原来泡在水中的豆豆也能发芽。每次换完水，大家还会给自己的豆芽做成长记录。

用水泡豆芽的孩子发现豆芽表面的绿皮都漂在水面上，小芽长势不好；而每天坚持换两次水的豆芽已经长出了细细长长的根部。

图3　加水泡豆

图4　水量不同

图5　观察自己的豌豆

图6　发现豆芽

在家长的帮助下，幼儿获得了生豆芽的诀窍：温水泡一晚上，用纱布包裹住豆芽避免见光。

通过本次生豆芽活动，幼儿发现，豆芽在水里泡太久，表皮会脱落；豆豆虽然长出了小芽，但是水里泡的豆瓣已经开始分离，并且散发出刺鼻的味道。同时，他们了解到生豆芽的必备因素：透气、避光、勤换水。家长朋友还给出了很好的建议：如果想让豆芽的根长得粗粗的，就要将重的物品压在豆芽上，这样生出来的豆芽就有粗粗的根了。

镜头四：再次生豆芽

结合家长的建议，孩子们准备再次生豆芽。他们将豆子用温水泡一晚上，用纱布包裹住。第二天，他们迫不及待地打开纱布，想看看豆子有没有变化。他们看到豆子都长出了白白的、长长的芽。佳佳说："像小蝌蚪。"家祺说："这个'小蝌蚪'的尾巴是白色的。""找找看'小蝌蚪'的尾巴尖都去哪里了？"我的问题引发了大家的思考。小颖说："它们的尾巴都去水里喝水。""真的，是真的！"家祺第一个大声叫了起来。"老师，为什么它们的尾巴都朝下呢？真的是在喝水吗？"阿哲反问我。"是它的吸管吗？"佳佳也来问我，我摇摇头说："老师也不知道，你们可以回家问爸爸妈妈，也可以查阅相关书籍，还可以上网找答案。"

图7　发现小尾巴

图8　发现小嫩芽

第三天谈话活动时，孩子们给出了答案：有的说小芽要喝水，有的说小芽怕光，还有的说小芽是豌豆的根。到底是怎么回事儿呢？孩子们决定继续观察豌豆的生长情况。第四天，他们又有了新发现，在昨天白芽的根部又长了一片黄嫩嫩的小芽。"我知道了，这是叶子。"家祺指着黄黄的小嫩芽兴奋地说。经他的提醒，其他孩子恍然大悟，原来昨天长长的、白白的像小蝌蚪尾巴一样的小芽是豌豆的根，今天长出来的嫩嫩的小黄芽是豌豆的叶子，弯弯的根像吸管一样喝水和摄取营养。铭哲说："真有意思，我们明天再来看看它还会变出什么。"孩子们将零散的经验进行整合，继而变成他们深入观察的动力。

图9 发现白色小尾巴

图10 长出黄黄的嫩芽

由于幼儿的细心照顾，豌豆苗长得很快。“孩子们，豌豆苗每天能长多高呀？”小颖说：“我哥哥有个尺子可以量。”佳佳说：“把豌豆苗拔出来看。”家祺忙摇手：“拔出来会死的。”中班幼儿对测量有了初步的经验，经过讨论，大家选了一棵豌豆苗进行测量记录。大家在瓶子上画上刻度，经过一夜，发现豌豆苗比之前标记的刻度高出一大截。四天后，豌豆苗已经远远高于原来标记的刻度。为了让孩子们清晰地了解豌豆苗每天的长势，我把一周拍摄的豌豆苗生长变化的照片拿出来让大家观察。看着一周前的种子变成十几厘米高的豌豆苗，睿睿拍着手说：“真神奇！豌豆苗长得好快呀！”

图11 给豆苗画刻度

第十五天，豌豆苗已经可以采摘了，变成了孩子们饭桌上美味的菜肴。“豌豆苗被我们剪掉了会死吗？”带着这个问题，孩子们每天继续观察豌豆苗，给它们换水、浇水、晒太阳，几天后豌豆苗又长高了。佳佳高兴地说："豌豆苗没有死，它又长出了新叶子。""剪掉的地方新长出了好几片小叶子呢！"桐桐兴奋地说道。

种植豌豆的活动不仅激发了幼儿对植物的兴趣，还让幼儿了解了许多植物的知识，掌握了简单的种植技能，更重要的是培养了幼儿的爱心、耐心、责任心，以及观察、比较等能力。幼儿通过观察发现问题，积极思考，并在教师的引导下学会连续观察，思维能力得到了锻炼，语言表达能力也得到了提高。

案例启示

第一，捕捉幼儿的兴趣。

一次收蚕豆活动让幼儿萌生了种蚕豆的想法。作为教师，应充分利用自然和实际生活中的机会，尊重和保护幼儿的好奇心，聆听幼儿的声音，捕捉幼儿的兴趣。

第二，推动幼儿深入观察。

让幼儿多看、多想、多听、多讲，加深对事物的印象。给幼儿提供实践操作的机会，让幼儿调动多感官参与活动，在自己种植豌豆的真实体验中，提高观察能力和动手能力，真正在做中学，在玩中学。

第三，提升幼儿观察能力。

探索中的交流既是幼儿对探索过程和结果的表达，也是与同伴分享，倾听同伴意见，或进行讨论、争论，达成初步共识的过程。幼儿在与同伴交流互动中，学到许多有关植物的知识，掌握简单的种植技能，发展初步的观察探究能力。

小事15

坐一次城际列车

富逾凡

“坐一次城际列车”源于中班主题“我在马路边”。活动时间建议为四周。涵盖科学、社会、语言等领域。主要活动目标：幼儿对探究城际列车感兴趣；体验城际列车给人们出行带来的方便和快捷。主要经验点：幼儿了解从金山到市区最快捷的公共交通工具是城际列车。

一、活动方案

"坐一次城际列车"活动方案

适合年龄段：4—5岁

基本流程	驱动性问题	活动目标	所需资源	支持性策略	探究经验点	成果个性化表达
坐一次城际列车	1. 城际列车和公交车、小汽车有什么不同？ 2. 怎么乘坐城际列车？	1. 体验城际列车给人们出行带来的快捷。 2. 了解城际列车的外形特征和内部结构。 3. 探索城际列车乘车指南。	1. 城际列车车站。 2. 图画书《高速列车的秘密》。 3. 城际列车通车视频。 4. 乘车记录册。	1. 亲子设计出游计划表。 2. 亲子实地体验城际列车，并以图片、视频和图符的方式记录过程。 3. 多途径体验从金山到市区的乘车方式，比较不同乘车方式的快慢。	1. 从金山到市区最快捷的公共交通工具是城际列车。 2. 城际列车上有便民设施。 3. 乘车指南：购票、安检、检票、乘车。	1. 城际列车乘坐记录册。 2. 城际列车体验分享会。 3. 城际列车制作模型。
"多变"的火车票	1. 城际列车经过哪些站？ 2. 城际列车的票价是多少？	1. 了解城际列车途经的站点。 2. 了解车票的价格和乘车站点的关系。 3. 体验不同的乘车方式。	1. 纸质车票。 2. 其他的火车票。 3. 火车票的演变过程图。 4. 城际列车站点线路图。	1. 布置"城际列车火车票"展示墙。 2. 呈现火车票的演变过程。 3. 分组探索车票与站点的关系。 4. 创设火车站场景。	1. 城际列车途经9个站点。 2. 城际列车票价和乘车的站点有关，最低3元，全程票价为10元。 3. 乘车方式：刷交通卡、刷乘车码、买纸质票。	1. 小组交流车票探索结果。 2. 车票价目表。 3. 火车票的变迁图册。 4. 火车票设计图。
城际列车上工作的人们	谁在城际列车上上班？	1. 了解城际列车上工作人员的工作职责。 2. 感受工作人员的辛苦，尊重城际列车上的工作人员。	1. 城际列车工作人员。 2. 工作人员制服。 3. 幼儿采访工作人员的视频、照片。	1. 邀请城际列车工作人员介绍相关知识。 2. 幼儿扮演列车工作人员，开展角色游戏。 3. 亲子完成"城际列车上的工作人员"调查表。	城际列车上有列车员、驾驶员、餐饮人员、铁路警察和保洁员。	1. 幼儿采访工作人员的视频和照片集。 2. 工作人员服装展。 3. "城际列车"物品陈列区。

续　表

基本流程	驱动性问题	活动目标	所需资源	支持性策略	探究经验点	成果个性化表达
未来的城际列车	未来的城际列车可能有哪些功能？	设想未来城际列车给人们生活带来的变化。	1. 磁悬浮列车、超音速列车图片和视频介绍。 2. 城际列车玩具模型。	1. 亲子调查城际列车发展史，比较过去和现在的城际列车。 2. 创设“未来城际列车”展示区域。 3. 收集制作未来城际列车的材料。	未来的城际列车会更美观、更安全，技术水平更高。	“未来城际列车”设计图纸。

二、活动实施

（一）集体学习活动

列车上的工作人员

社会、语言 ★★★　　科学、健康 ★★　　艺术 ★

➢ 活动思路

幼儿对于城际列车上的工作人员及其工作职责都比较陌生，通过乘坐城际列车，初步感知工作人员的工作内容和职责。活动前期的亲子调查问卷让幼儿了解和熟悉工作人员的任务，活动中邀请工作人员与幼儿互动对话，让幼儿体会工作人员的辛苦。

➢ 活动目标

了解城际列车上有哪些工作人员，熟悉他们的工作职责。

体会工作人员的辛苦。

➢ 活动准备

经验准备：亲子或小组乘坐过金山城际列车。

物质准备：幼儿采访工作人员的照片和视频，“城际列车上的工作人员”调查表。

➢ 活动过程

1. 谈话导入，激发兴趣

导入语：小朋友们，你们都坐过城际列车吧！今天老师邀请了一位神秘的嘉宾，看看是谁来了。

请工作人员进行自我介绍。

2. 分享经验，大胆表述

工作人员提问：小朋友们，城际列车上有哪些工作人员？

幼儿出示“城际列车上的工作人员”调查表，并进行分享。

教师播放幼儿采访工作人员的视频和照片。

提问：城际列车上都有哪些工作人员？他们负责哪些工作？

小结：列车员会在车门旁迎接乘客上车；驾驶员负责将乘客安全送到目的地；铁路警察保护乘客在车上的安全；餐饮人员为乘客提供餐饮服务；保洁员负责维持列车内的整洁和卫生，对列车进行消毒和保洁工作。

（价值分析：邀请城际列车工作人员来到班级为幼儿介绍列车的相关知识，丰富幼儿的知识经验。）

播放图片和视频，观察和比较不同工作人员制服的差异。

3. 角色扮演，体验快乐

幼儿自主选择城际列车工作人员的岗位进行扮演，开展角色游戏。

幼儿交流游戏心得。

4. 延伸活动

亲子制作：为城际列车上工作人员制作服装。

亲子绘画：为城际列车上工作人员设计造型。

火车票上的秘密

科学、社会 ★★★　　语言、健康 ★★　　艺术 ★

➢ 活动思路

乘坐城际列车时，幼儿会接触到不同的数字信息，但是数字代表的意义对于中班幼儿而言还是比较陌生的。通过收集车票、自制车票和探秘车票的活动让幼儿了解车票上数字代表的意义，初步感知数字在生活中的应用。

➢ 活动目标

了解车票上不同数字的意义，重点感知时间、车次及价格中的数字。

通过观察、操作，尝试运用车票上的数字解决出行问题。

➢ 活动准备

经验准备：有坐火车或高铁出行的生活经验。

物质准备：课件、车票、笔、卡纸、操作单等。

➢ **活动过程**

1. 游戏导入

报数导入：请幼儿按顺序依次报数，看看一共有多少个小朋友。

教师提问：在我们的生活中，你见过哪些数字？它们有什么作用？

2. 探秘车票

情景导入：假期到了，豆豆准备和爸爸妈妈一起乘坐金山小火车去市区。豆豆兴奋极了，这是她第一次坐金山小火车。

提问：你们坐过金山小火车吗？乘坐火车时，你见过哪些数字？

小结：站台上、火车上、车厢座位上、车票上都有数字。

观察讨论：图片中的数字表示什么意思？

分享交流：火车票上有哪些数字？火车票上的数字分别代表什么意思？

分组操作：

（1）第一组：火车票上的秘密

幼儿尝试自己设计火车票。

（2）第二组：火车信息我知道

幼儿观察车票中时间、车次、价格、座位等信息，说说分别代表什么意思。

（3）第三组：找一找、圈一圈

幼儿在火车票上寻找并圈出检票口、价格、日期等信息。

（价值分析：通过分享、操作环节使幼儿感知、发现火车票上不同数字的秘密。）

3. 分享交流

幼儿交流火车票上数字的秘密。

师幼梳理总结火车票上不同数字代表的意义。

（价值分析：在交流中认识数字在生活中的重要性。）

4. 延伸活动

鼓励幼儿出游时，尝试根据车票信息自己解决乘车问题。

在区域活动中投放机票、车票、船票等，幼儿继续探索和感知生活中的数字。

（二）个别化学习活动

站点连连看

➢ **材料**

三种乘车方式挂图（站站停、直达、大站停），线路图展板（站点上有可以插卡片的位置），站点卡，格子板。

➢ **玩法**

分别选择站站停、直达、大站停三种乘车方式，根据站点信息插上对应的站点，完成城际列车线路图。

把站点卡正面朝下随意摆放在格子板上，两名幼儿随意翻开站点卡，翻到一致的卡片就可以收走，最后比比谁的站点卡最多。

➢ **观察重点**

观察幼儿在游戏中的专注度和兴趣。

观察幼儿分类时运用的方法。

➢ **提示**

把每个站点的地标、美食等做成站点的图示卡，便于幼儿识别不同的站点。

教师可以在点读笔中录入每一站的站名，以便幼儿获得站点信息。

乘车找错

➢ **材料**

乘车行为卡片、列车站标识卡、点读笔、记号笔等。

➢ **玩法**

选择乘车行为卡，看一看、找一找乘坐城际列车时错误的乘车行为，并用点读笔录音或用图示记录。

选择标识卡，找出错误的火车站标识，并选择正确的标识卡。

➢ **观察重点**

观察幼儿已有的乘车经验。

观察幼儿是否认识标识。

➢ 提示

可以增加视频材料，让幼儿在动态的画面中找出错误的乘车行为。

提供空白乘车行为卡，让幼儿自主绘画乘车行为。

三、活动分享

探秘金山小火车

小火车是金山的标志性交通，为了让幼儿深入探索和了解金山小火车，我发起了坐小火车的讨论。我们开展了“金山小火车一日游”亲子活动，鼓励幼儿和家长用照片、视频和图画的形式记录乘坐金山小火车的经历。

镜头一：乘车那点事

周一早上，安馨拿着金山小火车的车票兴致勃勃地向大家介绍：“周日，我和妈妈一起去坐小火车啦，这是当时购买的火车票。”优优也拿出一张火车票递给我：“老师，我坐过金山小火车啦！”我提议：“大家把火车票贴到展板上，我们一起看看火车票是否一样。”欣玥、婉珍、湉欣、梓涵、梓妍和馨洋都把车票贴在了展板上。自由活动时间，孩子们围着展板讨论起来：“这两张车票不一样，数字不一样。”“这两张车票的数字是一样的。”“这两张车票一模一样。”“车票上的数字是什么意思呢？”“我看到车票上还有二维码。”

幼儿对金山小火车表现出极大的兴趣，但有一部分幼儿从来没有坐过小火车，无法参与关于小火车的话题讨论。教师适时抓住幼儿的兴趣点，邀请家长带领幼儿去坐一坐金山小火车。幼儿们通过实地观察、体验和实践，提升了对小火车的认识。

图1 幼儿收集的车票

镜头二：符号知多少

自由活动时间，思瀚指着展板上的车票对大家说："我问过妈妈了，符号'¥'是价格的意思，车票上的'¥10'代表这张车票是10元。""原来是价格，谢谢你，思瀚。"安馨说："'4'和'6'是车票的价格，代表这张车票是4元，那张车票是6元。不同的车票，价格是不一样的。"鑫洋说："为什么金山小火车的价格是不一样的呢？"优优说："可是我看到这两张都是'¥10'，说明都是10元。"思瀚说："看来金山小火车的价格有的一样，有的不一样。"

幼儿对火车票的已有认知经验比较少，他们能在车票上看到数字、文字、符号和二维码等信息，但是并不知晓其含义。于是幼儿们纷纷向家长寻求帮助，充分利用家长资源展开搜索。思瀚指出，车票上的"¥"符号是价格的意思。安馨则指出，箭头的前后代表乘车人乘车的起点和终点。幼儿与同伴分享个体经验，推进了大家对车票的研究工作。馨洋提出每张火车票的价钱不一样的问题，为了引发大家对车票的深入研究，我提供了金山小火车的线路图，介绍了每一个站点的名称和代表景点，加深幼儿对金山小火车线路和站点的认识。

图2 线路图

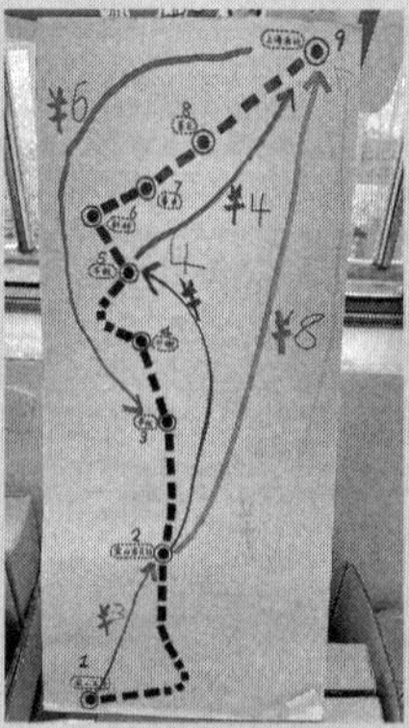

图3 价格表

镜头三：价格的秘密

安馨说："箭头表示乘坐火车的起点和终点。我和妈妈是从金山卫站上车，乘到上海南站下车，票价是10元。"思瀚说："老师给我们提供了线路图，我们试一试把站点对应的价格标注在线路图上。"钰晗说："好啊，那我先来画我的车票价格，从金山园区到金山卫站是3元。”双胞胎姐妹兴奋地说：“我们从金山卫站到上海南站是10元。”大家依次用彩笔把乘车的起点和终点进行连线，并标注价格。基于对孩子们的观察，我继续引导：“你有什么发现吗？”安馨说：“我发现线路越长，价格越高。”思瀚说：“从第一站到最后一站，价格最高，金山小火车最贵的票价是10元，最少是3元。”“车票的价格和站点有关系。”

在铺垫了关于金山小火车站点和线路图的经验后，幼儿对于车票和站点的关系有了一定的思考。为推进幼儿的进一步思考，我提出问题引发幼儿讨论车票价格和站点之间的关系，梳理出金山小火车全程票价和最低票价。在探秘车票的过程中，幼儿通过自发提问、操作、实践、思考、小结，解读出价格和站点的关系，为探秘车票储备了新的经验。

镜头四：车票设计师

孩子们对车票的兴趣很浓厚，他们经常围着车票展板七嘴八舌地讨论着。湉欣说：“以前的车票也跟现在一样吗？”启玄说：“我见过爸爸妈妈以前坐火车的车票，小小的，是长方形的。”冉冉说：“妈妈说现在的火车票才有二维码，以前的火车票没有。”湉欣说：“在玩自主性游戏的时候，火车站缺少火车票，我们设计一张车票吧。”孩子们一起参与车票设计，并将自己设计的车票张贴在展板上。冉冉提议：“我们也来投票选出自己最喜欢的车票吧！”投票活动得到了全班幼儿的积极响应。最终，思瀚设计的车票得到了最受欢迎奖。

图4　幼儿介绍火车票

图5　师幼参与投票

图6　自制火车票

在自发设计车票、轮流介绍车票、投票等一系列延伸活动中，体现了“儿童主导”的教育理念，在整个项目化活动中，幼儿自主、自愿、自发的探索精神令人印象深刻。

案例启示

第一，激发幼儿探究的愿望。

本次项目化活动中，教师始终尊重幼儿的兴趣，愿意倾听他们的想法。活动初期，个别幼儿谈论了自己乘坐金山小火车的经历，引发了很多幼儿的共鸣。基于对幼儿的尊重，教师和幼儿对小火车展开了讨论和探究。

第二，支持幼儿的探究行为。

因为看不懂站点信息，也不熟悉金山小火车的线路图，幼儿对车票的探索遇到了问题。教师适时提供站点线路图，让幼儿对金山小火车途经的站点有了更多了解，帮助他们探索价格和站点之间的关系。当幼儿提议要设计属于自己的车票时，教师再一次支持幼儿的想法，并用投票对幼儿的车票设计活动进行评价。

第三，实现探究的价值。

在活动中，幼儿更愿意表达自己的想法，分享自己的经验，提出自己的疑问。他们对车票信息展开探索，在自主探索中寻找答案。

小事16

跳一次垄沟

谢佳丽

“跳一次垄沟”源于中班主题“在农场里”。活动时间建议为四周。涵盖健康、社会、语言等领域。主要活动目标：幼儿主动接触身边的事物，乐意尝试跳垄沟活动，体验野趣；初步了解庄稼生长与垄沟之间的关系，垄沟的排水功能有利于作物根系的生长和水分吸收。主要经验点：幼儿了解跳垄沟是一项传统民间运动项目，体验祖辈、父辈小时候的运动项目，加深亲子间的互动；从“挖垄沟”入手，借助木板、卷尺等测量工具，加强社会实践体验，提升与同伴间的社会性互动。

一、活动方案

"跳一次垄沟"活动方案

适合年龄段：4—5岁

基本流程	驱动性问题	活动目标	所需资源	支持性策略	探究经验点	成果个性化表达
探秘"跳垄沟"游戏	1. 为什么有垄沟？ 2. 你知道"跳垄沟"游戏吗？ 3. 跳垄沟之前，我们需要准备什么呢？	1. 初步了解垄沟有排水作用，有利于作物根系的生长和水分吸收。 2. 寻找适合跳垄沟的地方，集体参与游戏。 3. 感受民间游戏的有趣，愿意参与。	1. 图书资料及相关人士的采访记录。 2. 与民间游戏相关的照片、视频。 3. 跳垄沟的场所。	1. 收集关于民间游戏的照片及视频。 2. 互动谈话，讨论哪些地方适合开展民间游戏。 3. 亲子活动或小组式活动，用照片、视频、录音等方式记录感受。 4. 亲子或教师创编"跳垄沟"童谣，大家一起念。	"跳垄沟"游戏是中国民间传统体育游戏，游戏规则与玩法存在地区差异。	童谣视频。
和朋友一起玩跳垄沟游戏	1. 挖垄沟需要什么工具呢？ 2. 如何挖掘不一样的垄沟？	1. 简单了解垄沟文化，感受民间游戏的有趣。 2. 对挖掘垄沟感兴趣，乐意分享挖垄沟的经验。	1.有关跳垄沟、跳泥坑的故事。 2.有跳垄沟经历的祖辈、父辈。 3."垄沟里的秘密"亲子调查表。 4.可以挖垄沟的工具。	1. 家中长辈给幼儿科普"跳垄沟"经验。 2. 以照片、录音或图画等形式完成"跳垄沟"亲子大调查，自制有声故事。 3. 亲子活动：挖垄沟、跳垄沟等民间游戏。 4. 采访祖辈或父辈，了解他们小时候的"跳垄沟"游戏。 5. 创设运动会的情境，进行"跳垄沟"比赛。 6. 亲子垄沟赛。	跳垄沟是一项传统运动项目，让幼儿体验祖辈、父辈小时候的运动项目，增强亲子间的情感。	1."跳垄沟"视频集。 2. 垄沟挖掘与分享视频集。 3. 亲子垄沟游戏展示墙。 4. 祖辈、父辈跳垄沟的影像集。 5."挖垄沟"成果发布会。

续　表

基本流程	驱动性问题	活动目标	所需资源	支持性策略	探究经验点	成果个性化表达
跳垄沟游戏给大家带来的收获	怎样可以跳得又远又好？	在说说、玩玩中感受“挖垄沟”“跳垄沟”的有趣，体验民间游戏的快乐。	1. 挖垄沟需要的各类工具。 2. 民间游戏册。 3. 民间游戏情景创设。	1. 收集挖垄沟需要的各类工具、器具。 2. 创设“传统游戏展览馆”，陈列挖垄沟需要的铲子、水桶、水管等工具。 3. 创设传统游戏故事分享情境，对探索过程的情节进行记录，与同伴交流分享游戏经验。	挖垄沟的游戏在农场里经常出现，游戏中他们有分工，有合作，有引领，也有每个参与者的努力。	1. “挖垄沟”“跳垄沟”照片集。 2. “跳垄沟”微型展。 3. 探索传统游戏的影像集。

二、活动实施

（一）集体学习活动

垄沟测量

社会、健康 ★★★　语言、科学 ★★　艺术 ★

➢ **活动思路**

田野探究课程是漕泾幼儿园的特色课程，我园龙航部在前期规划的过程中，开辟了专门的区域，让幼儿在不同的季节走进田野，体验大自然。本次活动将根据幼儿的认知特点，让幼儿走进田间地头，运用多种感官认识垄沟的作用，在真实的情景中形成科学探究的学习品质，使幼儿在玩中学，在学中玩，真正成为活动的主体。

➢ **活动目标**

幼儿尝试使用不同的工具测量跳垄沟的距离。

幼儿在游戏过程中愿意相互合作，体验跳垄沟的快乐。

➢ **活动准备**

测量物（绳子、记号笔、直尺、纸条等），记录表，空地。

> 活动过程

1. 说说垄沟

（1）说说垄沟的形状

提问：垄沟是什么样的？

小结：垄沟长长的、弯弯的，有的垄沟有点斜，有的垄沟里面有水。

（2）说说垄沟的功能

提问：你知道垄沟有什么用吗？

小结：垄沟可以排水，有利于作物根系的生长和水分吸收。

（3）说说跳垄沟的方法

提问：跳垄沟是爸爸妈妈小时候经常玩的游戏，你知道怎样才能跳得远吗？

小结：准备跳垄沟的时候，双腿伸直，脚跟并拢，脚尖自然分开，双臂并拢平伸，上体前屈，跳跃的时候双脚仍然并拢，提速跳过垄沟。

（价值分析：在说说、玩玩中感受垄沟的有趣，体验民间游戏带来的快乐。）

2. 测量垄沟

说说如何测量跳跃垄沟的距离。

提问：有什么方法可以知道谁跳得最远？

小结：为了知道谁跳得最远，我们可以请测量工具来帮忙。

（价值分析：通过测量工具的介入，结合任务体验、经验分享，激发幼儿探索跳垄沟游戏的兴趣。）

3. 垄沟游戏

四名幼儿一组，完成跳垄沟游戏并测量距离做好简单的记录。

观察幼儿测量的方法是否正确。

观察幼儿是否将操作结果正确记录。

（价值分析：持续观察、探究、发现、质疑、比较、判断等，让幼儿用自己的方法解决问题。）

4. 分享交流

提问：跳垄沟的时候，你用什么材料测量跳跃的长度？用了几次？

小结：在一定距离内，所选用的测量材料长度越长，用到的次数就越少；所选用的测量材料长度越短，用到的次数就越多。

（价值分析：在一定距离内进行测量、记录、比对验证等活动，为垄沟游戏积累相关经验。）

5. 延伸活动

沿着垄沟两侧，挖出高低不等的土丘，持续开展跳垄沟游戏，可以从高往低跳，也可从低往高跳。

跳垄沟

社会、健康 ★★★ | 语言、科学 ★★ | 艺术 ★

➢ 活动思路

跨跳动作训练能够增强幼儿腿部肌肉的力量，提高幼儿的跳跃能力，促进幼儿身体协调运动。通过游戏式的跳垄沟经历，让幼儿充分体验自主活动的快乐，把枯燥的跨跳动作训练变成幼儿感兴趣的情境游戏。

➢ 活动目标

能遵守游戏规则，相互不碰撞。

初步建立自我保护意识。

➢ 活动准备

经验准备：能够向指定方向连续跑。

物质准备：宽度为40厘米—60厘米的垄沟，各种大小不一的鞋盒（可装饰成垄沟）。

➢ 活动过程

1. 热身运动

幼儿分散在场地中央，根据音乐活动身体。

2. 集体运动

（1）探索跳跃

请幼儿自由探索跳垄沟的方法。

提问：这里有一条垄沟，谁能跳过去？

（2）交流分享

提问：你是用什么方法跳过去的？

小结：有些宽宽的地方可以跑着跨跳过去。

要求：从起点线出发，双脚前后站，双手握拳，往前跑时要加速，眼睛看准，靠近垄沟时，一只脚用力一蹬，另一只脚抬起跨过垄沟。

（价值分析：幼儿理解并练习跨跳的动作，熟练地完成一定距离的跨跳。）

（3）尝试跳跃

幼儿自主选择器械，尝试助跑跨跳。

提问：这里还有几条比较深的垄沟，你们能跳过去吗？

引导幼儿把垄沟挖得更深一些，尝试跨跳两个叠加的垄沟。

（价值分析：幼儿尝试一定高度的跨跳，巩固助跑跨跳的方法。）

（二）个别化学习活动

垄沟里的秘密

➢ 材料

录音笔、炫彩棒、记号笔等。

➢ 玩法

第一种：幼儿按照自己的兴趣选择图片，测量垄沟的深度及宽度。

第二种：用录音笔点一点、听一听垄沟里的秘密。

第三种：画一画、录一录自己知道的垄沟的秘密。

➢ 观察重点

观察幼儿测量的方法是否正确。

观察幼儿对活动的兴趣如何，是否愿意点一点、听一听、说一说、录一录。

➢ 提示

根据垄沟测量的情况比较垄沟跳跃的难易程度。

好玩的测量工具

➢ 材料

绳子、纸条、扭扭棒等。

➢ 玩法

测量时先找好起点，做上记号，移动测量工具时注意头尾相连量到终点，最后数一数有几个记号。

用三种不同的工具测量桌子的长度，并用纸和笔记录测量结果。

➢ 观察重点

观察幼儿测量的方法是否熟练。

观察幼儿是否将测量数据准确记录下来。

➢ 提示

测量时要科学严谨，切勿敷衍了事。

三、活动分享

玩在一亩田

我在与幼儿谈话时问道："你们想在泥地里玩什么游戏呢？"有的说做蛋糕，有的说挖宝藏，有的说挖坑，有的说过家家，有的想玩跳垄沟游戏。"在假期里，爸爸妈妈经常带我们到乡下稻田小路去玩耍，我们就准备好小桶、铲子挖垄沟，可好玩啦。"听了小朋友的介绍，大家对挖垄沟表现出极大的兴趣。

镜头一：挖沟初体验

户外自由活动时间，炜炜来到一处泥地拿起绿色的小铲子挖了起来，泥坑越挖越大、越挖越深。旁边的点点喊道："老师你看，还有水在下面，出太阳也有，天天都有。"幼儿们很激动，点点也在不断扩大着他的水坑，过了一会儿，水坑足够大了。炜炜又搬来很多竹筒、圆形玩具，围着水坑的位置摆了一圈。"你是小青蛙好不好，我们一起玩吧！"炜炜对身旁的萱萱说道，萱萱点头答应了。两人在用竹筒围好的水坑里跳来跳去，玩得不亦乐乎。

图1　点点挖水坑

图2　炜炜、萱萱创设游戏场景

教师思考：初次挖沟，幼儿经验不足，在大大的空间里不会对场地进行规划，所以只挖出了一段小坑，有长度没宽度。游戏后，教师采取一对一倾听的方式，了解幼儿的游戏要求，并进行有效指导。

教师通过倾听了解了幼儿游戏背后的故事：围着水坑放一圈竹筒是在做笼子，他们轮流到水坑里蹦跳是在扮演小矮人和小青蛙被关在笼子里的场景。游戏过程中，教师适时倾听幼儿的发现、困惑，追随幼儿，耐心陪伴幼儿寻找游戏材料，与幼儿一起回顾游戏内容，鼓励幼儿大胆表达。教师采用问题引领、材料支持等策略推进游戏，使幼儿在游戏中获得感性体验，产生深入探究的兴趣。

镜头二：从小水坑到小垄沟

炜炜发现了一个小水坑，于是他在小水坑旁挖了一条细细长长的小垄沟，水沿着垄沟缓缓向前流淌。炜炜高兴地招呼同伴："点点，快看！我挖了一条垄沟。"几个幼儿闻声跑来，围着小垄沟七嘴八舌地说着："水能够在垄沟里流，真好玩。""我见过钱塘江，有一条特别特别大的垄沟。"慢慢地，他们想要拥有更长、更大的垄沟。

图3 从小水坑到小垄沟

炜炜和萱萱挥动着铲子挖了一条长长的沟。过了一会儿，炜炜说："咦，怎么挖不动了？"萱萱问我："老师，我们怎么挖不动了？"在一旁的皓皓说："因为你们挖到底了，里面已经没有沙了！没有沙就挖不动了！"辉辉摸摸坑底说："是硬硬的！"

皓皓把水倒进旁边的一个洞里，说着："把洞里的水装满，它流出来就流到沟里啦！"说完他又去接水。水越来越多，从洞里溢出来流进了挖好的沟中。几个小朋友很激动，轮番接水倒进去，垄沟修好了，大家开心地拍手。

图4　注入水的小垄沟

幼儿们在沙池中挖了一个大坑，不断往沙坑里倒水，一边倒一边说："我们的垄沟要完成了！""对，垄沟越来越大了！"过了一会儿，萱萱说："先不要倒水了！一会儿水太多了！要淹到我这里了！"但是大家没有理会萱萱。萱萱见和小朋友们沟通无效，也只能作罢。

几个小朋友充满了干劲，不一会就挖了一条长长的垄沟，然后迫不及待地往里面灌水。源源指着垄沟说："垄沟应该是弯弯曲曲的，你们的垄沟是直的！"大雄思索了几秒，说："简单！"只见，他用铲子在地上画出一条弯弯曲曲的线，然后对大家说："来，咱们一起沿着这条线挖，就会挖出一条弯弯的垄沟！"几个小朋友通力合作，没一会，弯弯的垄沟就挖好了。

图5　成品"小垄沟"

幼儿天生热爱自然，乐于亲近自然，在其独特的视角下，每天都会发生有趣的事，这些事会让幼儿主动观察、探究、学习。

教师应做幼儿游戏的支持者，观察幼儿，在恰当的时机以平行游戏、开放式提问等方式参与幼儿的游戏，鼓励幼儿思考与实践，支持他们在游戏中主动学习。教师不是旁观者，而是幼儿游戏的参与者，通过充分的观察给予适宜的支持与回应，改变刻板、封闭、高控的活动形式和内容，让幼儿成为游戏的主人。

镜头三：跳垄沟

跳垄沟比赛开始了！正当比赛进行时，争执却发生了。炜炜和萱萱都认为自己的垄沟更长，谁也不服气！“用工具来量一量。”“可以用我们的脚来测量。”“我觉得用绳子测量比较准确。”大家调动自己的测量经验，为他们出谋划策。

初次尝试测量垄沟

测量垄沟时，幼儿遇到了问题：“测量的起点在哪里？”幼儿们商议后得出结论：以砖头作为起点或以接口处作为起点。随着测量的深入，幼儿们已渐渐意识到纸筒、薯片桶等测量工具不精准，应该使用刻有数字的尺子来精准测量。因此，标准测量工具——尺子，被引入到幼儿的测量学习中。

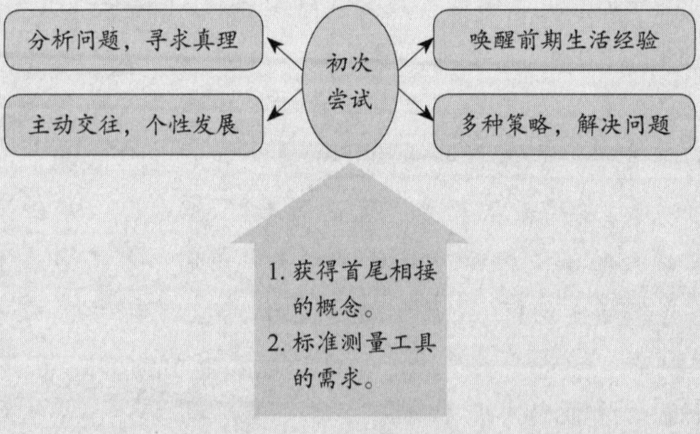

图6　初次测量思维导图

利用新材料测量垄沟

经历了初次测量后，幼儿们将测量经验带回家。桌子、柜子、电视机等都成为幼儿们测量的对象。在家长的配合下，幼儿们认识了更丰富的测量工具，如卷尺、皮尺、塑料尺等。

新材料的加入再次激发幼儿的探究兴趣。有了前期经验的积累，幼儿们之间的合作也越来越默契。测量时，幼儿们分组尝试使用不同的测量工具。

点点：塑料尺太短了。

炜炜：卷尺的边有点锋利，我觉得不安全。

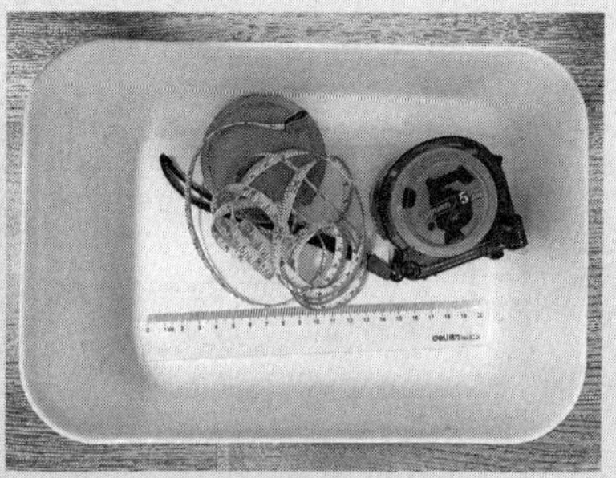

图7　测量新工具

萱萱：皮尺比塑料尺长，比卷尺安全。

于是，幼儿们商议并决定使用皮尺测量小河的长度。

炜炜：垄沟太长了，皮尺不够啊！

萱萱：我们可以多拿几卷皮尺，连着测量就好。

点点：皮尺连接是好，可是起点不一样，皮尺的松紧也拉得不一样，这样肯定不准。

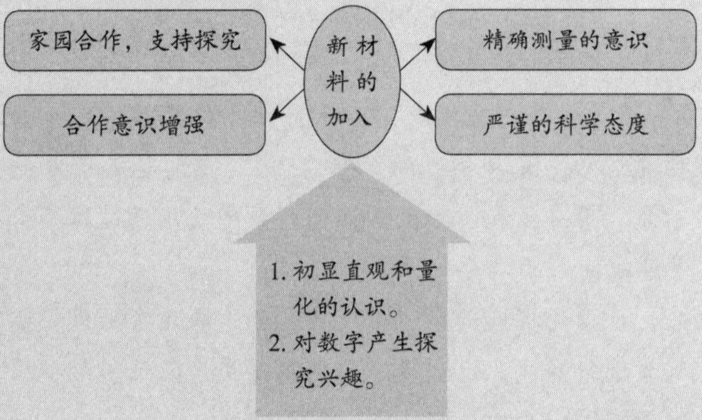

图8　新材料测量思维导图

用比较大小的方式测量垄沟

在实际测量过程中，幼儿发现测量垄沟有些复杂，起点不一样，皮尺的松紧不一样，测出来的数值就不一样。他们想到了一个新办法：固定一个点，拉直，再来数。再次实践，他们把分段测量数字记录了下来。正当他们准备比较长度时，又犯难了。皓皓说："每组的数字怎么都这么大啊？"点点说："我们可以比较数字的大小。"萱萱说："把这些大数字都记下来，谁的大数字多，谁的小河就长。"

"用你们觉得好的方法比较吧！"我支持幼儿的想法。尽管测量在实施过程中遇到了一些困难，但测量的经历非常宝贵，让幼儿直面问题情境，思考问题解决的方式。

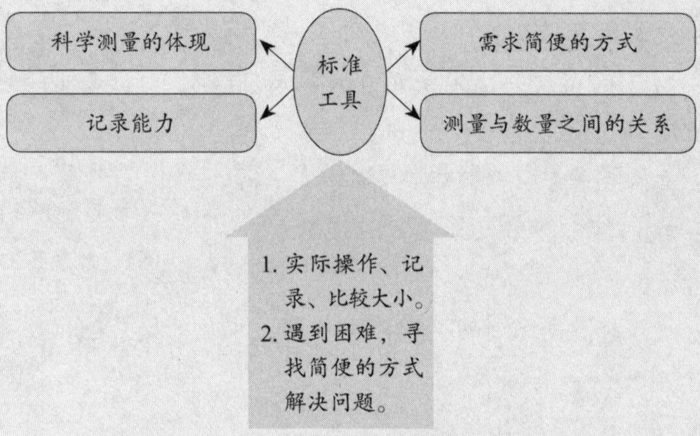

图9　比较大小的方式测量思维导图

《3—6岁儿童学习与发展指南》指出："幼儿科学学习的核心是激发探究兴趣，体验探究过程，发展初步的探究能力。"我们要善于发现和保护幼儿的好奇心，充分利用自然和实际生活机会，引导幼儿通过观察、比较、操作等方法，提升解决问题的能力。

相信幼儿，让幼儿在互动交流中得到成长。幼儿自由设计垄沟，自己组队，设计规则，进行游戏，他们不断发挥想象力，设计、调整、实践，让跳垄沟游戏玩出新花样。

学会放手，让幼儿有更多的机会尝试独立解决问题。在活动中，同伴是幼儿重要的合作伙伴，他们在互动交流中学习好办法，解决新问题。教师要适时放手，给予幼儿自我成长的机会。

案例启示

跳垄沟游戏能够让儿童获得立体的、多感官的体验，能够让他们进行多样的表达，发现更多的关系，产生更多的创造。

如果要进一步丰富儿童的学习，还可以从感官体验入手，可以为儿童提供不同状态的泥土，黏稠的、沙质的、稀释的、板结的……让他们通过触摸来感知垄沟地的质感。可以和儿童一起用工具探索垄沟的深度、宽度，开展系列探索活动。

将跳垄沟游戏融入幼儿的一日生活中，不仅是对优秀传统文化的传承，也有利于幼儿的身心健康。在活动中，教师鼓励并引导幼儿实践、探索、发现。

在整个过程中，儿童的兴趣得到支持，在挖垄沟、跳垄沟、测垄沟等活动中实际操作和亲身体验，留下许多值得记录的学习瞬间。

小事17

捡一块石头

杨明慧

“捡一块石头”源于中班主题“我在马路边”。活动时间建议为四周。涉及科学、艺术、语言等领域。主要活动目标：幼儿关注自然界中的事物，发现事物存在的价值；在与石头互动的过程中发现美、感受美、创造美。主要经验点：幼儿了解石头随处可见，各种各样的石头都很特别，用途很广泛；石头艺术非常美，具有多样的表现形式。

一、活动方案

"捡一块石头"活动方案　　适合年龄段：4—5岁

基本流程	驱动性问题	活动目标	所需资源	支持性策略	探究经验点	成果个性化表达
捡石头	哪里有石头？	1. 在多途径感知和探究中了解石头的特点。 2. 关注自然界中的事物。	1. 寓言故事《煮石头》。 2. 幼儿自己收集的各种石头。 3. 幼儿园的生活劳作室。 4. "岩盐"等能吃的石头。 5. 与能吃的石头相关的视频和图片等。	1. 听赏寓言故事《煮石头》。 2. 幼儿自主收集各种各样的石头。 3. 在生活劳作室进行煮石头的小实验。 4. 亲子查找、收集能吃的石头信息，尝尝能吃的石头。	1. 石头呈块状或椭圆形，外表有的粗糙、有的光滑，质地坚固、脆硬等。 2. "岩盐"是能吃的石头。	1. 幼儿关于石头的童言童语。 2. 幼儿寻找探究石头特征的照片集。 3. 能吃的石头资料集。
两块石头	这两块石头是一样的吗？	1. 用观察、比较等方法发现两块石头的异同，萌发探究的兴趣。 2. 尝试自主设计并创建"石头博物馆"，有初步的计划和实践项目的能力。	1. 幼儿自主收集的相同的石头与不同的石头。 2. 放大镜、手电筒、天平等观察比较所需的工具。 3. 记录表。 4. 适合创建"石头博物馆"的场所。	1. 幼儿自主收集相同的石头及不同的石头。 2. 幼儿运用放大镜等工具自主观察和比较，发现石头的异同，并记录自己的发现及问题。个别化学习中持续观察石头的异同，有持续性观察的习惯。 3. 幼儿创建"口袋石头博物馆"。 4. 全园幼儿参与投票，选出十大最受欢迎的石头。	看似相同的两块石头之间存在许多不同之处。	1. 幼儿创建的"口袋石头博物馆"。 2. 记录本。 3. 关于石头的问题集。

续 表

基本流程	驱动性问题	活动目标	所需资源	支持性策略	探究经验点	成果个性化表达
幼儿园的石头	幼儿园里有石头吗？	1. 感知石头的用途，发现石头存在的价值。 2. 愿意动手尝试，借助石头制作不同的造型。	1.幼儿园有石头的场所。 2.幼儿记录的工具。 3.呈现石头不同用途的视频和图片等。 4.制作石头造型的工人等。 5.幼儿自主收集的各类石头。 6.幼儿使用的工具、材料等。	1. 自主寻找幼儿园的石头，用自己喜欢的方式记录并展示。 2. 做小导游，介绍幼儿园的石头及它们的用途。 3. 采访会制作石制工艺品的工人或艺术家。 4. 幼儿自主收集各类石头，并制作各种石头造型。	石头可以是建筑材料，可以制作成艺术品，可以做成花盆等，用途广泛。	1. 幼儿寻找石头的视频集。 2. 石头用途展览墙。 3. “我是小导游”视频集锦。 4. 幼儿采访的视频。 5. 幼儿的石头造型作品集。
石头上的故事	幼儿园的石头上为什么有图画？	1. 愿意用自己喜欢的方式装饰石头。 2. 尝试创编故事，并用比较完整的语言进行讲述。	1.各种大小不同的石头。 2.作画用的丙烯颜料、画笔等。 3.装饰用的黏土、自然物等。 4.记录故事用的工具材料。	1. 幼儿与同伴一起商量并制作创意石头的计划书。 2. 幼儿尝试用自己喜欢的方式对石头进行装饰。 3. 幼儿说说关于石头的故事，并用自己喜欢的方式进行记录。	石头艺术非常美，表现形式很多样。	1. 幼儿石头创意计划书。 2. 幼儿石头创意作品集。 3. “石头故事会”集。

二、活动实施

（一）集体学习活动

两块石头

科学、语言 ★★★　艺术、社会 ★★　健康 ★

➢ 活动思路

幼儿收集了若干石头之后，会对不同的石头进行观察和比较，还会和同伴进行比较。活动第一环节引发幼儿说说石头的特征，第二、三环节引发幼儿仔细观察并比较石头的异同，第四环节通过游戏的形式让幼儿按照石头的某一特征进行分类。

> **活动目标**

用观察、比较等方法发现两块石头的异同，萌发探究的兴趣。

尝试按石头的某一特征进行分类。

> **活动准备**

相同的石头，白板，放大镜、手电筒、天平等辅助工具。

> **活动过程**

1. 夸夸我的石头

幼儿挑一块自己喜欢的石头，夸夸它，并说说喜欢的理由。

提问：你最喜欢哪一块石头，理由是什么呢？

小结：有的人喜欢石头上好看的花纹，有的人喜欢石头光滑的表面，有的人喜欢石头的坚硬，喜欢的理由都很特别。

（价值分析：该环节引导幼儿说说石头的特征，激发幼儿对石头的兴趣。）

2. 相同的石头

幼儿说说石头的相同之处，教师记录幼儿的发现。

提问：你为什么觉得这两块石头是一样的？

小结：这两块石头真的有许多相同的地方。

（价值分析：观察、比较、记录、分享不同石头的相同之处。）

3. 不同的石头

幼儿相互交换石头，找找石头的不同之处，教师记录发现。

提问：仔细观察，也可以用旁边的工具试一试，自己的石头和同伴的石头有什么不一样的地方吗？

小结：经过仔细观察和比较，看起来一样的石头也有很多不一样的地方，世界上没有两块完全一样的石头。

（价值分析：观察、比较、记录、分享石头的不同之处。）

4. 石头对对碰

幼儿边念儿歌“石头石头对对碰，碰到一起是好朋友”，边玩石头对对碰的游戏，说说它们为什么是好朋友。

（价值分析：通过游戏“对对碰”，幼儿尝试按石头的某一特征进行分类。）

5. 延伸活动

幼儿与爸爸妈妈一起在野外捡石头并进行比较，继续感知石头的异同。

（价值分析：家园共育，感知比较石头更多元的特点。）

有趣的石头

科学、艺术 ★★★	社会、语言 ★★	健康 ★

➢ **活动思路**

幼儿对石头的探究兴趣非常浓厚，他们会在幼儿园里寻找石头，并对“幼儿园内的石头有什么用”“石头还可以用来干什么”产生兴趣。

➢ **活动目标**

初步了解石头的用途。

愿意大胆创想石头的用处，用完整连贯的语言表述自己的创想。

➢ **活动准备**

幼儿与园内石头合影的照片，关于石头奇特用途的视频。

➢ **活动过程**

1. 回忆导入

提问：我们在幼儿园的哪些地方找到了石头？

2. 讨论石头的用途

提问：你找到的石头有什么用呢？

小结：石头可以铺路、造桥、装饰、做花盆，用处非常多。

（价值分析：在经验分享的过程中，梳理幼儿园石头的用途。）

3. 石头大创想

提问：你觉得石头还有什么用？

（价值分析：通过石头大创想，激发幼儿的思考和创意。）

4. 奇特的石头

一起观看奇特石头的视频，了解石头更多的用途。

5. 延伸活动

在区角活动中投放程十发的美术作品《竹石图》，引导幼儿感知、欣赏、表达。

（价值分析：通过欣赏大师的美术作品，提升幼儿的美术欣赏能力。）

（二）个别化学习活动

两块石头

➢ **材料**

幼儿自主收集的石头，观察比较所需要的工具，记录工具等。

➢ **玩法**

幼儿观察比较两块看起来相同的石头。

幼儿观察比较两块看起来不同的石头。

➢ **观察重点**

观察幼儿比较的方法是否多样。

观察幼儿在比较时有哪些发现。

➢ **提示**

石头是幼儿自主收集的。

幼儿可自主选择观察的辅助工具。

石头大创想

➢ **材料**

各种石头、丙烯颜料、毛笔、黏土、自然物等。

➢ **玩法**

幼儿可以用石头进行创意拼搭。

幼儿在石头上进行创意绘画。

幼儿在石头上进行创意装饰。

➢ **观察重点**

观察幼儿创意表现过程中的表现力和色彩搭配情况。

➢ **提示**

适当提供反穿衣、手套等辅助物品。

三、活动分享

沙池里的小石头

石头在生活中随处可见，似乎平淡无奇，但这些石头到了孩子们的手里却变得有趣、特别。

镜头一：沙池里的小宝藏

沙池是幼儿最喜欢的游戏场地。有的拿着小铲子挖小水渠，有的推着独轮车运沙，有的想引水到沙池里。这时从我身后传来一个声音："杨老师，我挖到宝藏了。"原来是月杪挖到了一块小石头，她说："我找到石头了，像宝藏一样。"

图1　沙池里挖到小石头

图2　收集小石头

陆续又有许多孩子跟我说找到了石头宝藏，有的让我替她保管，有的索性自己提个小桶，把找到的石头都放在小桶里。

游戏结束后，孩子们提着装满石头的小桶回到教室，和小伙伴一起把石头洗干净。

镜头二：两块石头

自从沙池里的小石头被带回班级之后，孩子们喜欢经常去摆弄，用石头做小游戏。一天，小董和小宋聚在一起讨论，小董拿了一块黑色的和一块白色的石头对小宋说："你看，这两块石头一个是黑黑的，一个是白白的。"小

图3　观察比较小石头

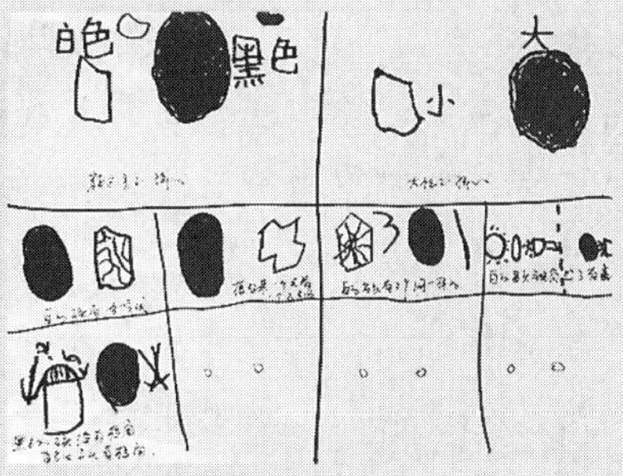

图4　记录两块石头的不同

宋说："嗯，一个是大的，一个是小的。"

小董把两块石头放到小宋手里说："你摸摸看，黑的这块好光滑，白的这块摸起来不光滑。"小宋拿起两块石头摸了摸，举起黑色的那块石头说："黑的这块真的好光滑呀，是鹅卵石吗？"小董点了点头说："应该是吧，和下面水池里铺的石头一样。"小宋又举起了白色的那块石头说："这个石头上面有一条条红线。"小董拿来放大镜，仔细观察着。

镜头三：是玉石吗?

一天，小寿、元元和小吴一起给石头排队。他们一边游戏，一边讨论着石头的事。

小寿拿起一块黄色的石头问同伴："你们觉得这块是玉石吗?"元元和小吴都摇摇头。他又举起石头问我："杨老师，你觉得这块是玉石吗?"我问他："你觉得呢?"小寿就兴致勃勃地解释："我觉得像玉石，上次我去湖北爸爸老家的时候，看到了玉石，就是这样黄黄的，有点光滑的。"我又问："那玉石和普通石头有什么不一样?"他摇了摇头。我说："要不我们一起研究下。"他高兴地说："好的，好的。"于是，我们一起在网络上查阅资料，掌握了区分玉石和普通石头的方法，比如说用光照一照。我也将小玉佩给他，让他用照一照的方法感知普通石头和玉石之间的差异。

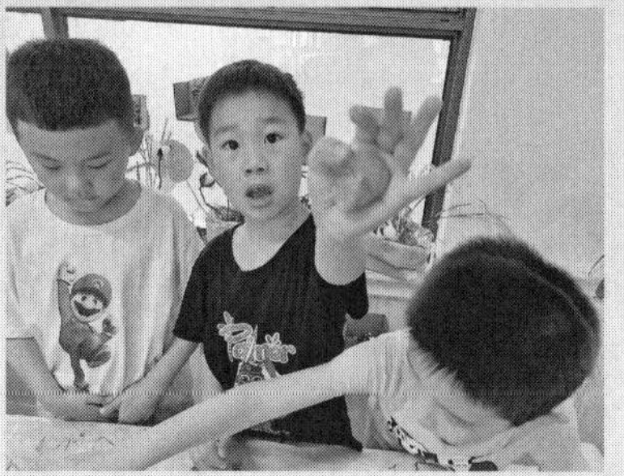

图5　这是玉石吗

镜头四：捡石头

图6　哪里有石头

在寻找石头之前，我们进行了经验分享，记录自己在哪里看到过石头，并把自己的记录进行分享。在分享的过程中，孩子们的想法非常多，也非常有趣。任务正式开始后，孩子们在家长的带领下寻找石头，并将许多大小不一、形状各异的石头带到了班级。

案例启示

经过一段时间的观察，我欣喜地发现，沙池里的小石头让幼儿生发了许多有趣且有意义的观察和探究。幼儿们在探索石头的过程中获得了诸多发展。

亲近自然是人类的本性，自然界的一草一木都可以成为幼儿的探索对象。沙池里小小的石头引发了幼儿探究的兴趣，去自然中寻找石头则给予幼儿更多的尝试和发现。

在幼儿自主探究的过程中，产生了很多问题，这些问题赋予了幼儿深入探索的机会。比如在上述的案例中，小寿和朋友在玩石头的过程中产生了石头是不是玉石的问题。我和他一起查阅资料，找到了区分玉石和普通石头的方法。小寿又开始了区分玉石和普通石头的深度探究活动。由此可见，当幼儿出现问题的时候，教师的适当引导可以引发幼儿持续深入的探究。我们应珍视幼儿的问题，让问题成为幼儿深度学习的动力。

小事18

挖一次野菜

叶慧清

“挖一次野菜”源于中班主题“春天来了”。活动时间建议为四周。涵盖科学、健康、语言、社会等领域。主要活动目标：幼儿能够关注大自然中不起眼的自然物，探究其对人类的作用；感受身边野菜资源的丰富；在与野菜互动的过程中形成绿色无污染的健康生活理念。主要经验点：幼儿了解野菜长在野外，不需要人工种植；有些野菜营养价值高且有药用和保健功能，深得人们喜爱。

一、活动方案

"挖一次野菜"活动方案

适合年龄段：4—5岁

基本流程	驱动性问题	活动目标	所需资源	支持性策略	探究经验点	成果个性化表达
按图索骥挖野菜	这是野菜吗？	1. 用观察和比较的方法了解各种野菜，辨别它们的不同特征。 2. 愿意观察、寻找大自然中的野菜，并对其产生探究的兴趣。	1. 有许多野菜生长的田地。 2. 适合幼儿在野外做记录的材料。 3. 各种野菜的实物、图片、视频。	1. 根据收集到的信息，自主寻找各种野菜，并区分它们的不同。 2. 多途径收集野菜信息并进行展示。 3. 开展"我最爱的野菜"海选活动。	1. 野菜生长于野外，不需要人工种植。 2. 荠菜、马兰头、水芹、艾草、紫苏、铜钱草等是本地常见的野菜。	1. 野菜大图鉴。 2. 幼儿寻找野菜的问题集。
野菜搬家	野菜能在幼儿园里种植吗？	1. 探究挖野菜的不同方法。 2. 体验挖野菜的乐趣。 3. 学会照料班级里的野菜。	1.有野菜的田野。 2.各种野菜的实物及图片。 3.剪刀、小篮子等挖野菜的工具等。 4.创设野菜种植区。	1. 开展"田间挖野菜"系列活动。 2. 班级中种植野菜，并进行照料、观察及记录。	1. 不同的野菜有不一样的采挖方式。 2. 野菜生长需要阳光、空气和水。	1. 各种常用的挖野菜工具。 2. 野菜种植手册。 3. 绿色食品超市资料册。
不起眼的野菜	1. 野菜好吃吗？ 2. 人们为什么喜欢吃野菜？	1. 了解野菜有丰富的营养，喜欢和同伴一起分享野菜烹制的美食。 2. 尝试制作野菜小点心。 3. 初步探究野菜的药用价值和保健功能。	1.可以烹饪野菜美食的劳作室。 2.关于野菜的各种故事。 3.善于制作野菜美食的家长。	1. 开展"野菜美食节"活动。 2. 开设"绿色食品超市"。 3. 开设"野菜畅销工作室"，幼儿自主开发野菜保健品并设计、包装、售卖。	1. 野菜可以烹制美食或榨汁。 2. 铜钱草、艾草、紫苏等许多野菜具有药用价值和保健功能。	1. 野菜食谱集。 2. 野菜"本草纲目"集。 3. 野菜保健产品集。

二、活动实施

（一）集体学习活动

西洋菜

科学、社会 ★★★　健康、语言 ★★　艺术 ★

➢ **活动思路**

西洋菜是幼儿生活中经常接触到的一种野菜。西洋菜营养丰富，但很少作为餐桌上的食物。为了让幼儿了解西洋菜，知道有许多野菜可以食用，我们开展了本次活动，旨在激发幼儿探究野菜的兴趣。

➢ **活动目标**

在听故事的过程中感知野菜的魅力。

理解故事中的野菜给予人类生存的力量。

➢ **活动准备**

经验准备：在自然角里投放西洋菜。

物质准备：多媒体绘本课件。

➢ **活动过程**

1. 想象讨论

说说野菜。

提问：你们认识它吗？它能吃吗？

小结：它是一种野菜，名叫西洋菜。

（价值分析：引出主题，激发幼儿探究的兴趣。）

2. 听赏故事

（1）分段听赏故事

欣赏第一段故事。

提问：故事里有谁？

小结：爸爸妈妈发现了野菜，小女孩不理解明明有好吃的菜，为什么爸爸妈妈爱吃野菜？

欣赏第二段故事。

提问：爸爸妈妈给小女孩讲了一个怎样的故事？

（价值分析：借助故事引发幼儿对西洋菜进一步探究的兴趣。）

（2）整体听赏故事

提问：听了故事，你的感受如何？如果你是故事中的小女孩，你会爱上吃野菜吗？为什么？

小结：在战争年代，野菜救了很多人的生命，虽然我们现在过上了幸福的生活，但也要懂得珍惜粮食。

（价值分析：完整欣赏故事，了解西洋菜的历史，引发幼儿对西洋菜的喜爱之情。）

3. 延伸活动

区域延伸：投放西洋菜以及其他各种野菜，看一看，画一画，说一说。

家庭延伸：幼儿和家人一起品尝各种常见的野菜。

社区延伸：带领幼儿在周边寻找西洋菜以及其他常见的野菜。

（价值分析：发挥家园共育的价值，帮助幼儿了解更多关于野菜的知识。）

挖野菜

社会、健康 ★★★　　科学、语言 ★★　　艺术 ★

➢ **活动思路**

幼儿对大自然的变化十分敏感，散步时，他们突然发现了一株奇怪的“草”。“这是菜，我看见奶奶挖过。我也在田里见过很多这样的菜，妈妈告诉我这是野菜。”有的幼儿则坚持认为那是小草，不能吃。

幼儿的讨论触发了我的思考：幼儿对野菜了解多少？园内有野菜吗？我们可以为幼儿提供哪些支持？为了解答心中的疑惑，满足幼儿探究的兴趣，我和幼儿开启了野菜的探秘之旅。

➢ **活动目标**

在大自然中挖野菜，体验劳动的快乐。

在收集、分享中区分几种常见的野菜。

➢ **活动准备**

经验准备：了解野菜常见的特征。

物质准备：剪刀、篮子、野菜的图片和资料。

➢ **活动过程**

1. 挖野菜

提问：你今天想和谁一起挖野菜？在挖野菜时要怎样保护自己？

小结：挖野菜需要工具，在挖的过程中要控制力气，正确使用工具，才能让自己不受伤。

（价值分析：引导幼儿了解工具的基本使用方法，提高安全意识。）

2. 分享劳动成果

提问：你找到的野菜叫什么名字？你在哪里找到野菜的？

小结：大自然里，有的野菜长在草丛里，有的长在田埂上，还有的长在菜园里，需要我们仔细寻找才能发现。这些野菜名字不一样，长得也不一样。

（价值分析：引导幼儿在日常生活中注意观察周围的野菜，在经验共享中了解不同品种的野菜，以及野菜生长的环境。）

3. 野菜大追踪

区域延伸：野菜大调查，比一比，认一认。

家庭延伸：父母和幼儿在日常生活中注意寻找野菜，提供多种工具挖掘野菜，并品尝美味的野菜。

（价值分析：引导幼儿在日常生活中注意观察周围的植物，多感官地认识常见的野菜。）

（二）个别化学习活动

提取野菜汁

➢ **材料**

野菜，小碗，小棒，小石磨若干，纱布、无纺布等用于过滤的材料，剪刀，小切菜板，玩具切菜刀，各种玻璃瓶等。

➢ **玩法**

将野菜洗净，选择适宜的工具剪碎或切碎，放入碗中。

用小棒敲打出野菜汁。

用过滤材料盖在玻璃瓶口上，将碗里的野菜汁过滤到玻璃瓶中。

➢ **观察重点**

观察幼儿是否能选择适宜的工具制作并提取野菜汁。

➢ **提示**

指导幼儿正确使用剪刀。

引导幼儿观察比较不同野菜提取的汁水颜色是否相同。

野菜标本

➢ 材料

棉签、餐巾纸、镊子、吸水纸、操作流程图等。

➢ 玩法

用棉签和餐巾纸将野菜叶清洁干净。

用镊子将清理好的野菜叶放置在纸上，并将叶子整理整齐。

在整理好的野菜叶上盖上吸水纸。

将盖上吸水纸的野菜叶平整地放进书本内。

再用重物压在书本上，静待几天，野菜标本便制作完成了。

➢ 观察重点

观察幼儿如何清理和整理野菜叶。

观察幼儿操作的步骤是否正确。

➢ 提示

幼儿有过制作树叶标本的经验。

标本制作完成后，教师将标本收集并整理成册。

三、活动分享

野菜大揭秘

美好的春日悄然而至，放眼望去，田野里到处都是蓬勃生长的野花。在这个充满希望的季节里，我们中四班的孩子走在田间的小路上，穿梭在鸟语花香中。

镜头一：遇见“像花一样的草”

实录一：小发现

皓皓惊奇地喊着：“老师，老师，你快过来，我发现了一棵像花一样的草。”很多孩子也被皓皓的喊声吸引了，看着“像花一样的草”纷纷展开议论。

图1　遇见草

丁丁：这个不是花，是叶子。

皓皓：这个叶子像花一样。

嘟嘟：这个草像睡在地上一样。

周周：我在小区里也看到过，但是我不知道叫什么。

……

实录二：大讨论

为了感受大家对野菜探究的热情，我也和幼儿们围坐在一起，共同参与讨论。

老师：你们知道这棵草叫什么名字吗？

彤彤：这个不是花，也不是草，是一种菜。

珩珩：这个菜可以吃吗？会不会中毒？

茜茜：为什么只有一棵？太少了！

邱邱：长在外面，没有农民伯伯照顾，长得少呗。

恬恬：哦，对了，野菜，上次喂小兔的时候，妈妈给我拔了这样的草。

彤彤：我觉得长在地里的都可以吃吧！

周周：我吃过野菜，但是我不记得名字了。

走在田间的小路上，不仅可以让幼儿认识自然、亲近自然，也能培养幼儿观察植物的兴趣。从一次小发现到一次大讨论，可以看出幼儿对“像花一样的草”有着不同的认知经验，他们的讨论也得到了一个关键词——野菜。

镜头二：寻找田间野菜

实录一：小调查

野菜是什么样的？野菜长在哪里？可以吃吗？基于幼儿的问题，我们采用亲子小调查的形式，分享了大家最常吃的野菜：马兰头、荠菜、野蒜等。

实录二：大搜索

幼儿和爸爸妈妈开启了野菜大搜索。

然然：我在房东阿婆家的地里找到了荠菜。

彤彤：我在墙角边找到了草头。

铭铭：我还发现了笋。

蕾蕾：我家门口有一棵香椿树，妈妈说上面的叶子也可以吃，也是野菜。

涵涵：我在小区里还看到开花的荠菜，荠菜也可以吃。

依依：我找到了野蒜，用野蒜炒蛋吃了呢！

婷婷：我找到了许多，有荠菜、马兰头、泥胡菜、四叶草、车前草、阿拉伯婆婆纳，还有蒲公英。

幼儿对于野菜的兴趣越来越浓，在家长的陪伴下，大家走进自然，探寻野菜更多的秘密。他们发现野菜的生命力很顽强，在墙缝里也能生长；发现野菜不需要农民伯伯照顾，可以在野外生长。在亲子小调查和大搜索后，幼儿了解了野菜的生长特点，了解了“像花一样的草”叫荠菜，可以做成美食。

镜头三：野菜都能吃吗?

实录一：多途径

彤彤：我找到了草头、刺果毛莨、车前草，草头可以吃，刺果毛莨不可以吃，车前草是药，不可以乱吃。

珩珩：我们找到了野菊花、马齿苋、牛筋草，马齿苋可以吃，野菊花不可以吃。

茜茜：野菊花可以吃，我看见妈妈用野菊花泡茶喝。

珩珩：野菊花有毒，不能吃。

在茜茜和珩珩产生疑问时，彤彤家长上网搜索，了解到野菊花也是一种药材，可以吃。

依然：我找到野葱、蒲公英、金花草，野葱可以吃，蒲公英、金花草不可以吃。

朵朵：蒲公英可以吃。

周周：蒲公英是药，不可以随便吃。

依然：那到底可不可以吃呀?

朵朵：可以吃，我们在网上看到蒲公英可以用来煮汤喝。

铭铭：我问了奶奶，她说蒲公英可以吃。

老师：蒲公英可以加工后变成药材，吃之前需要询问医生，不可以随便吃。

实录二：真探究

分组讨论后，再次进行全体讨论。各个小组分享了自己的探究内容，当第三组认为荠菜花不能吃的时候，大家纷纷提出异议。

涵涵：荠菜花可以吃，我跟妈妈在网上查过，它还可以做成药，提高我们的免疫力呢。

彤彤：荠菜花真的可以吃，在我们这边有个习俗，三月三要用荠菜花、红枣煮鸡蛋吃，前两天刚好三月三，我们就是这样煮鸡蛋吃的。

丁丁：我也查过了，荠菜花吃的时候一定要洗干净，过敏的人最好不要吃。

在每一次的互动过程中，幼儿们愿意表达自己的想法，他们有辩驳、有讨论，使个别经验有效转化为集体经验，不断提升幼儿对“可以吃的野菜”和“不可以吃的野菜”的理解和认识。

野菜是大自然馈赠给我们的天然美食，我们应捕捉野菜的话题，让幼儿在实践制作过程中认识野菜、体验野菜。于是，“如何挖野菜”“美味的野菜”等探讨活动陆续开展起来了。

镜头四：舌尖上的野味

实录一：齐动手

制作美味，必须要有食材，只见我们的孩子和家长再次走进田野，利

图2　动手挖野菜

用剪刀、铲子、篮子、放大镜找野菜，采摘野菜。由于幼儿对“可以吃的野菜”和“不可以吃的野菜”积累了诸多认知经验，可以和爸爸妈妈齐动手，制作各种野菜美食。

然然用马兰头和面粉制作马兰头饼，还包了荠菜馄饨。依依拔野蒜，炒野蒜鸡蛋。涵涵则剪荠菜花，用荠菜花炖汤。周周剪了很多草头，炒了香喷喷的草头。蕾蕾则做了凉拌香椿头，铭铭则将挖来的笋炒着吃。

寻找可以吃的野菜，让幼儿回归自然，在自然中寻宝，让自然和生活紧密相连。

实录二：乐品尝

幼儿吃着自己亲手制作的美食，对美食赞不绝口，家长们的脸上也露出了欣慰的笑容，孩子们的挑食现象得到了很大改善，以前不爱吃的蔬菜现在也喜欢吃了。

图3 尝一尝

➢ 案例启示

在每一次与大自然亲密接触的过程中，幼儿们通过直接感知、亲身体验、实际操作与自然互动。在“挖一次野菜”中，幼儿们发现了野菜并产生了兴趣。教师则聚焦幼儿的真问题，把握价值点，让幼儿进一步观察与探究野菜的秘密。

教师以核心经验为支撑，协同家长一起带领幼儿走进自然，让幼儿不仅认识了野菜，锻炼了动手能力，也积累了户外生活经验。

通过探究“像花一样的草”“荠菜花能吃吗”等问题，让幼儿自主发现问题，提出问题，并尝试解决问题。在探究小组中，幼儿共同收集话题并引发讨论，大胆表达自己的想法，不断提升语言表达能力。

幼儿自己挖野菜、做美食，感受幸福生活的来之不易，并学会珍惜粮食，热爱生活。

小事19

放一次风筝

谢佳丽

“放一次风筝”源于中班主题“春天来了”。活动时间建议为四周。涵盖科学、社会、语言、艺术、健康等领域。主要活动目标：幼儿通过查阅资料获得有关风筝的多种信息，进而认识各种各样的风筝；通过观察风筝、绘制风筝、放风筝等活动，幼儿相互交流自己的探索与发现，加深对风筝的感知与认识，感受传统文化的魅力。主要经验点：风筝起源于中国，相传为汉初韩信所作（距今已有2 000多年的历史了），世界上最长的风筝和最小的风筝都是中国人制作的；风筝自身需要轻便，在风的作用下才能飞上天；风筝有长长的尾巴，两边的翅膀是对称的（翅膀的重量、大小），大多数风筝的图案也是对称的。

一、活动方案

“放一次风筝”活动方案 适合年龄段：4—5岁

基本流程	驱动性问题	活动目标	所需资源	支持性策略	探究经验点	成果个性化表达
风筝的聚会	风筝有哪些形状和图案？	1. 欣赏各种各样的风筝，感知风筝的造型、颜色等特征。 2. 了解一些独具地方特色的风筝文化，激发幼儿对风筝的兴趣，增强民族自豪感。	1. 各种形状、图案的风筝（实物或者图片）。 2. 幼儿自制风筝记录册。 3. 有关风筝文化的视频。	1. 和幼儿一起搜集风筝的相关资料，引导幼儿观察各种风筝，了解风筝的构造。 2. 挖掘家长资源，激发幼儿对风筝的好奇心和探究欲，帮助幼儿获得直接经验。	1. 风筝有着不同的形状和图案，大小不一，大多数风筝的图案是对称的。 2. 风筝是由提线、骨架、风筝面、飘带、放飞线组成。	1. 亲子制作风筝的设计图。 2. 有关风筝颜色、形状、图案的亲子调查表。 3. 幼儿自制风筝记录册。
风筝的秘密	风筝为什么可以像小鸟一样飞起来？	1. 了解风筝起飞的原理是空气动力学知识。 2. 了解风筝是由骨架、风筝面、提线和放飞线组成的。	1.不同形状的风筝若干。 2.采访提纲、采访记录本。 3.故事书《风筝飞起来了》。	1. 提供实物和图片，帮助幼儿了解风筝的起源和风筝文化。 2. 了解风筝的秘密，认识各种样式的风筝，如立体风筝、串式风筝、板子风筝等。	1. 风筝主要借助风的力量飞上天。 2. 在放飞风筝时会发现，逆风慢跑，借助风的力量，风筝就可以飞上天。	1. 风筝结构思维导图。 2. 不同材料制作的风筝记录本。
风筝设计师	制作风筝是先制作风筝面还是先制作骨架呢？	1. 尝试用剪、贴、画等形式制作风筝。 2. 幼儿在制作风筝的过程中发展手部精细动作和审美能力。	1.制作风筝设计图。 2.制作风筝视频。 3.幼儿自制风筝记录本。	1. 打造风筝超市区角，提供各种纸和线，以及做风筝的工具，让幼儿积极探索自制风筝的方法。 2. 鼓励幼儿分组合作绘制风筝设计图。	1. 制作风筝时一定要选择很轻的材料。 2. 风筝的骨架要固定好，横向、竖向都要有支撑。 3. 风筝能否起飞不仅和风的大小有关系，还跟风筝的制作材料、尾巴的长短有关。	1.“风筝设计大比拼”展示板。 2. 自制风筝展示区。 3. 风筝设计经验交流会。

续　表

基本流程	驱动性问题	活动目标	所需资源	支持性策略	探究经验点	成果个性化表达
风筝飞上天	为什么在幼儿园放的风筝飞不起来？	1. 对探索风筝感兴趣。在成人的帮助下放风筝，体验放风筝的乐趣。 2. 尝试分组使用不同材料制作风筝。	风筝制作材料，如塑料、丝绢、尼龙布、纸张等材料。	1. 提供适宜放风筝的场所，选择适合放风筝的天气。 2. 为幼儿创设宽松自由的讨论环境，支持小组讨论及改进。	1. 放飞风筝要选择晴朗的天气。 2. 放风筝的地点应视野开阔且宽敞，方便助跑，同时放风筝要避开人群。	1. 实验记录册。 2. 分组合作经验交流会。 3. 项目活动网络图。

二、活动实施

（一）集体学习活动

中国风筝

科学、语言 ★★★　　社会、健康 ★★　　艺术 ★

➢ 活动思路

千百年来，风筝作为一种民间娱乐游戏活动，一直深受人们的喜爱。幼儿对风筝充满了好奇，对放风筝充满了期待。为了满足幼儿对风筝的好奇心，我们开启了一场关于风筝的探秘之旅。

➢ 活动目标

初步了解各式各样风筝的外形特征。

感受中国民间艺术的魅力。

➢ 活动准备

经验准备：幼儿对风筝的构造、功能等有一定的认知经验。

物质准备：有关风筝的课件、图片，风筝节视频，风筝实物装扮的活动室。

➢ 活动过程

1. 交流讨论（播放风筝节视频）

提问：风筝有哪些形状和图案？世界上最长的风筝和最小的风筝都是哪个国家的人制作的？

小结：风筝有着不同的形状和图案，大小不一，但大多数风筝上的图案是对称的。风筝最早诞生在中国，是我们的祖先发明创造的。

2. 现场参观

幼儿自由参观风筝展览馆。

提问：风筝由哪儿部分组成？制作风筝的材料都一样吗？

小结：风筝是由提线、骨架、风筝面、飘带、放飞线组成。一般而言，制作风筝时，选择的材料越轻，风筝越容易飞得高。

（价值分析：通过现场参观与讨论，让幼儿探索并巩固已有的认知经验。）

3. 分享交流

幼儿发现、感受中国风筝文化的奇妙。

提问：为什么很多风筝上都有龙的形象？

小结：风筝起源于中国，相传是汉代的韩信制作的，世界上最长的风筝和最小的风筝都是中国人制作的，风筝传友谊，愿世界各国人民和平相处。

（价值分析：通过探讨交流，知道最长的风筝和最小的风筝都是中国人制作的，增强爱国主义情感。）

4. 延伸活动

创设风筝区角，在区角活动中投放金山农民画作品《风筝比赛》，引导幼儿感知、欣赏。

投放高鼎的《村居》音频或视频，引导幼儿欣赏、吟诵。

风筝飞上天

语言、社会 ★★★　艺术、科学 ★★　健康 ★

➢ 活动思路

每到春天，家长都会带着孩子放风筝。结合“春天来了”主题活动，我们设计了“风筝飞上天”集体教学活动，发展幼儿的动手能力，让幼儿在看看、说说、做做、玩玩中了解风筝的知识，体验风筝制作并放飞的快乐，感受民间传统文化艺术的美。

➢ 活动目标

探索让塑料袋飞起来的方法。

体验自制风筝进行游戏的快乐。

➢ **活动准备**

塑料保鲜袋，双面胶，剪刀，彩色皱纹纸条若干，不同长度的细线若干。

➢ **活动过程**

1. 谈话导入

（1）播放视频

提问：他们在做什么？你们放过风筝吗？你放的风筝是什么样的？（颜色、形状、大小）

（2）尝试让塑料袋飞起来

提问：你见过风筝吗？你是怎样让风筝飞上天的？

2. 猜想让塑料袋飞起来的方法

提问：你有什么好办法，让塑料袋飞起来？

出示作品，并即兴演唱儿歌：身上彩带飘呀飘，五颜六色真漂亮；肚子鼓鼓胖娃娃，还有一条长尾巴。

请小朋友仔细看一看，塑料袋娃娃哪些地方变了？塑料袋变成一只风筝飞上天了。（引导幼儿观察后讲述）

小结：我们可以让塑料袋变风筝，塑料袋很轻，在一定条件下，受外力的作用，可以飞上天。

（价值分析：通过游戏的方式，提高幼儿参与制作的兴趣。）

3. 探索塑料袋风筝的制作方法

（1）粘贴彩带

引导幼儿观察彩带的颜色和数量。

幼儿操作粘贴彩带，教师指导、帮助。

（2）变胖娃娃

探索让塑料袋鼓起来的方法。

提问：谁来试一试？你有什么好办法？为什么里面的气很快就没有了？

提示：塑料袋鼓起来以后，要很快抓紧袋口。

强调难点：使袋子的嘴巴张开，上下晃动，1、2、3，抓住袋子嘴巴，拧一拧，不要让气逃走哦！

（3）长尾巴

教师操作，幼儿观察：拿细线的一端，在塑料袋拧紧的嘴巴处绕几圈，然后系牢。

（价值分析：游戏激发幼儿愉快的情感体验；赋予一定的任务和思考，让幼儿在游戏中获得知识和技能。）

4. 制作塑料袋风筝

幼儿自由分组操作，教师巡回观察并指导。

5. 放“风筝”

幼儿自由玩。

提问：你的风筝飞起来了吗？你是怎么让风筝飞起来的？谁的风筝飞得最高？

小结：要举高，跑得快，风筝就能飞得高！

幼儿再放风筝，比一比谁的风筝飞得高。

6. 延伸活动

创设风筝区角，引导幼儿自制塑料袋风筝，并进行装饰，培养幼儿的创新意识。

幼儿将自制风筝带回家，与家长一起放风筝，共同体验亲子活动的乐趣。

（二）个别化学习活动

风筝超市

➢ 材料

成品风筝及半成品风筝，竹竿、木棍、大板纸、布、颜料等制作材料，仿真钱币等。

➢ 玩法

引导幼儿开展风筝的买卖游戏，了解超市里各种风筝的名称、特征，并做好记录。

鼓励幼儿大胆向顾客推荐各种风筝，也可教授顾客自制风筝的方法。

➢ 观察重点

观察幼儿动手制作风筝和推荐陈述的能力。

观察幼儿运用符号进行记录的情况。

➢ 提示

给幼儿提供空白记录纸，让幼儿自由记录。

我的“小翅膀”

➢ 材料

翅膀图片、塑料袋、剪刀、双面胶、白乳胶、各种皱纹纸、松紧带等。

➢ **玩法**

引导幼儿观察各种小翅膀的图片，学习用折、剪、贴等方式制作小翅膀。

提示幼儿可以选择不同材料进行装饰，鼓励幼儿将制作好的小翅膀穿戴在自己身上展示。

➢ **观察重点**

观察幼儿用折、剪、贴的方法进行操作的情况。

观察幼儿在制作时的持续性和专注度如何。

➢ **提示**

在制作的过程中可对不满意的地方进行调整，最终达到自己满意的效果。

三、活动分享

穿越“两个世界”的风筝

幼儿们分享自己喜欢的春日游戏：“我发现今天的风特别大，差点把我刮跑了。”“我发现桃花的花瓣被风吹掉了。”“小草被吹得东倒西歪。”“上学的路上，我看见树上居然有垃圾袋被风吹得嘶嘶响。”“垃圾袋怎么会在树上呢？”“它又没有翅膀，怎么上去的？”“被风吹起来的吧。”于是，幼儿叽叽喳喳地讨论起垃圾袋上树的话题。

教师：和风一起玩的游戏，都有哪些呢？

芊芊：可以玩吹泡泡的游戏。

毛毛：玩放风筝游戏。

萱萱：在操场上玩风车。

琴琴：在操场上放飞气球。

教师：这么多好玩的游戏，到底选择玩哪个呢？

于是，幼儿们根据自己的喜好进行投票，最后选择了放风筝游戏。

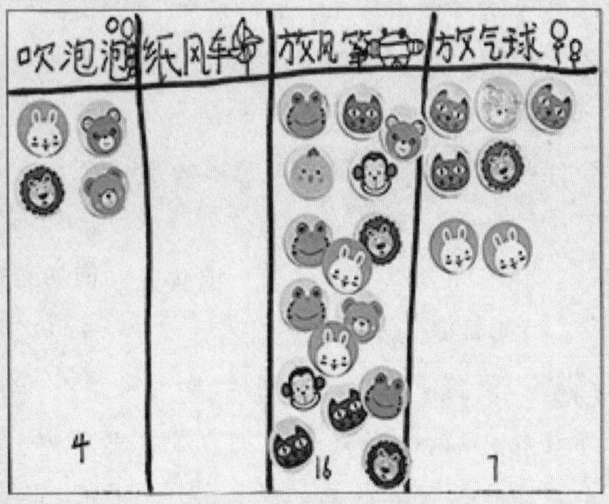

图1　投票统计表

镜头一：风筝那点事

图2　风筝成品交流分享

周一早上，芊芊把制作好的艾莎公主风筝拿到班级和大家分享，并兴致勃勃地介绍起来："我和爸爸妈妈一起去汇龙湖大草坪放风筝啦，这是我和爸爸一起制作的风筝。"毛毛见状，也分享了周末与妈妈去公园放风筝的愉快经历。我提议："芊芊，请你将与爸爸一起制作完成的风筝贴到小黑板上。"自由活动时间，幼儿们兴奋地围过来，小手摸一摸、转一转，围着展板讨论起来："制作风筝需要哪些材料？""这个风筝上有艾莎公主的图案。""风筝的背后有硬硬的东西。""风筝要连着长长的线才能飞。""天空中有各种各样的风筝，为什么风筝会飞上天呢？""风筝好漂亮啊，我也想做。"

兴趣生发，追随支持。探究问题来源于孩子们生活中的实际问题，是幼儿自主、自发的活动，教师为幼儿的活动提供材料支持，自然地推动幼儿认识风筝、探究风筝。整个活动过程充分调动幼儿的积极性与参与性，并锻炼幼儿的实践操作能力，培养他们的合作意识。

好奇好问，深度探究。幼儿在主动学习、自由探索中培养起积极主动、认真专注、勇于探究、大胆尝试等良好学习品质。

儿童立场，经验升级。把项目化学习理念融入幼儿日常游戏中，让幼儿了解风筝的起源、种类，尝试制作风筝，学习放飞风筝，在动手实践中培养合作意识，体会传统手工艺术的乐趣。

镜头二：风筝设计师

"风筝是谁发明的？""你见过哪些风筝？""制作风筝需要哪些材料呢？""你想不想制作一个独特的风筝？"幼儿们积极讨论风筝的来历和制作过程。"我也想做一个艾莎公主的风筝。""我还想要一个白雪公主的风筝。""我在美工区画的风筝好看吗？""好看，就是不能放起来，我们一起做个能飞的风筝吧！""我要做一个春天的风筝，春天有很多花，可漂亮了。""我想用牛皮纸做，做完后我们还可以在上面画画。""我想用宣纸做，

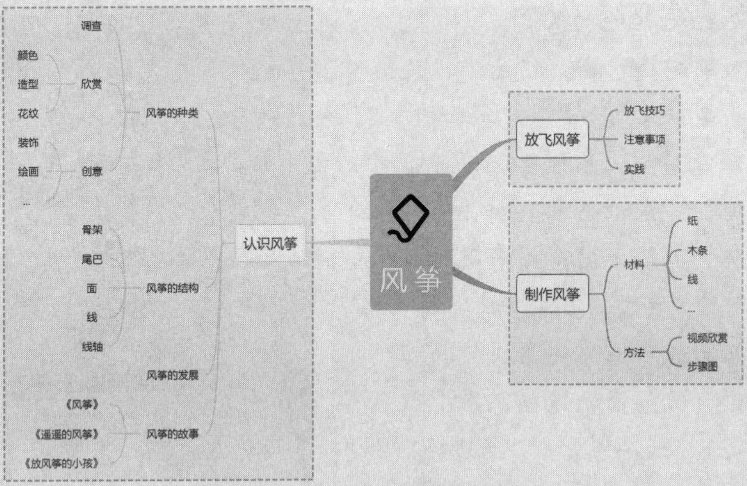

图3　风筝探索图

因为宣纸很轻，还需要找一些细细的竹棍做风筝的骨架。”大家你一言我一语，讨论着如何制作风筝。

讨论好以后，大家纷纷化身风筝设计师，用画笔、橡皮泥等多种材料设计并制作自己心目中的风筝。大家制作的风筝构造都很科学，都有骨架、提线、风筝面、放飞线、飘带。至于能不能飞上天，还有待实践的检验。

在制作过程中，用什么材料可以让风筝飞起来呢？大家不断地探索与尝试，选择了垃圾袋做风筝面，剪出自己喜欢的风筝形状和飘带，用画笔、勺子以及吸管进行装饰，并在巧手坊找到长铁丝制作风筝的骨架，系上风筝线，风筝就制作完成了。整个过程，他们始终在轻松愉快的氛围中学习，在自由探索中发现。

在幼儿探索的过程中，教师不急于介入，由幼儿自主尝试。从材料的收集和选择，到风筝的制作和放飞，幼儿们乐于尝试和挑战，通过自己的观察、讨论、调整，有效推动问题的解决，真正成为学习的主人。

镜头三：风筝飞上天

户外活动时间，幼儿们拿着自制风筝去操场上放飞。第一次试飞失败后，他们发现放风筝和诸多因素相关，如：风力大小，放飞技巧，风筝的材质等。

“今天的风不够大，风再大一点风筝就可以飞起来了。”“风筝上的东西太多了，太重了所以飞不起来。”“我看到风筝线打结了。”为了让风筝成功飞起来，幼儿们又开始了自己的探索。

图4　风筝制作雏形图

经过前期的讨论，幼儿们根据自己的兴趣和意愿分成了风筝面组、骨架组和飘带组，并自主选出了小组长。他们首先讨论风筝制作的计划，合作完成设计图，接着小组分工寻找材料，共同制作风筝。

风筝面组：小伙伴们兴致勃勃地开始设计风筝面的造型，在小组长的带领下，漂亮的爱心、两边对称的翅膀等设计完成了。

图5　风筝面组幼儿的实践与表征

骨架组：幼儿初步筛选了扭扭棒、吸管、树枝这几种材料，再次尝试和探索后，幼儿选择了吸管搭建风筝骨架。

图6　骨架组幼儿的实践与表征

飘带组：幼儿在巧手坊找到了长短不一的纸条，将纸条裁剪成自己想要的形状，画上漂亮的样式和花纹后，贴到了风筝上。

图7　飘带组幼儿的实践与表征

最后，幼儿将提线和放飞线通过打结的方式绑到了骨架上，自制风筝大功告成！

大家确定放飞风筝的地点为红色跑道，开始了第二次尝试。

针对“风不够大”的问题，毛毛提出了顺风和逆风的区别，认为放飞风筝应该逆着风跑；针对“跑得不够快”的问题，萱萱提出骑小车可以跑得更快。对于幼儿的想法，我都给予鼓励和支持，让幼儿大胆尝试，充分探索。最终，他们将风筝成功放飞。

图8　放风筝

案例启示

通过谈话、表征等多种形式，师幼共同进行回顾。幼儿在实际操作、亲身体验中获得新经验。通过一系列的探究活动，幼儿体验到放飞的喜悦。

幼儿逐步培养起了积极主动、认真专注、勇于探究、大胆尝试等良好学习品质，形成受益终身的学习态度和能力。

回顾整个项目化活动的生成和推进过程，教师以问题为驱动，助推幼儿的猜测与验证。教师为幼儿的活动提供材料支持和问题支架，自然地推动幼儿认识风筝、探究风筝，自主尝试设计、制作、放飞风筝。

教师始终支持和鼓励幼儿在探究的过程中积极动手动脑，寻找解决问题的答案，对幼儿零散的经验进行梳理整合，促进幼儿全面发展。

小事20

玩一次爷爷奶奶小时候的玩具

周旭欣

“玩一次爷爷奶奶小时候的玩具”源于中班主题“玩具总动员”。活动时间建议为三周。涵盖科学、社会、语言等领域。主要活动目标：幼儿知道我们的童年和爷爷奶奶的童年是不一样的；感受玩具随着时代的变迁而不断变化。主要经验点：幼儿了解祖辈幼时的玩具大多是用自然物制作的，玩法多样；科技的发展使玩具越来越多样，越来越智能。

一、活动方案

"玩一次爷爷奶奶小时候的玩具"活动方案 适合年龄段：4—5岁

基本流程	驱动性问题	活动目标	所需资源	支持性策略	探究经验点	成果个性化表达
童年不同样	爷爷奶奶小时候玩什么呢？	1. 探究传统玩具的不同玩法，萌发探究兴趣。 2. 知道我们的童年和爷爷奶奶的童年不一样。	1. 传统玩具与现代玩具。 2. 有关玩具的影像资料。 3. 幼儿园大操场。 4. 幼儿的爷爷奶奶或外公外婆。 5. 童年生活调查表。	1. 收集传统玩具和现代玩具。 2. 自主探究传统玩具的不同玩法。 3. 爷爷奶奶讲述传统玩具的玩法。 4. 童年生活调查。	爷爷奶奶小时候的玩具大多是用自然物制作的。	1. 不同时代的玩具展示板。 2. 探究传统玩具玩法的记录本。 3. 爷爷奶奶讲述幼时玩具的视频集。 4. 童年生活调查表汇总。
送给爷爷奶奶的玩具箱	爷爷奶奶小时候的玩具是怎么做的？	1. 乐于动手动脑探索玩具的做法。 2. 愿意为爷爷奶奶制作玩具。	1.传统玩具的影像资料。 2.与传统玩具相关的各种制作材料。 3.装扮类的材料。	1. 设计制作玩具的计划书。 2. 收集制作玩具所需的材料。 3. 班级创设玩具工作室，幼儿自主开发制作玩具。 4. 幼儿制作玩具大盲盒，送给爷爷奶奶。	自然物可以制作成不同的玩具，有许多不同的玩法。	1. 制作玩具的计划书。 2. 玩具材料百宝箱。 3. 幼儿制作玩具的照片墙。 4. 自制的传统玩具。
玩来玩去	爷爷奶奶小时候的玩具该怎么玩？	和爷爷奶奶一起游戏，增强祖孙间的情感连接。	1.每位幼儿的爷爷奶奶。 2.幼儿园大操场。 3.自制相关玩具。 4.重阳节布置材料。	邀请爷爷奶奶来班级，开展"重阳节，玩来玩去"活动。	随着科技的发展，玩具越来越多样，越来越智能。	1. 制作"重阳节，玩来玩去"活动策划书。 2. 重阳节活动摄影展。

二、活动实施

（一）集体学习活动

爷爷奶奶的玩具

科学、语言 ★★★ —— 社会、健康 ★★ —— 艺术 ★

➢ **活动思路**

幼儿都喜欢玩具，平时在家玩得最多的也是玩具。爷爷奶奶有玩具吗？他们小时候玩什么玩具？为了回答这些问题，我们开展了本次学习活动。

➢ **活动目标**

了解爷爷奶奶小时候的传统玩具，感受生活的变化。

用石子、手帕等制作简单玩具，体验游戏的快乐。

➢ **活动准备**

经验准备：对传统玩具有初步了解。

物质准备：纸方块、手帕、石子、铁环等传统玩具，PPT，传统玩具的影像资料。

➢ **活动过程**

1. 聊玩具

提问：你平时喜欢玩玩具吗？你喜欢什么玩具？为什么？怎么玩？

小结：你们的玩具真好玩，不仅好看，还有高科技技术，真是太吸引人了。

（价值分析：了解现代玩具，知道现代玩具多样、智能。）

2. 玩玩具

（1）玩绳子

提问：如果把绳子变成玩具，你会怎么玩？

小结：一根简单的绳子也能变成好玩的玩具，玩出新花样。

（2）玩手帕、石子、铁环、纸方块

幼儿自选玩具，体验乐趣。

提问：你玩的是什么？怎么玩？

小结：爷爷奶奶用这些玩具玩了抓石子、滚铁环、打方块、折手帕的游戏，这些传统游戏简单又好玩。

（价值分析：用石子、手帕等玩传统游戏，了解爷爷奶奶小时候的玩具。）

3. 赏玩具

（1）欣赏多种传统玩具

（2）比较传统玩具与现代玩具的异同

（价值分析：比较传统玩具与现代玩具的异同，体验游戏的快乐。）

4. 延伸活动

结束语：回去问一问自己的爷爷奶奶，认识更多的传统玩具。

多变的陀螺

艺术、社会 ★★★ —— 科学、语言 ★★ —— 健康 ★

➢ **活动思路**

在区域活动中，我发现幼儿对科学区域里的陀螺很感兴趣，他们经常聚在一起玩陀螺。为此，我设计了“多变的陀螺”活动，引导幼儿发现陀螺转动的秘密。

➢ **活动目标**

尝试运用多种材料制作陀螺，发现陀螺转动的秘密。

体验自制玩具的快乐。

➢ **活动准备**

经验准备：对陀螺有一定的认识。

物质准备：玩具陀螺若干、纸片、积木、蜡笔、牙签、火柴棍、树枝等。

➢ **活动过程**

1. 自由结伴玩陀螺

观察陀螺，了解陀螺的外形特征。

幼儿自由结伴玩陀螺，相互交流玩陀螺的心得体会。

说说陀螺在运动中的特点。

（价值分析：通过玩陀螺，发现陀螺转动需要达到平衡的秘密。）

2. 自制陀螺

师幼讨论制作陀螺的材料。

制作陀螺。

共同讨论陀螺转不起来的原因。

小结：制作陀螺时要找到陀螺面上的中心点。

再次尝试调整陀螺，使其转动起来。

使用其他材料制作陀螺，想一想怎样才能使陀螺转得又稳又快。

（价值分析：运用多种材料制作陀螺，体验自制玩具的快乐。）

3. 陀螺比赛

幼儿参加陀螺大王比赛，谁的陀螺转的时间最长谁就是今天的“陀螺大王”。

颁奖、结束活动。

4. 延伸活动

将陀螺带回家与家人共同游戏。

（二）个别化学习活动

自制陀螺

➢ 材料

棉签棒、火柴、牙签、一次性筷子、方形卡纸、圆形卡纸、纸杯、塑料瓶、彩笔、透明胶等。

➢ 玩法

玩法一：在圆形的铅画纸上画画，装饰陀螺的表面。画好后，在圆纸中间插上棉签棒。

玩法二：运用提供的材料，创作不同的陀螺。

➢ 观察重点

观察幼儿找中心点的方法。

观察幼儿装饰陀螺的方法。

➢ 提示

在使用牙签等较尖锐的材料时，教师可适当提供帮助，以免幼儿受伤。

传统玩具真好玩

➢ 材料

各种爷爷奶奶小时候的传统玩具，自制传统玩具的相关材料。

➢ 玩法

运用提供的材料，自制传统玩具，并探索新玩法。

➢ 观察重点

观察幼儿自制传统玩具的方法。

观察幼儿探索玩具玩法的情况。

➢ 提示

幼儿在制作玩具时应安全使用工具。

三、活动分享

爱满重阳　玩转童心

幼儿们了解了重阳节的习俗和意义，知道重阳节是爱老敬老的节日，希望和爷爷奶奶们来一场“重阳之旅”。

镜头一：祖辈不一样

一次谈话活动，翔翔问：“为什么老人脸上有皱纹？”小恪说：“我的奶奶很年轻，也是老人吗？”诗诗说：“每个人都会变老吗？”小马说：“我会不会也变成老人啊？”

为了解答心中的疑惑，我让大家去找找祖辈们年轻时照片。孩子们纷纷找出了祖辈们以前的照片，很快有了新发现。

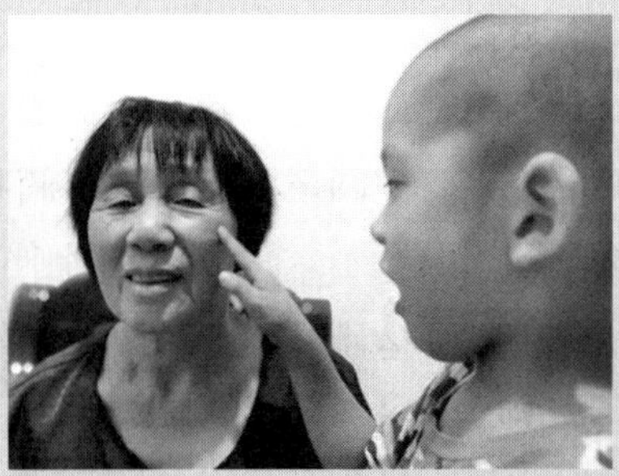

图1　发现皱纹

小馨说：“我爷爷以前的时候头发黑黑的，而且有许多的头发。”小恪说：“我奶奶以前的时候很漂亮，比现在漂亮一百倍。”小贝说：“我外婆以前的时候皮肤看上去滑滑的。”

小孙紧接着说：“爷爷奶奶现在年纪大了，所以才变得老了。然后就长出了很多的皱纹，我的爷爷出门还拄着拐杖。”

幼儿通过照片直观感受爷爷奶奶年轻时的帅气与美丽，知道爷爷奶奶现在变老了，年纪大了，记忆力、视力、听力都会慢慢衰退，皮肤也会失去弹性，身体的功能也变得越来越差，大家要关心和爱护他们。

镜头二：自制小玩具

自由活动时间，小朋友们在聊重阳节的话题。

小恪说："重阳节是爷爷奶奶的节日。"鹏鹏说："外公外婆也是老人，他们要不要过重阳节呢？"诗诗说："老人都要过重阳节，我想给他们准备一个大大的惊喜！"馨馨说："我想送外公和外婆一份礼物，祝他们节日快乐，可是我没有钱。"小恪说："我们可以自己做一个呀！"小马说："我们做个玩具送给爷爷奶奶吧！"小恪说："这个主意真不错，那我想做个沙包送给他们。"诗诗说："好呀，那我也要做个沙包送给我奶奶。"

我说："你们的想法真不错，那么怎么做沙包呢？"小马说："我妈妈用布做沙包，里面可以放红豆。"馨馨说："我妈妈也会做，我家还有很漂亮的布，我回去跟妈妈一起做。"孩子们最后决定在家里和爸爸妈妈一起制作沙包。

第二天，孩子们都将做好的小沙包带到了幼儿园。看到那么多精美的沙包，我问道："这么漂亮的小礼物，怎么送给爷爷奶奶呢？"

鹏鹏说："就藏在衣服里，然后送给爷爷奶奶。"诗诗说："我看见别人送礼物都是用礼物袋包装的，送给爷爷奶奶的礼物也要包装好。"馨馨说："没错，礼物包起来送给别人才礼貌。"

"是呀，我这里正好有一些纸袋子。你们可以装饰一下，作为你们的礼物袋。"我说道。

于是，装扮礼物袋的活动开始了。诗诗说："我要在礼物袋上画上漂亮的花，因为我奶奶喜欢花。"

图2　装扮礼物袋

小恪说："我要在上面画上五星红旗，因为重阳节的时候正好也是国庆节。"

馨馨说："我在礼物袋上画一个女孩，因为我觉得奶奶年轻的时候跟我喜欢的动画里的女孩一样漂亮。"

通过活动，孩子们对重阳节有了一定的理解，并用行动表达对爷爷奶奶的爱。活动将美与爱结合，引导幼儿用自己的方式表现美和创造美。

案例启示

在装扮礼物袋时，幼儿们表现出极大的积极性和自主性。他们从爷爷奶奶的角度出发，为老人选择喜爱的图案，说明他们心中有他人，愿意为他人着想。教师应满足幼儿的愿望，并提供丰富的材料，让幼儿在活动中达成身心的健康发展。

"重阳敬老"的活动让幼儿体验到：老年人需要我们的尊敬、爱护、理解，我们可以通过做好生活中的点滴小事来表达对长辈们的感恩与关爱。让尊老敬老的光荣传统在幼小的心灵里生根发芽，代代相传！

小事21

做一个劳动工具

稽海青

“做一个劳动工具”源于中班主题“常见的用具”。活动时间建议为四周。涵盖科学、社会、语言、艺术等领域。主要活动目标：幼儿了解劳动工具的特征以及用途，体验动手制作的乐趣；愿意使用劳动工具，感知劳动工具给人们生活带来的便捷。主要经验点：幼儿了解常见的智能化工具；不同的劳动工具有不同的用法及用途。

一、活动方案

“做一个劳动工具”活动方案

适合年龄段：4—5岁

基本流程	驱动性问题	活动目标	所需资源	支持性策略	探究经验点	成果个性化表达
劳动工具设计师	劳动要用到哪些工具呢?	1. 了解劳动工具的分类、特征以及用途。 2. 尝试设计劳动工具，体验大胆创想的乐趣。	1. 各类劳动工具。 2.“劳动工具大搜索”的记录表。 3. 介绍劳动工具的图书或视频。	1. 幼儿自主寻找合适的场所进行劳动。 2. 亲子完成“劳动工具大搜索”的调查表。 3. 收集各类劳动工具图片。 4. 采访有劳动经验的人们，了解各类劳动工具的使用方法。 5. 自主设计劳动工具。	1. 常见的劳动工具分为智能工具和人工工具。 2. 劳动工具可以让环境变干净。	1. 劳动工具设计图册。 2. 幼儿采访的视频。 3. 劳动工具调查表。
劳动者车间	劳动工具怎么做?	1. 尝试制作劳动工具，体验动手制作的乐趣。 2. 乐于动手动脑解决制作过程中的问题。	1.劳动工具设计图。 2.幼儿自主收集的各类废旧材料。 3.幼儿自主查阅和收集的各类有关劳动工具的资料。 4.制作劳动工具使用手册。 5.各类记录所需的工具，如相机、录音笔等。	1. 幼儿自主规划场地，进行项目实践操作。 2. 幼儿采访有制作劳动工具经验的人们。 3. 幼儿与家长共同收集制作劳动工具所需的材料。 4. 幼儿自主查阅和收集各类有关劳动工具的资料。 5. 幼儿在制作过程中，自主查阅安全使用手册。 6. 开展“我的劳动工具秀”主题活动。 7. 设立劳动者车间“体验区”。	制作劳动工具的材料和方法较为多样。	1. 各类自制的劳动工具。 2. 劳动工具制作问题和发现集。 3. 安全使用劳动工具手册。 4.“我的劳动工具秀”主题活动资料集。

续　表

基本流程	驱动性问题	活动目标	所需资源	支持性策略	探究经验点	成果个性化表达
我的劳动日记	我们可以在哪里劳动？	1. 愿意使用各类劳动工具参加劳动，体验劳动的乐趣。 2. 感知劳动工具给人们生活带来的便利。 3. 尝试用自己的方法记录劳动过程。	1. 每人一本劳动日记本。 2. 幼儿自制的各类劳动工具。 3. 幼儿自主收集的关于劳动者和劳动工具的资料。	1. 幼儿使用自制的劳动工具参与劳动。 2. 幼儿自主设定每周一次的劳动日。 3. 定期开展演讲活动。 4. 幼儿自主商讨设立“劳动工具”共享区。 5. 幼儿自主记录劳动的小故事、问题、发现等。 6. 在使用劳动工具的过程中创编相关儿歌。	不同的劳动工具有不同的用法以及用途。	1. 我的劳动日记本。 2. 幼儿劳动日的资料集。 3.“我的劳动日记”演讲视频集。 4.“我的劳动小故事”影集。 5. 与劳动工具相关的儿歌集。

二、活动实施

（一）集体学习活动

常见的劳动工具

科学、社会 ★★★　　健康、语言 ★★　　艺术 ★

➤ **活动思路**

在生活中，幼儿会接触到许多不同的用具，如剪刀、筷子、勺子、铅笔、纸张等。他们对某些用具的常见用法有一定经验，但对用具的种类及同一种用具的不同用法缺乏了解。因此，我们以幼儿已有的生活经验为铺垫，以家用工具、学习工具为线索，让幼儿在欣赏、操作、表达中重新认识常见的工具，体会这些工具给我们生活带来的便利。

➤ **活动目标**

知道生活中常见的几种劳动工具。

能表述常见劳动工具的特点和用途，能模仿表演劳动工具使用的工作场景。

➢ 活动准备

经验准备：幼儿有使用常见劳动工具的初步经验。

物质准备：劳动工具图片。

➢ 活动过程

1. 工具翻一翻

翻出劳动工具图片，说出其对应的名称和用途。

说出劳动工具的名称或用途，并翻出对应的图片。

2. 工具演一演

幼儿自主选择劳动工具图，根据自己的经验模仿表演，其他幼儿猜测劳动工具的名称。

如果大家都没有猜对，表演的幼儿说出该劳动工具的用途，大家再进行猜测。

（价值分析：让幼儿自主猜测劳动工具，丰富幼儿对常见劳动用具的经验。）

3. 延伸活动

幼儿欣赏与劳动相关的歌曲。

古利和古拉大扫除

社会、健康 ★★★ | 科学、语言 ★★ | 艺术 ★

➢ 活动思路

《幼儿园教育指导纲要（试行）》指出，既要高度重视和满足幼儿受保护、受照顾的需要，又要尊重和满足他们不断增长的独立要求，避免过度保护和包办代替。本活动通过《古利和古拉》的故事，让幼儿了解故事里的小动物是怎样大扫除的，并在故事阅读的过程中，认识劳动工具，学习使用劳动工具。

➢ 活动目标

仔细观察画面，大胆表述故事内容。

在阅读故事的过程中，感受劳动、创造、分享带来的快乐情感。

➢ 活动准备

PPT活动课件。

➢ 活动过程

1. 角色导入，激发兴趣

引导语：今天，我们班来了两个朋友，一个叫古利，一个叫古拉，他们在干什么呢？

提问：你知道什么是大扫除吗？你们有没有帮过爸爸妈妈大扫除呢？

（价值分析：通过阅读故事，让幼儿体会劳动的快乐。）

2. 理解故事，大胆表述

（1）讲述故事

（2）观察画面，寻找大扫除的工具

提问：当劳动工具不能使用的时候，古利和古拉想到了什么办法？他们是怎样大扫除的？

小结：古利和古拉穿上破洞的袜子、手套、毛衣、破裤子，把自己变成了抹布、扫帚和掸子，把家里打扫得干干净净的。

（3）幼儿讨论

提问：你知道还有哪些劳动工具吗？

小结：现在的人们发明了许多智能劳动工具，有扫地机器人、吸尘器、电动擦窗机，给日常生活带来了许多便利。

（价值分析：通过介绍扫地机器人、吸尘器、电动擦窗机，幼儿了解到人工智能带来的便捷。）

（4）观察画面，感知古利和古拉劳动时的心情

提问：古利和古拉劳动时的心情怎么样？为什么？你劳动时的心情和他们一样吗？

小结：古利和古拉开心地把家里打扫得干干净净的。

（价值分析：了解古利和古拉劳动时的心情，从而体会劳动的不易，珍惜劳动成果。）

3. 延伸活动

动手打扫自己的房间，体验劳动的乐趣。

（二）个别化学习活动

拷贝不走样

➢ 材料

劳动工具图册、记录工具等。

➢ 玩法

幼儿自主结伴，分配角色。

一名幼儿用动作或语言表达图片中的劳动工具，不能说出劳动工具的名称，另一名幼儿根据同伴的动作或语言提示猜测。

大家根据需要自行商讨调整游戏规则，还可以互换角色继续游戏。

➢ **观察重点**

观察幼儿在活动中讲述自己见闻的完整性。

观察幼儿从图片中获取信息的方式以及记录的方法。

➢ **提示**

根据幼儿需求定期更换或调整材料。

选择安静的游戏场地。

劳动工具大集合

➢ **材料**

美工材料、辅助材料、小工具等。

➢ **玩法**

幼儿自主选择活动所需的材料。

幼儿运用不同的材料制作劳动工具。

➢ **观察重点**

观察幼儿选用哪些材料制作劳动工具。

观察幼儿制作劳动工具的方法是否巧妙。

➢ **提示**

幼儿有使用各类工具的经验。

制作完成的劳动工具可以投入使用。

三、活动分享

一把扫帚引发的探索

秋天到了，幼儿园里到处散落着金黄的落叶。班级幼儿对自然物做成的扫帚产生了浓厚的兴趣，于是关于“一把扫帚引发的探索”就这样开始了……

镜头一：偶然的发现

清晨，保育员正在清扫园内的落叶。依依发现今天保育员用的扫帚与平常的不太一样。她立马好奇地问：“这把扫帚是用什么做的？”“这是用我们幼儿园门口插的高粱穗做的，用它来扫落叶很方便！”回到教室后，依依和其他孩子饶有兴致地讨论起保育老师使用的高粱扫帚。

图1　高粱扫帚

“我们上次用废旧的塑料瓶做了铲子和自动浇花器，要不这次我们来做一把扫帚吧！”依依的提议得到了大家的认同。“那我们用什么材料做扫帚呢？”依依苦恼地问大家。

“我们幼儿园有紫竹园，我还在幼儿园门口看到过像稻草一样的东西，种植园地还有玉米秆子和芦粟呢，我们一去找找看看吧。”于是，孩子们开启了扫帚材料的寻找之旅。

幼儿通过观察保育员日常扫落叶的劳动工具，引发了对扫帚制作材料的兴趣。我借此优化生成“做一个劳动工具”的田野活动方案，最大化地满足幼儿的探究与发展需求。

镜头二：有意观察

选择好材料后，孩子们制作扫帚的活动正式开始了。铲子队选择的是芦粟，耙子队选择的是玉米叶和玉米秆子，浇花队选择的则是竹子和竹叶。

但是，大家都没有制作扫帚的经验，于是各分队开启了自主学习模式：有的向爷爷奶奶请教；有的在父母的帮助下查阅和收集资料；有的拿着保育员老师自制的扫帚观察学习。最先做好的是耙子队，但是他们发现玉米秆子和叶子都太软，做出来的扫帚不耐用。“这么软，一下雨不就更软了吗？”依依失落地说。于是我鼓励耙子队把遇到的问题记录下来，然后再想办法解决。紧接着，浇花队也完成了扫帚的制作。他们选择的是竹子，队员浩浩已

图2　扫帚的制作

经迫不及待地用做好的竹子扫帚打扫自然角了，可是竹子扫帚很快散架了，竹叶也散落一地，扫帚秃得只剩竹竿了。“竹叶为什么全都掉落了?”大家很纳闷。

“你们再去仔细观察一下保育员老师制作的扫帚吧。”我向大家建议。“我知道了，秘密就藏在竹叶里，原来竹叶里绑了一圈麻绳，这样可以加固竹叶。”最后完成的铲子队事先进行了充分的讨论和学习，制作时间较长但也顺利，他们将芦粟籽每六支绑成一把，然后再用六把芦粟籽绑在事先准备好的十字竹竿上，最后用剪刀适当修剪，一把芦粟籽扫帚就制作完成了。铲子队的孩子们用芦花扫帚清扫教室，发现芦花比其他材料更柔软、更细腻，清洁力也更强。

当耙子队、铲子队、浇花队的制作能力存在个体差异时，我给予幼儿充足的时间，鼓励他们将遇到的问题记录下来。

在扫帚制作活动中，幼儿与同伴经常进行辩论，逐步找到解决问题的方法。幼儿的深度学习更强调幼儿在解决问题过程中的自主探究，例如在“下雨天扫帚淋湿了怎么办?”“树叶掉落了只剩竹竿了怎么办?”等新问题的推动下，他们展开了新一轮的自主学习。

镜头三：收获的喜悦

经过不断尝试，孩子们逐渐发现玉米叶、松树、稻草等自然物并不适合做扫帚。芦粟扫帚适合清扫教室中细小的灰尘，竹子扫帚则更适合清扫户外。于是，孩子们开始“批量生产”，把他们的劳动成果应用到户外自主性游戏、混龄班开展的交换市场中。有的班级拿着铲子队制作的扫帚打扫鸡舍；耙子队拿着自己的扫帚去交换市场换取其他物品；浇花队则将自制的竹扫帚赠送给其他班。依依懂事地说："我们也要保护好幼儿园的自然环境，不然就没有那么多制作扫帚的材料了。"孩子们流露出喜悦和自豪的表情。

图3　孩子和他们制作的扫帚

我们创设的田野自然环境，便于班级幼儿就地取材，变废为宝，让制作扫帚的传统得以传承。同时在制作过程中打破固有观念，重新理解幼儿园劳动教育的内容，在符合幼儿兴趣和发展需要的前提下发展幼儿的创新能力。

案例启示

在田野探究活动中，教师不断转变角色，挑战新的教学方式。"做一次劳动工具"关注幼儿的执行力和评价力，让幼儿亲身感受事物的发展与变化，建构事物的发展理念。

小事22

越飞越远的蒲公英

李　洁　吴心悦

“越飞越远的蒲公英”源于中班主题“春天来了”。活动时间建议为一个学期。涵盖语言、艺术、科学等领域。主要活动目标：幼儿初步了解蒲公英的外形特点与生长环境；尝试寻找像蒲公英一样靠风传播种子的植物；感知蒲公英一年内多次开花的现象。主要经验点：幼儿了解蒲公英的叶子多为三角形，边缘有波状齿，花为黄色舌状花，白色绒球是蒲公英的果实，一年开七八次花；柳树、杨树、松树、槭树、昭和草等都是靠风传播种子的植物。

一、活动方案

“越飞越远的蒲公英”活动方案　　适合年龄段：4—5岁

基本流程	驱动性问题	活动目标	所需资源	支持性策略	探究经验点	成果个性化表达
田间地头的蒲公英	这些黄色的小花是什么花呢？	1. 观察中了解蒲公英从种子到开花、结果的变化。 2. 愿意观察、记录身边的事物，并对其生长变化感兴趣。	1. 田间地头的蒲公英。 2. 蒲公英的图片及影像资料。 3. 蒲公英调查表。 4. 记录纸、笔等。 5. 放大镜。 6. 蒲公英自画像。	1. 亲子调查表“蒲公英的小秘密”。 2. 幼儿自主观察记录蒲公英生长变化的过程。 3. 收集幼儿在观察中提出的问题。	蒲公英从种子变成黄色的小花，到花瓣脱落长出白色绒球后随风飘扬的生长过程。	1.“越飞越远的蒲公英”主题墙。 2. 幼儿的观察记录本。 3. 幼儿的问题集。 4. 幼儿制作的蒲公英作品集。
真假蒲公英	这两种植物都是蒲公英吗？	1. 感知蒲公英和苦苣菜的不一样。 2. 尝试用观察和比较的方法对两种相似的植物进行辨别。	1.种植蒲公英和苦苣菜的地方。 2.蒲公英和苦苣菜近景的照片。 3.笔、记录纸等。 4.放大镜。	1. 在自然角种植蒲公英和苦苣菜，引导幼儿观察比较。 2. 亲子收集关于蒲公英和苦苣菜的资料。 3. 比较记录蒲公英和苦苣菜的不同之处，并制作成对比分析表。	1. 蒲公英的叶子是倒卵状的，叶子边缘有细锯齿，而苦苣菜的叶子是针形的。 2. 蒲公英花是金黄色的，顶端还会呈现红色。苦苣菜的花为黄色。	1. 亲子收集的资料集。 2. 幼儿制作的对比分析表。
蒲公英的朋友	1. 蒲公英为什么会飞？ 2. 蒲公英会飞到哪里去？ 3. 还有哪些植物像蒲公英一样会飞？	1. 初步了解蒲公英靠风传播种子。 2. 初步了解像蒲公英一样靠风传播种子的植物。	1.便于进行植物观察的地方。 2.笔、记录纸等。 3.调查展示墙。	1. 收集靠风传播种子的植物的资料。 2. 幼儿自主观察，并进行简单记录。	1. 蒲公英没有果实，没有办法依靠动物传播种子，只能依靠风传播种子。 2. 柳树、杨树、松树、槭树、昭和草等都和蒲公英一样靠风传播种子。	1. 幼儿的问题集。 2. 幼儿的观察记录本。 3. 幼儿收集的植物记录本。 4. 主题墙。

续　表

基本流程	驱动性问题	活动目标	所需资源	支持性策略	探究经验点	成果个性化表达
顽强的蒲公英	蒲公英会死吗?	感知蒲公英的花凋谢了又绽放，具有顽强的生命力。	1.蒲公英种植的地方。 2.视频《疯狂的蒲公英》。 3.故事书《蒲公英》。	1. 在自然角里种植蒲公英，引导幼儿观察照顾。 2. 幼儿自主观察，并进行简单记录。 3. 收集幼儿在观察中的问题。	蒲公英被风吹散，飞到不同的地方生根发芽，开花结果，永远不会消失。	1. 幼儿照顾蒲公英的照片集。 2. 幼儿的观察记录本。 3. 幼儿的问题集。

二、活动实施

（一）集体学习活动

蒲公英的秘密

艺术、语言 ★★★　　科学 ★★　　社会、健康 ★

➢ 活动思路

幼儿园屋顶菜园种植的蒲公英引起了孩子们的兴趣，因此，我们开展了与蒲公英相关的音乐活动“蒲公英的秘密”，歌唱蒲公英的美，感受春天的美丽。

➢ 活动目标

熟悉旋律，用优美的声音学唱歌曲。

体会歌曲的意境，感受春天的美丽。

➢ 活动准备

多媒体课件“蒲公英的秘密”。

➢ 活动过程

1. 导入

复习歌曲《春雨沙沙》。

过渡语：春姑娘带来了春雨，让种子们发芽了，喝足了雨水的种子慢慢地长大，变成了一朵可爱漂亮的花，是什么花？（教师出示蒲公英。）

提问：蒲公英是什么样的？吹一吹后有什么变化？

小结：蒲公英被风一吹就像小伞一样飞起来了。

（价值分析：歌曲导入，激发幼儿参与的兴趣。）

2. 欣赏歌曲

（1）幼儿完整欣赏歌曲

提问：这首歌是欢快的还是优美的？听了之后，你有什么感觉？

小结：这是一首很优美的歌曲，听了以后觉得很舒服、很开心。

（价值分析：熟悉歌曲旋律，感知歌曲优美的意境。）

（2）理解歌词

提问：春风吹来，蒲公英往哪里飞？（往前飞）

引导语：蒲公英飞的时候像什么？（小伞）打着小伞去干什么？（去旅行）谁在后边追？（小朋友）

教师根据歌词内容总结演唱，并出示图谱，幼儿尝试跟唱。

（价值分析：熟悉歌词，了解歌词大意，并且有感情地演唱。）

提问：被春风吹起来了的小伞，飞起来是慢慢的，还是快快的？（慢慢的）

小结：被风吹后，蒲公英的小伞慢慢飞向远方，所以唱的时候要慢一点、柔一点。

提问：小朋友在后面追，越追越近还是越追越远？

小结：小朋友越追越远了，所以在唱“追呀追呀追追追”的时候声音越来越小，就好像小朋友越来越远听不见了一样。

（价值分析：通过理解歌词，感知歌曲的节奏，感受春天的美好。）

（3）完整演唱

幼儿跟唱歌曲，要求声音优美，能做适当的轻响处理。

（4）分组演唱

（价值分析：根据歌曲的节奏进行分组演唱，进一步感受蒲公英的美。）

3. 表演

跟着音乐边唱边做动作。

（价值分析：边唱歌曲边表演，体验参与表演的快乐，感受春天的美丽。）

4. 延伸活动

去户外欣赏蒲公英，与蒲公英零距离接触。

种子旅行记

语言、科学 ★★★　健康 ★★　社会、艺术 ★

➢ 活动思路

由于种子的外形不同、生长环境不同，所以传播的方法也不同。语言活动“种子旅行记”让幼儿认识种子、了解种子，感受阅读的快乐，萌发热爱大自然的情感。

➢ **活动目标**

根据画面线索发现种子的多种传播方式。

喜欢与他人一起谈论画面内容，感受共同阅读的快乐。

➢ **活动准备**

经验准备：已阅读图画书《野地上的花园》。

物质准备：课件“种子旅行记”。

➢ **活动过程**

1. 说说种子，引发兴趣

提问：今天给大家带来了一些种子，你们都认识吗？它们是什么样子的？

小结：每一颗种子都很特别，有的种子小小的、尖尖的，有的种子圆圆的，还有的种子藏在豆荚或者果肉里，不同种子的颜色和大小也不同，种子是各种各样的。

（价值分析：通过谈话，引发幼儿探究的兴趣。）

2. 集体阅读，理解播种

过渡语：我们都知道把种子种进泥土里，种子就会发芽、长大。春天到了，农妇和她的孩子正忙着在院子里播种呢。

提问：院子里长出了什么？种子发生了什么变化？

小结：每一颗种子都不一样，长大后变成了不同的植物。

（价值分析：通过共同阅读，初步理解种子的生长过程。）

3. 自主阅读，了解播种方式

提问：菜地里的蔬菜都是农妇种植的，在野外的草地上，也有很多种子会发芽长大，你们来猜猜这些种子是谁来传播的。

要求：请你们自由组队，三人一组；找到图片中的答案后，每组选出一个代表来分享发现。

4. 集体交流，梳理发现

提问：野外的种子是怎么传播的？

（1）风

提问：你怎么看出是风在传播种子？

小结：风把种子吹散了，吹远了，种子越飞越高，飞到田野里。

（2）鸟

问题一：小鸟叼着种子想干什么？

问题二：如果小鸟吃掉了种子，种子会去哪儿？

问题三：小鸟还在干什么？你们觉得它们和种子还会发生什么事情？

小结：小鸟在花丛间飞行，把种子摇落到地上，甚至还有一些小鸟会把种子吃了，然后种子会跟着小鸟的粪便一起落到其他地方。

（3）阳光

问题一：这两个豆荚有什么不一样？

问题二：为什么种子会从豆荚里跳出来？

小结：豆荚被阳光晒得又干又烫，种子像爆米花一样弹出来，弹到哪里就在哪里生长。

（4）雨

问题一：下雨的时候，种子会怎么样？

问题二：哪里可以看到种子被雨水冲了下来？

小结：暴风雨来了，雨滴拍打着叶子，把种子冲刷到了泥土里。

（5）河流

问题一：为什么觉得是小鱼在传播种子？

问题二：水里的鱼是如何传播种子的？

问题三：到底是鱼传播种子还是河流呢？

小结：你们观察得很仔细，可能是河流把种子冲到了岸边，然后生根发芽。

（价值分析：理解故事内容，了解种子的多种传播方式。）

过渡语：人类、风、小鸟、阳光、雨水和河流都能传播种子。大家会把种子带到不同的地方，种进大自然的花园里。

5. 延伸活动

自主阅读图画书《野地上的花园》。

（二）个别化学习活动

蒲公英巧制作

➢ 材料

吸管、颜料、炫彩棒、黏土、黑色卡纸等。

➢ 玩法

将吸管剪成段，蘸一蘸颜料，印在黑色的卡纸上，就像散开的小花，随后把吸管拿走，一幅美丽的蒲公英作品就完成了。

将白色超轻黏土搓成细长条，在黑色卡纸上拼贴成不同姿态的蒲公英，最后再加上茎和叶子。

➢ **观察重点**

观察幼儿用什么方法制作蒲公英。

观察幼儿在制作过程中如何解决问题。

➢ **提示**

提供的材料应多样，让幼儿有更多选择。

咕噜和蒲公英

➢ **材料**

故事录音、点读笔、动物指偶等。

➢ **玩法**

幼儿可以听故事，并尝试讲故事，用点读笔记录自己的讲述。

用点读笔记录自己的问题，或者回答别人的问题。

用指偶表演故事。

➢ **观察重点**

观察幼儿如何使用点读笔。

观察幼儿如何使用指偶表演故事。

➢ **提示**

幼儿有使用录音笔的经验。

三、活动分享

屋顶菜园里的蒲公英

早春时节，幼儿园的屋顶菜园里种植着各种各样的植物。一次活动结束后，瑶瑶指着我衣服上的白色东西说："老师，你别动，你身上有东西。""是什么啊？""像一顶小伞一样。我帮你拍掉吧！"旁边的轩轩笑着说："我刚刚在旁边吹了一个蒲公英，这个是蒲公英的种子！”此时，一群孩子冲了过来，争着吹蒲公英。“哇，快看，快看，蒲公英飞起来啦！”“蒲公英太好玩了！”

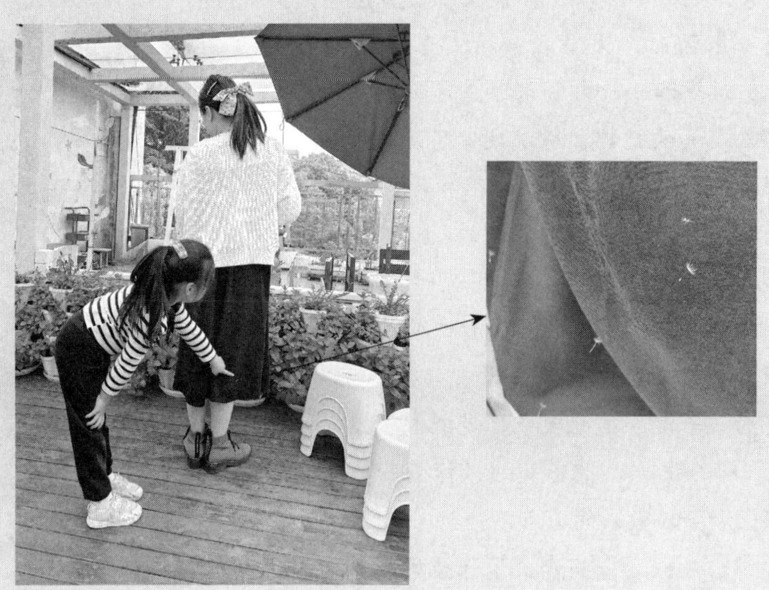

图1　衣服上的蒲公英

镜头一：找找蒲公英

在家长的陪同下，孩子们到户外寻找蒲公英，开启了蒲公英的探索之旅。瑶瑶说：“蒲公英的花是黄色的，叶子边缘是锯齿线型的。”通过观察，他们发现蒲公英的花是小小的、黄黄的，蒲公英的种子则是圆圆的、白白的。

图2　找到蒲公英

大自然丰富多彩，有取之不尽、用之不竭的教育资源。充分利用幼儿园周边的自然资源，带幼儿去大自然中走一走、看一看、找一找、玩一玩，会有许多惊喜的发现。

镜头二：真假蒲公英

周一来园时，大多数孩子都带来了蒲公英的种子，瑶瑶和晗晗却带来了黄色的小花。瑶瑶说："蒲公英一吹就掉，所以我带了蒲公英的小黄花。"晗晗说道："为什么我的花和你的不一样？"其他的孩子也问道："都是黄黄的花，哪个才是蒲公英呢？""蒲公英有什么作用呢？""它可以吃吗？""蒲公英也是菜吗？"带着这些问题，大家都去积极寻找答案。

图3　长得像蒲公英的野菊花

有的孩子说："这种黄色的花长大了就是蒲公英啊！"有的孩子说："不是的，你看晗晗带来的花的颜色和瑶瑶带来的有点不一样。"

大家对真假蒲公英产生了强烈的好奇心。于是，大家想出了诸多验证的办法。

表1　辨别真假蒲公英

 隔一段时间去观察小花有没有变成蒲公英	 闻一闻气味	 用手机扫一扫，就能知道花的名字了
 网上查资料	 向爸爸妈妈求助	 向幼儿园里的园丁叔叔求助

找到了方法后，大家分组行动。晗晗带着几个小伙伴负责实地观察。有的孩子把蒲公英碾碎了以后闻气味。有的孩子则和爸爸妈妈用手机扫一扫。而有的孩子利用信息化手段，进行查询，了解蒲公英的各种小知识。经过查询，他们了解到晗晗带来的是野菊花，野菊花和蒲公英非常像，但花瓣是不同的，野菊花的花瓣有弯曲，而蒲公英没有。同时，闻一闻味道，如果有菊花的香气就不是蒲公英。野菊花和蒲公英虽然为同一科，但是种子截然不同。

图4　一株不完整的蒲公英

在一次次的对比过程中，幼儿想出了各种各样的方法去探究真假蒲公英。在一次次的探究过程中，幼儿奇特的想象力让我们赞叹不已。

镜头三：存一朵蒲公英

最近几次的屋顶菜园活动，彤彤看到了一朵不完整的蒲公英，说道："蒲公英的种子，一吹就会飞。我们怎样才能把它存起来呢？"大家展开了激烈的讨论。有的孩子说："把蒲公英种子放在瓶子里，我奶奶就把种子放在瓶子里。"有的孩子说："用个袋子装起来，我妈妈把种子放在马甲袋里保存。"冉冉说："我还想试试其他方法。"这时，冉冉又想到了新招："老师，要不用你的塑封机试试，行吗？""好呀！"我们把实验场所挪到了班级的自然实验室。我把塑封纸慢慢放进了塑封机，很快，塑封好的蒲公英就从塑封机里出来了。冉冉叫着："哇，成功了！老师，我觉得种子可以这样永远保存起来，不会坏。"有的孩子质疑："这样不行的，塑封机好烫，种子会死掉的"。

"交给你们一个小任务，我们把这些种子拿出来种一下，看看能不能发芽。"于是，孩子们把塑封过的种子撒进了班级的自然角，等了很久，种子都没有发芽。大家终于明白，用塑封的方式保存种子是不可取的。

屋顶菜园里琳琅满目的植物对幼儿来说是一个真实而多彩的世界，幼儿通过直接感知就可以获得丰富的感知经验。因此，当幼儿发现问题时，教师搭建平台，创设绿色实验室，让幼儿自主探索、自主研究。

镜头四：蒲公英的朋友

图5 田野边找到的狗尾巴草

每周一是“田野宝贝”交流日。大家相约周末去找找蒲公英。今天，瑶瑶从家里带来了一株枯绿色的、毛茸茸的植物。“这是什么?”孩子们好奇地围了过来，“哇，毛茸茸的草，好可爱啊!”泽泽把它放在了自己脸上说：“老师，我觉得它像刷子。”“它上面有一粒粒的东西，究竟是什么啊?”有人不解地问。“我知道，这是它的种子!”“老师，这棵植物到底叫什么?”孩子们迫切地问道。旁边的恩科对着狗尾巴草吹了一口气:“哇，你看，它动了动。”瑶瑶指着狗尾巴草惊喜地说道:“你们看，它毛茸茸的，和蒲公英一样，一吹种子就掉了，好有趣啊!”

为了解答心中的疑惑，孩子们开展了为期一周的亲子探究，了解到很多植物和蒲公英一样，通过风传播种子。昭和草、红皮柳树、杨树、松树、槭树的种子都会被风吹到很远的地方，所以它们都是蒲公英的好朋友。

在寻找蒲公英好朋友的过程中，孩子们与自然越发亲近，用最自然的方式寻找答案。他们吹吹狗尾巴草的种子，拍拍柳树的枝干，看看满天飞舞的柳絮，用自己的方式和自然互动，在自然中寻找答案。

案例启示

如果没有适宜的探索环境，幼儿很难获得充分的发展，因此创设良好的环境，为幼儿创设探索的机会很有必要。

家长也应是课程的参与者，为幼儿的发现提供环境布置上的支持，材料收集的支持，以及后续探究的支持。

小事23

看蚂蚁

傅洁琴

“看蚂蚁”源于中班主题“在秋天里”。活动时间为四周。涵盖科学、社会、语言等领域。主要活动目标：幼儿了解蚂蚁的基本特征及不同品种；了解蚂蚁的生活习性和搬运食物的方法；了解蚁穴的结构。主要经验点：幼儿了解蚂蚁由胸、腹部、足、触角、头组成，同一家族的蚂蚁分为工蚁、兵蚁、蚁后等，它们的分工不一样；蚂蚁能搬运比自己身体重千倍的食物；蚂蚁在地下筑巢，内部构造非常庞大，相互连通。

一、活动方案

"看蚂蚁"活动方案 适合年龄段：4—5岁

基本流程	驱动性问题	活动目标	所需资源	支持性策略	探究经验点	成果个性化表达
摔不死的蚂蚁	1. 蚂蚁在哪里？ 2. 这些蚂蚁有什么不同？ 3. 为什么蚂蚁从树上摔下来不会死？	1. 了解蚂蚁的基本特征和特别之处。 2. 知道蚂蚁是根据不同工作性质来分类的。	1. 蚂蚁实物。 2. 各种有关蚂蚁的书籍、视频。	1. 家长带领幼儿一起去寻找蚂蚁，观察蚂蚁。 2. 各种有关蚂蚁的图书和视频。 3. 放大镜。 4. 亲子完成"看蚂蚁"调查表。	1. 蚂蚁由胸、腹部、足、触角、头组成。 2. 蚂蚁分为工蚁、兵蚁、蚁后等，它们的分工不一样。 3. 蚂蚁体型小，下落速度相对较慢，不会摔死。	1. 亲子寻找蚂蚁照片、视频。 2. 记录表。
庞大的地下皇宫	1. 了解蚁穴的结构。 2. 了解蚁穴各个分室的作用。	1. 蚁穴的视频、图片。 2. 模拟蚁穴。	1.带领幼儿一起寻找蚁穴。 2.支持幼儿创作蚁穴作品的材料和工具。	1. 蚁穴的内部构造非常庞大，错综复杂，相互连通。 2. 蚁穴每个分室都有明确分类。	1."蚂蚁皇宫"展览馆。 2. 幼儿创作蚁穴作品。	1. 了解蚁穴的结构。 2. 了解蚁穴各个分室的作用。

二、活动实施

（一）集体学习活动

看蚂蚁

科学、社会 ★★★ —— 健康、语言 ★★ —— 艺术 ★

➢ **活动思路**

蚂蚁在幼儿生活中很常见，它们小小的身体有着大大的能量，幼儿对蚂蚁有着极大的探究兴趣。本次活动旨在让幼儿在思考、讨论、观察的过程中，逐步加深对蚂蚁的了解。

➢ **活动目标**

探索蚂蚁的生活习性，发现蚂蚁的特殊本领。

喜爱蚂蚁，愿意保护蚂蚁。

➢ **活动准备**

经验准备：对蚂蚁有一定了解。

物质准备：有关蚂蚁的课件。

➢ **活动过程**

1. 经验回忆

提问：最近我们一直在观察蚂蚁，现在来分享一下你的发现。

（价值分析：通过回忆，了解幼儿的已有经验。）

2. 蚂蚁的本领

提问：蚂蚁为什么要搬家？

小结：蚂蚁搬家的原因有很多，下雨了、泥土太湿、有危险、没有食物了等都是它们搬家的理由。

提问：蚂蚁的交流方式是什么？

小结：蚂蚁能用触角、腹部刮器、气味、动作来进行沟通。

提问：蚂蚁还有哪些其他本领？

小结：蚂蚁的搬运本领很大，它们会团结协作搬运大东西。

（价值分析：在说说蚂蚁的过程中，了解蚂蚁特殊的本领。）

3. 延伸活动

带领幼儿继续观察蚂蚁的生活习性，用多种形式表现蚂蚁的特征。

蚂蚁和西瓜

语言、科学 ★★★　社会、健康 ★★　艺术 ★

➢ **活动思路**

一块西瓜在蚂蚁看来是多么庞大，多么诱人！为了把好吃的西瓜带回家，蚂蚁们集体出动，不仅饱餐一顿，还在西瓜上玩滑梯。

➢ **活动目标**

欣赏故事，能用语言大胆表达自己的想法。

了解蚂蚁听从指挥、团结向上、不怕困难、积极解决问题的精神。

➢ **活动准备**

经验准备：幼儿观察过蚂蚁搬东西的过程。

物质准备：PPT、图画书《蚂蚁和西瓜》。

> 活动过程

1. 激发兴趣

提问：这片西瓜像什么？你们吃过的西瓜是什么味道的？

小结：西瓜吃起来香香甜甜的，还有很多水分。

（价值分析：通过回味西瓜的味道，引出故事。）

2. 感受故事

（1）蚂蚁吃西瓜

提问：仔细看看，蚂蚁是怎么吃西瓜的？

小结：有的捧在手里吃，有的趴在西瓜上啃，有的戴着帽子站在西瓜上偷笑。

（2）蚂蚁搬西瓜

提问：小蚂蚁搬不动西瓜的时候怎么办？有哪些好办法？

小结：小蚂蚁遇到困难后，积极动脑筋解决问题，所以很高兴。

提问：小蚂蚁一共遇到了几次困难？它们是怎么解决问题的？

小结：戴黑帽子的蚂蚁队长，不怕苦，不怕累，事事冲在最前面，而其他蚂蚁也能够听从指挥，团结在一起，所以，这才是解决问题的好办法。

（价值分析：遇事要开动脑筋，听从指挥，积极应对。）

3. 完整欣赏故事

提问：为什么一开始小蚂蚁搬不了西瓜，后来却成功了？

小结：小小的蚂蚁终于搬走了大大的西瓜，我们小朋友只要肯努力，肯动脑筋，和朋友们团结合作、互相帮助，就没有什么战胜不了的困难。

（价值分析：感受整个蚂蚁群体团结向上、互帮互助的精神。）

4. 游戏

现在我们一起合作做游戏，感受团结的重要性。

（价值分析：通过游戏，感受合作、团结的重要性。）

（二）个别化学习活动

迷路的小蚂蚁

> 材料

马克笔、粉笔、纸、蚂蚁、瓶子。

➢ **玩法**

把蚂蚁放在纸上，用笔在蚂蚁前方画线或者圆圈，观察蚂蚁的爬行路线。

➢ **观察重点**

观察幼儿的手眼协调能力，以及探究过程中的专注度。

➢ **提示**

可以提供不同味道的笔，让幼儿观察蚂蚁的气味反应。

蚂蚁爬行速度比较快，准备几个小瓶子放蚂蚁。

翻翻乐

➢ **材料**

自制图片2套（各种蚂蚁图片），方格盘3个，长格盘2个，圆点骰子2个。

➢ **玩法**

将2套图片分别放在方格盘和长格盘中。

玩法一：两人轮流掷骰子，按照骰子上的点子数，凭记忆说出相应序数卡片上的内容。如点子数是3，就说出第三张卡片的内容。

玩法二：一人投两个骰子，所得点子的和就是自己要说的那张卡片的序数，如点子的和是6，那么就要说出第六张卡片上的内容是什么？

玩法三：一人投两个骰子，根据骰子上的数字，找出纵坐标和横坐标的综合点，凭记忆说出这个综合点位置上卡片的内容。

➢ **观察重点**

观察幼儿在游戏过程中的记忆能力。

观察幼儿在游戏中的规则意识。

➢ **提示**

可根据幼儿的能力逐渐增加或减少卡片的数量。

为增加游戏的趣味性与挑战性，可采用计时形式玩游戏。

三、活动分享

蚂蚁的探秘之旅

午后的散步时间，三五个孩子停住了脚步，他们似乎发现了什么新鲜事。为了一探究竟，我也凑上前去。原来孩子们被路边不起眼的蚂蚁吸引，开启了蚂蚁的探索之旅。

镜头一：好大的蚂蚁

墨墨说："哇，这里有一只好大的蚂蚁，比我们以前看到的任何一只蚂蚁都大。"

小杭说："真的好大呀！这是巨型蚂蚁吗？"

诗诗说："这么大，我觉得是蚁后。"

小欣说："我觉得是蚂蚁大王。"

墨墨说："你怎么知道这只蚂蚁是雌性还是雄性？"

小航说："难道和我一样，吃得太多所以比较大？"

图1　好大的蚂蚁

探究起点和学习兴趣源于幼儿真实的生活。在观察巨型蚂蚁时，幼儿能够联系前期经验，发现巨型蚂蚁和寻常蚂蚁的差异。幼儿围绕中心问题和同伴进行探讨，从蚂蚁的身份、种类等不同维度提出各种各样的猜想。

在此过程中，幼儿能大胆地表达自己的想法，也能对不认同的观点进行反驳。

镜头二：蚂蚁喜欢吃什么？

第二天，孩子们纷纷拿来了食物喂蚂蚁，墨墨在地上撒了一些白砂糖，蚂蚁吓得四处逃窜。

墨墨说："蚂蚁为什么不吃糖？妈妈跟我说，蚂蚁喜欢吃甜的。"

婷婷说："可能蚂蚁还没有发现我们送来的食物！"

过了一会儿，墨墨高兴地叫起来："蚂蚁搬走了我的糖，它跑得好快！"

图2 蚂蚁搬食物

诗诗说："它们也在搬我拿来的月饼，它们也喜欢吃月饼。"

婷婷说："蚂蚁为什么不吃我带来的豆子呢？"

诗诗说："你的豆没有味道，蚂蚁不喜欢吃。"

不远处的小欣叫起来："哇，这里有一条毛毛虫，好多蚂蚁在搬毛毛虫。"

图3 蚂蚁搬毛毛虫

诗诗跑过去说："这条毛毛虫死掉了吗？蚂蚁喜欢吃毛毛虫吗？"

婷婷说："应该喜欢吃，不然为什么搬毛毛虫？"

墨墨说："可是这么大的虫子，蚂蚁吃得下去吗？"

幼儿对蚂蚁的食物和进食方式产生了兴趣，从家里拿来食物进行验证。在这场活动中，幼儿掌握了基本的探究方法，如查阅资料、提出猜想、实验验证。当幼儿观察到蚂蚁在搬运死去的毛毛虫时，又产生了新的问题，发起了新的讨论，可见幼儿的有效学习是在不断发现问题、解决问题的过程中形成的。

镜头三：蚂蚁会摔死吗？

一旁的婷婷发现一只蚂蚁爬上了树，大声说："快来看呀！我看到蚂蚁爬上树了。"

诗诗跑过来说："这树上的洞洞好深啊，是蚂蚁的家吗？"

图4 树上的蚂蚁

婷婷说："不对，蚂蚁钻进树里找吃的。蚂蚁的家在地下。"

墨墨说："蚂蚁的家有的在树上，有的在地下。"

小语说："那它从树上摔下来会摔死吗？"

教师："你们觉得呢？"

小欣说："我觉得会，它那么小，摔下来肯定会摔死的。"

婷婷说："我觉得不会，因为下面是泥土，它摔下来也不会死，泥土软软的。"

小语说："蚂蚁很轻的，摔下来应该不会死。"

诗诗说："下面还有好多树叶，摔下去不会死的"。

墨墨说："我觉得你们说得挺有道理的。"

幼儿观察到了"蚂蚁爬树"的情景，联想到蚂蚁的家，在讨论中共享新经验。随着问题的解决，又出现了新问题，大家围绕蚂蚁的探究逐步深化。

案例启示

大自然是我们最好的老师，是幼儿成长进步的源泉所在。在探究蚂蚁喜欢的食物的过程中，幼儿通过动手动脑，发现很多真实的现象和问题，丰富了相关认知经验和情感体验，激发了探究兴趣。

幼儿有着独特的学习方式，教师应理解幼儿，支持幼儿的学习，时常更新自己的教育理念和教育方式，让幼儿在大自然中主动学习，培养良好的品质，为终身发展奠定基础。

小事24

捉一次菜青虫

秦晓燕

“捉一次菜青虫”源于中班的主题“在秋天里”。活动时间建议为五周。涵盖科学、语言、社会等领域。主要活动目标：幼儿关注菜园里的小生命，在探究过程中对菜青虫产生兴趣；发现菜青虫不同生长时期的变化，用不同的方式辨别菜青虫是益虫还是害虫。主要经验点：幼儿了解菜青虫一生经历卵、幼虫、蛹、成虫四个阶段，每个阶段的形态、特征都不同；菜青虫的幼虫是害虫，以植物的叶片为食物，但是它的成虫（菜粉蝶）是益虫，可以帮助植物传播花粉。

一、活动方案

“捉一次菜青虫”活动方案

适合年龄段：4—5岁

基本流程	驱动性问题	活动目标	所需资源	支持性策略	探究经验点	成果个性化表达
发现菜青虫	菜青虫喜欢躲在哪里？	1. 对寻找青菜上的洞洞感兴趣。 2. 菜青虫喜欢躲起来的原因。	1. 幼儿园的种植园地。 2. 放大镜、镊子、装虫子的器皿。 3. 各种菜青虫破坏青菜的视频、相关图书。	1. 教师带领幼儿在幼儿园寻找菜青虫。 2. 家长带着幼儿一起观察蔬菜，寻找菜青虫。	1. 菜叶上的洞洞是菜青虫咬出来的。 2. 菜青虫的生活习性和生存环境：有些菜青虫躲在菜心里，不容易被发现；菜青虫喜欢躲在阴凉处（菜叶背面），中午很热的时候很难找到；菜青虫和青菜一样是绿色的，颜色相近不易发现。	1. 幼儿捉虫的资料（照片、视频）。 2.“菜青虫躲在哪里”观察记录表。
菜青虫找妈妈	菜青虫的妈妈是谁？	持续观察菜青虫，发现菜青虫不同时期的身体变化。	1.幼儿饲养的菜青虫。 2.放大镜。 3.菜青虫生长记录表。	1. 在自然角里饲养菜青虫。 2. 阅读故事《菜青虫找妈妈》《菜青虫的梦》。 3. 关于菜青虫生长记录的问题墙。	菜青虫的成长经历四个阶段：卵、幼虫、蛹、成虫。	菜青虫不同阶段的成长照片和视频。
菜青虫是益虫还是害虫	菜青虫是益虫还是害虫？	通过多种途径了解菜青虫在幼虫时是害虫，在成虫（菜粉蝶）时是益虫。	1.菜青虫吃蔬菜的视频。 2.菜粉蝶传播花粉的视频和图书。	观看菜青虫吃菜和菜粉蝶传播花粉的视频和图书，并做记录。	菜青虫的幼虫是害虫，以植物叶片为食，但成虫（菜粉蝶）是益虫，可以传播花粉。	关于菜青虫是益虫还是害虫的问题讨论汇总。
菜青虫的伙伴们	菜青虫的伙伴是谁？	发现更多蔬菜上的害虫和传播花粉的蝴蝶。	1.放大镜。 2.蔬菜害虫图谱。 3.各种传播花粉的益虫图片。	欣赏蔬菜害虫图谱和花粉传播的益虫，并详细讲述。	菜青幼虫期的伙伴有很多，喜欢吃蔬菜，以植物叶片为食物。菜青虫成虫后的伙伴也很多，它们是益虫，可以传播花粉。	菜青虫伙伴们的照片以及它们吃蔬菜和传播花粉的视频。

二、活动实施

（一）集体学习活动

偷吃青菜的大坏蛋——菜青虫

科学、社会 ★★★ | 语言、健康 ★★ | 艺术 ★

➢ **活动思路**

种植园区新播种了青菜苗，孩子们每天会利用户外活动、散步时间给它们浇水、拔草、松土等。有一天，青菜叶子上的洞洞引起了孩子们的注意。到底是谁在青菜上咬出了大洞呢？大家都很期待找到问题的答案。

➢ **活动目标**

通过观察活动，引导幼儿发现菜园里的青菜被菜青虫吃掉了。

通过探索活动，了解菜青虫的外形特征和生活习性。

➢ **活动准备**

经验准备：幼儿对青菜有所了解。

物质准备：种植园地提前种好了小青菜，菜青虫吃菜叶的视频和图片，放大镜若干。

➢ **活动过程**

1. 谈话导入，引发兴趣

种植园里的小青菜长大了，我们一起去看看它们长得怎么样。

2. 观察小青菜，发现小青菜的秘密

带领幼儿观察种植园。

提问：你看到了什么？（幼儿观察、讨论。）

小结：有的小青菜有点黄，叶子上有小洞洞；有的小青菜长得很好，绿油油的、嫩嫩的……

（价值分析：通过观察，了解青菜和青菜上的洞洞，为探索环节作铺垫。）

分组观察并讨论。

讨论：为什么有的小青菜长得又嫩又绿，而有的小青菜又黄又瘦呢？

提问：你发现了什么？（青菜上有小虫。）

3. 讨论

（1）集中讨论

提问：青菜上的虫子是益虫还是害虫？说说自己的理由。

小结：青菜上的虫子是害虫，因为它在青菜的叶子上咬出了许多洞洞，影响青菜的生长。

（2）观看菜青虫吃蔬菜的视频

提问：看完了视频，你了解到哪些关于菜青虫的小秘密？

小结：青菜上的小虫叫菜青虫，专吃嫩菜叶，吸菜叶里的汁水，使得青菜长不大、长不快，它是害虫。

（价值分析：通过观看视频了解菜青虫的生活习性和进食习惯。）

4. 捉菜青虫

（1）观看视频，了解菜青虫喜欢躲藏的地方。

（2）带上纸杯、镊子一起去种植园里捉菜青虫。

5. 延伸活动

和爸爸妈妈一起讨论菜青虫喜欢吃的蔬菜。

菜青虫找妈妈

科学、语言 ★★★　社会、健康 ★★　艺术 ★

➢ 活动思路

孩子们抓住了菜青虫，把它放在班级里的瓶子中饲养。大家围着瓶子，七嘴八舌地讨论着："菜青虫的妈妈是谁？""说不定它就是妈妈。""它长大了和现在一样吗？"于是，为了解答大家的疑惑，我们开展了"菜青虫找妈妈"的活动。

➢ 活动目标

能在猜想、观察、倾听、表现的过程中，了解菜粉蝶的生长过程。

体验帮菜青虫找妈妈的快乐。

➢ 活动准备

经验准备：了解菜青虫的生长过程。

物质准备：各种动物的生长信息，菜粉蝶生长过程图，图画书《菜青虫找妈妈》。

➢ 活动过程

1. 猜一猜

幼儿看图片，猜一猜菜青虫为什么哭。

播放菜青虫的对话，知道原来菜青虫找不到妈妈才哭的。

提问：你们知道菜青虫的妈妈是谁吗？

（价值分析：幼儿大胆猜测，并结合已有经验，大胆想象。）

2. 阅读《菜青虫找妈妈》

出示图画书《菜青虫找妈妈》，一起听故事。

幼儿观看菜青虫成长视频，了解菜粉蝶的生长过程。

提问：菜粉蝶是怎么长大的？

小结：菜青虫长大后变成了漂亮的菜粉蝶，它的妈妈是菜粉蝶。

（价值分析：通过视频故事，让幼儿充分了解菜青虫变菜粉蝶的过程，积累科学经验。）

3. 表演菜青虫长大的过程

请幼儿扮演菜青虫，运用肢体动作表现它的生长过程。

（价值分析：在演一演的过程中加深对菜青虫变菜粉蝶过程的了解。）

4. 找一找菜粉蝶的好朋友

提问：还有哪些动物宝宝和它们的妈妈不一样？

分类：将与菜粉蝶生长过程相似的动物图片放在一边，不相似的放在另一边。

5. 延伸活动

与同伴或家长一起收集与菜粉蝶有相似生长过程的动物资料，与周围人一起分享。

（二）个别化学习活动

菜青虫变变变

> **材料**

菜青虫变菜粉蝶的生长过程图若干、记号笔等。

> **玩法**

幼儿给菜青虫变菜粉蝶的生长过程图进行排序。

说一说菜青虫的生长过程。

> **观察重点**

观察幼儿是否能快速而正确地排序。

> **提示**

对菜青虫进行长期观察，能准确描述生长过程。

菜青虫的伙伴们

➢ **材料**

菜青虫成虫期和幼虫期的图片若干，各种益虫和害虫的图片若干，害虫图谱和蝶类图谱。

➢ **玩法**

按照不同的维度对已有图片进行分类。

➢ **观察重点**

观察幼儿能否分辨菜青虫成虫期和幼虫期的不同伙伴。

观察幼儿的分类维度是否多元。

➢ **提示**

与伙伴相互验证自己的分类是否正确。

三、活动分享

菜青虫的秘密

在一次晨间谈话活动中，幼儿们提议成立研究小分队，全面揭示菜青虫的秘密。在孩子们的策划下，小分队由菜心组、菜叶组和茎叶组组成。大家根据自己小组要研究的问题着重进行观察和分析，寻找资料，解决问题。

镜头一：研究小队在行动

首先，研究小分队投票选出了队长铎铎小朋友，他表示一定会帮大家解决活动中的问题。其次，每个小队选了一位组长，队长根据任务特点招募适合自己小组的组员。招募工作完成以后，铎铎队长犯难了："老师，我们从哪里开始研究呢？"针对该问题，我组织大家进行了讨论，大家一致认为：每一组的成员根据他们组的名称去定点观察青菜的相应部分，寻找特定的资料。分配好任务后，幼儿园的种植园区和班级的植物角成了孩子们惯常散步和自由活动的地方。组员们将观察到的信息进行准确记录，并查阅相关资料，揭示现象背后的原因。

一个星期以后，铎铎队长满意地告诉我：“老师，我们的成果可以和大家进行分享了。”

在一次次解决问题的过程中，孩子们变得更加自信，他们用自己的实践完成了一次次挑战。

镜头二：各小组发表研究成果

菜心组

洛洛：菜心组是从菜心入手研究菜青虫躲藏的秘密，以询问家中长辈为主。

雯雯：我问了我奶奶，为什么菜心里面会躲了很多菜青虫？我奶奶告诉我，菜心里面的菜很嫩，菜青虫喜欢吃。

汐汐：我爷爷告诉我，菜青虫躲到菜心里面吃青菜很安全，这样我们就不会发现它们。

辰辰：有时候菜青虫的妈妈也会直接把卵产在小包菜上，这样包菜慢慢长大就可以把小菜青虫包在里面了，我们就不会发现它们了。

图1 菜心组

结论：很多菜的菜心都是卷起来的，所以虫虫躲在里面很安全；菜心刚长出来，是一棵菜最嫩的地方，虫虫最喜欢吃。

菜叶组

歆歆：我们研究菜青虫为何喜欢躲在菜叶后面。我们的调查方式和菜心组不一样，是通过每天散步的时候反复观察，和爸爸妈妈一起上网查资料得出结论的。

源源：前几天中午散步的时候，我观察了好几次，发现菜青虫都躲在菜叶后面。妈妈告诉我，中午很热，菜青虫躲在菜叶后面是为了避暑。

诺诺：散步的时候，我和轩轩好几次都没找到菜青虫，后来在霖霖的帮助下找到了，原来它躲在菜叶后面。妈妈查阅资料后告诉我，小虫子躲在菜叶后面，是为了不让我们找到它。

图2　菜叶上的洞洞

轩轩：我和妈妈在网上找了很多图片，图片上的菜叶后面都有许多黑点，那是虫虫的大便。我们还看到一张图上虫虫正在吃菜叶。

结论：菜青虫喜欢躲在阴凉处，中午很热的时候，它们都躲在菜叶后面。同时，菜叶后面很隐蔽，方便它们躲藏。

茎叶组

阿哲：我们发现菜青虫还会躲到菜的种荚上去，这是个比较有难度的研究角度。

铎铎：我和组内的小朋友一起看了图画书《昆虫躲猫猫》，知道昆虫有很多自我防御技巧。菜青虫的颜色和菜叶颜色相近，是为了不让我们发现。很多菜青虫的形状和菜的种荚形状很像，都是细细长长的。我们几个组员一起去观察了好几次，的确种荚上面的菜青虫很难找到，在放大镜的协作下，我们才找到的。

鑫鑫：这本书告诉了我们很多昆虫躲猫猫的秘密。菜青虫是菜粉蝶产的卵，长大后喜欢躲在叶子反面、菜心里、菜的种荚上，不让我们发现它，真是聪明的虫子。妈妈说这是虫子自我保护的方法，虽然没有我们人类强大，但是为了生存，它们也有自己特殊的本领。

悠悠：我们找过好多次，总算找到了种荚上的菜青虫，它们可真是太狡猾了。

结论：菜青虫喜欢爬到种荚上，因为菜青虫长大后，颜色和菜的颜色很相近，外形和种荚也很接近，这样它们就能将自己完美隐藏起来。

案例启示

第一，丰富学习方式，关注自主学习。

在课程推进的过程中，幼儿们学习用各种方式寻找自己想要的答案，通过直接观察、询问长辈、阅读图画书、观看科普视频等方式获取自己想要的信息。

第二，丰富探究方式，引导幼儿探究。

一开始，大家只知道菜青虫是菜粉蝶产的卵。借着这次分组讨论的契机，我适时将探究的核心经验引入幼儿生活，让幼儿自己去讨论和记录。幼儿在完全自由、开放的氛围中习得科学的探究方式。

第三，注重经验迁移，扩展认知范围。

昆虫的世界很奇妙，在寻找菜青虫的过程中，幼儿直接感受到了昆虫的保护色和拟态，我带着他们继续了解“菜青虫的伙伴们”，扩展了幼儿的认知范围，丰富了课程内容。

小事25

种一次粮食

沈柳青

“种一次粮食”源于大班主题“春夏秋冬”。活动时间建议为11月至5月。涵盖科学、社会、语言、艺术等领域。主要活动目标：幼儿通过关注麦子的生长过程，体验粮食种植的不易；能持续关注麦子的生长变化；了解现代科技给农业种植带来的变化；知道粮食是人类赖以生存和发展的物质基础。主要经验点：幼儿了解麦子生长需要肥沃的土地、合适的季节、悉心的照料，种植过程很辛苦也很漫长；现代科技使翻土、播种、施肥、收割过程更为简便；世界上还有很多国家缺少粮食。

一、活动方案

“种一次粮食”活动方案　　适合年龄段：5—6岁

基本流程	驱动性问题	活动目标	所需资源	支持性策略	探究经验点	成果个性化表达
挑选一块土地	麦子适合种在什么样的土里？	1. 多途径收集麦子种植的方法，探索与辨别适宜种植麦子的土地。 2. 探索与筛选适宜种植的麦种。	1. 有种植经验的农民。 2. 一块空地。 3. 麦种。 4. 观察记录本。 5. 有关麦子种植及生长的视频。	1. 采访农民，了解麦子种植需要的土地条件和种植方法。 2. 挑选种植麦子的土地，开辟试验田进行实验。 3. 筛选麦种，探索适宜种植的麦种。 4. 种植麦子，观察麦子的生长情况。	1. 土壤养分高、黏而不紧、土层深厚的土地适宜种植麦子。 2. 麦子适宜种植在有充足阳光照射的土地上。 3. 好的麦种容易发芽。	1. 幼儿在选择土地时的过程记录册。 2. 麦子种植经验分享会。
麦子种植	怎样可以让麦子长得又快又好？	1. 持续观察麦子，感知麦子的生长变化及生长条件。 2. 探索现代科技给麦子种植带来的变化，能主动接触新科技。	1.观察记录本、摄像机等。 2.展示墙或板。 3.麦田。 4.麦田附近的农民。 5.各种农具实物或图片：小麦播种机、施肥机、收割机、拌种机等。	1. 分组照料麦子，探索让麦子长得茂盛的方法。 2. 参观麦田，观察麦子的生长环境，并采访农民。 3. 观察机器施肥的过程，体验现代农具给粮食种植带来的便利。	1. 播种前需要育种（需要一定的水分、温度、适宜的环境），浸泡种植的区域，保持整个播种区湿润，直到小麦开始生长。 2. 照料麦子需要浇水、拔草、除虫、施肥。 3. 机械化的农具能在大片麦田中劳作，小型农具在小块麦地里劳作。	1. 小组“麦子照料经验”交流会。 2.“麦子照料大比拼”展示板。 3. 农具展示区和体验区。

续 表

基本流程	驱动性问题	活动目标	所需资源	支持性策略	探究经验点	成果个性化表达
十亩土地到底有多大	十亩土地有多大?	1. 在感受十亩麦田宽广的过程中，体验农民的辛苦及粮食的来之不易。 2. 用多种方式尝试探究十亩土地的大小，大胆表达自己的观点。	1.农业新闻视频。 2.采访提纲、采访记录本。 3.各种测量工具。	1. 街头采访“十亩土地”有多大，做好记录。 2. 用多种测量方式探索“十亩土地”的大小。	可以用尺、自然物、身体部位等作为测量工具。	1.“十亩土地有多大”新闻发布会。 2. 测量记录册。 3.“十亩土地”与幼儿园面积的比较展示图。
关于粮食危机	世界上的人都有粮食吃吗?	1. 感知人们生活与粮食的紧密关系。 2. 发现和了解有些国家的人们吃不到粮食，懂得珍惜粮食。	1.反映有粮食危机国家的国民生存现状的照片。 2.巡讲员的活动计划表、记录表等。 3.讨论需要的相关资料。	1. 收集粮食危机的信息，了解其危害性。 2. 做“粮食小卫士”，在园内、家庭里进行巡讲。 3. 开展“破解粮食危机”大讨论。	1. 粮食危机会让人挨饿、营养不良等，有的甚至失去生命。 2. 日常生活中，人们应保护耕地，节约粮食。	1. 粮食危机的图片展。 2. 爱护、珍惜粮食的宣讲册。 3. 解决粮食危机办法的展示板。

二、活动实施

（一）集体学习活动

十亩土地有多大

科学、语言 ★★★ — 社会、健康 ★★ — 艺术 ★

➢ **活动思路**

本活动从幼儿实际生活出发，将幼儿身边的物品作为科学探索的对象，让他们动手、动脑，自主探索、发现，获得测量的方法与经验。

➢ **活动目标**

初步了解用自然物测量长度的方法。

感知量具的长短与测量结果的关系，体验测量活动带来的快乐。

➢ 活动准备

经验准备：有一定的自然测量的经验。

物质准备：不同的测量工具、缩小版的土地、笔、记录纸若干。

➢ 活动过程

1. 交流讨论

提问：这块土地有多大？你可以用什么方法来量一量？

小结：土地很大，我们可以借助一些测量工具来测量大小。

（价值分析：通过讨论让幼儿知道测量工具有很多，可以利用我们生活中的物品进行自然测量。）

2. 尝试操作

（1）幼儿分组选择工具测量

（2）幼儿分享自己的发现

提问：采用不同的测量工具测量相同的土地时，为什么会有不同的测量结果呢？

小结：每次测量时应注意首尾相接，使用的测量工具越长，测得的结果次数越少；测量工具越短，测得的结果次数越多。

（价值分析：通过实际操作，让幼儿积累测量的方法。）

3. 分享交流

幼儿更换测量工具进行测量，并和前一次的测量结果进行比较。

提问：两次的测量结果有什么不一样？

小结：我们测量相同的土地，用的量具越长，测量的次数越少；量具越短，测量的次数越多。

（价值分析：通过尝试不用的测量工具，知道测量次数与测量工具的长短有关系。）

4. 延伸活动

在个别化活动中提供多种测量工具开展测量活动。

家长与幼儿对常见的物品进行测量。

粮食危机

语言、社会 ★★★　健康、科学 ★★　艺术 ★

➢ 活动思路

粮食是国家的战略物资，是人们生活的必需品。当前国际社会发生粮食危机，世界上有些国家缺少粮食。本活动旨在激发幼儿爱粮、惜粮的情感，日常养成节约粮食的好习惯。

➢ **活动目标**

能连贯地表达自己的想法，感知粮食在日常生活中的重要性。

初步了解有粮食危机的国家的国民生活现状，懂得珍惜粮食。

➢ **活动准备**

经验准备：了解粮食在日常生活中的重要性。

物质准备：故事视频、图片、黑板、纸、笔。

➢ **活动过程**

1. 交流讨论

提问：你看到了什么？是什么原因导致人们挨饿？

小结：粮食危机会给日常生活带来麻烦，人类生存离不开粮食。

（价值分析：通过交流讨论，引导幼儿了解粮食在生活中的重要性。）

2. 欣赏故事

（1）欣赏故事、观察图片

（2）讨论珍惜粮食的方法

提问：我们应该怎样爱惜粮食？

小结：爱惜粮食要从自己做起，不偏食，不挑食，样样食物都要吃；吃饭时，吃多少盛多少，不扔剩饭剩菜；做节约宣传员，向家人、朋友宣传浪费粮食的可怕后果。

（价值分析：通过故事欣赏、观察讨论，激发幼儿爱护粮食、珍惜粮食的情感。）

3. 迁移生活

提问：看了这段影片，你有什么感受？

小结：粮食是农民伯伯不畏辛劳种出来的。我们应从自己做起，从现在做起，爱惜每一粒粮食。

4. 延伸活动

引导幼儿在幼儿园和家中实施“光盘行动”。

幼儿欣赏、吟诵古诗《悯农》。

（二）个别化学习活动

会跳舞的麦子

➢ **材料**

水、白醋、苏打、杯子、麦子、记录纸和笔。

➢ 玩法

将水倒入杯中，再将麦子放入杯中。

在杯中加入白醋和苏打，观察麦子的变化。

➢ 观察重点

观察幼儿在实验中的动手操作和观察能力。

观察幼儿运用符号进行记录的情况。

➢ 提示

给幼儿提供空白记录纸。

十亩土地有多大

➢ 材料

各种各样的尺、自然物、记录表、笔。

➢ 玩法

幼儿选择测量工具来测量“十亩土地”的大小并记录。

测量结束后，幼儿与同伴一起讨论“十亩土地”的大小。

➢ 观察重点

观察幼儿按首尾相连的方法进行测量的情况。

观察幼儿在测量时的持续性和专注度如何。

➢ 提示

如果幼儿在测量过程中遇到困难，可以提供一些辅助材料标记已测量的地方，便于幼儿继续测量。

三、活动分享

光盘，我们在行动

为了提倡“厉行节约，反对浪费”的社会风尚，牢固树立勤俭节约的意识，我们追随幼儿，尝试调整，让节约粮食成为一种自觉的行动。

镜头一：不挑食，样样食物都要吃

今天的午餐是番茄蔬菜面。阳阳洗完手出来说："哇，今天的面条好香啊。"孩子们都坐到了自己的位置上，拿起勺子开始吃面条。这时，我发现毛毛吃了一口面后，和同桌的小朋友说起了悄悄话，然后又吃了一口面，含在嘴里发呆。我走到毛毛旁边，毛毛看着我说："老师，我不想吃这个。"我摸摸他的头，问道："为什么不想吃，是吃不下了还是不喜欢吃？"毛毛说："我不喜欢吃。"我笑着说："你是大班的孩子，你很聪明，肯定知道每样蔬菜都有不同的营养，如果你能样样吃，你的身体一定会更加健康。""我真的不喜欢吃。"毛毛说道。"这样吧，今天你试着品尝一下它的味道。"我说道。毛毛慢吞吞地拿起了筷子夹起碗中的一小块菜叶，放入嘴巴，可是刚嚼了几下，就吐出来了。"我不要吃蔬菜。"毛毛哭着说。

现代生活条件优越，幼儿衣来伸手，饭来张口，吃饭不定时定量，久而久之形成了不良的饮食习惯。

镜头二：给光盘宝宝点亮星星

图1　小彧点亮星星了

"豆豆，你快来看，这是什么？"小米指着生活墙大声喊豆豆。豆豆听到叫声走了过来，看着墙上的字慢慢地念了出来："光盘行动。"小米接着说："我知道它的意思，就是吃饭的时候要全部吃完，让盘子光光的。"豆豆说："我也知道，不能浪费，要全部吃完。""小彧，你今天似乎吃得有点慢呢，怎么了？"我发现小彧今天的进餐速度明显比以前慢，鳝丝还没怎么动。她看着我，沮丧地说："老师，我不喜欢吃鳝丝。"我看了看"光盘达人"打卡记录的地方说："鳝丝的营养可好了，再说，你的头像还在等着你去贴小星星呢。"小彧看了看打卡记录，再看了看碗里的鳝丝，用筷子夹了一根放进嘴里，开始慢慢咀嚼了起来。我马上表扬："味道还不错吧，我就知道小彧会成为光盘小达人的，继续加油。"小彧看了看我，又夹起了几根鳝丝，最终她坚持把饭菜都吃完了，并在自己的头像旁贴上了小星星。

案例启示

第一，充分利用环境的教育作用。

我们在生活区域中创设了“光盘达人”打卡的互动墙面，在环境的激励下，幼儿的兴趣被激发了起来，会在吃饭的过程中尽量做到光盘。可见，能说话的环境与幼儿进行真实有效的互动，在幼儿习惯养成的过程中起到推动作用。

第二，充分落实幼儿的成长需求。

幼儿期良好生活习惯的养成能为幼儿的终身发展奠定基础。幼儿期是行为习惯养成的关键期，如果该时期给幼儿提供适当的、合理的环境和教育影响，会使幼儿良好行为习惯的形成快速变成现实，起到事半功倍的效果。作为教师，应了解幼儿的成长需求，根据幼儿的成长规律，实施适宜的教育，充分发挥关键期对幼儿成长的作用。

小事26 种一次鸡毛菜

陈 燕

“种一次鸡毛菜”源于大班主题“春夏秋冬”。活动时间建议为三个月。涵盖科学、语言、健康等领域。主要活动目标：幼儿在种植过程中，感知了解鸡毛菜的种类和外形特征；在持续探索中，了解鸡毛菜的生长过程。主要经验点：幼儿了解鸡毛菜对生长环境的适应能力较强，一年四季都可以种，但春天是播种的最佳时间；在种植鸡毛菜时要选择有光照的地方，生长速度较快；鸡毛菜的叶子长长的，像鸡毛一样。

一、活动方案

“种一次鸡毛菜”活动方案　　适合年龄段：5—6岁

基本流程	驱动性问题	活动目标	所需资源	支持性策略	探究经验点	成果个性化表达
一块鸡毛菜地	鸡毛菜适合种在什么地方？	1. 多途径收集种植鸡毛菜的方法，探索与辨别适宜种植鸡毛菜的土地。 2. 体验种植鸡毛菜的过程。	1. 有种植经验的家长或老师。 2. 种植园地和自然角。 3. 收集鸡毛菜种子。 4. 观察记录本。	1. 采访园内种植专家，了解鸡毛菜种植的方法和土壤条件。 2. 分组播种鸡毛菜种子，观察鸡毛菜的生长情况。	1. 种植鸡毛菜需要先平整土地和施肥。 2. 播种后要多浇水，保持泥土湿润。 3. 鸡毛菜要种在阳光充足的地方。	1. 探究鸡毛菜种植的发现记录册。 2. 鸡毛菜种植经验分享会。
拯救鸡毛菜	鸡毛菜怎么变黄了？	1. 观察记录自己的发现。 2. 持续观察种植园地和自然角里鸡毛菜的生长情况。	1.种植园地和自然角。 2.观察记录本。 3.园内种植专家。	1. 用视频或照片帮助幼儿对比菜地中鸡毛菜的生长情况。 2. 提供记录本。 3. 移栽和间苗鸡毛菜的视频。 4. 采访园内种植专家。	1. 种得太密的鸡毛菜，容易缺失养分，叶子会变黄。 2. 间苗就是把挤在一起的苗拔出来，让幼苗有生长空间。 3. 移栽鸡毛菜时挖的坑太浅或太深都不适合，要正好把幼苗的根部埋进泥里最适合。	1.“我是种植小能手”照片或者视频集。 2. 鸡毛菜移栽种植手册。
鸡毛菜比高高	1. 为什么同时播种的鸡毛菜长得不一样高？ 2. 怎样可以让鸡毛菜长得又快又好？	1. 持续观察鸡毛菜的生长变化。 2. 体验种植鸡毛菜的过程。	1.有关鸡毛菜生长变化的视频。 2.展示墙。 3.观察记录本。 4.测量工具。	1. 分组照料鸡毛菜，探索让鸡毛菜长得快的方法，并将过程记录下来。 2. 提供测量工具测量并对比鸡毛菜的高度。	1. 鸡毛菜生长需要充足的光照、水分，也需要定期拔草、除虫、施肥。 2. 鸡毛菜的叶子长长的，像鸡毛一样。	1.“鸡毛菜照料大比拼”展示板。 2. 鸡毛菜观察记录册。 3. 鸡毛菜照料经验分享会。

二、活动实施

（一）集体学习活动

移栽鸡毛菜

社会、科学 ★★★　　健康、语言 ★★　　艺术 ★

➢ **活动思路**

幼儿在自然角中发现鸡毛菜挤在一起影响生长，进而引发了移栽的话题。

➢ **活动目标**

了解有些植物可以移栽，尝试使用小铲子把鸡毛菜移栽到土里。

乐意参加种植活动，愿意照料鸡毛菜并关注它们的生长过程。

➢ **活动准备**

经验准备：有一定的种植经验。

物质准备：种满鸡毛菜的容器（若干个）、空容器（若干个）、铲子、水壶、泥土等。

➢ **活动过程**

1. 观察比较

提问：这两棵鸡毛菜有什么不同？怎样让它们长得又大又好呢？

小结：鸡毛菜的生长需要大一点的空间，挤在一起不易长大。

（价值分析：通过实物对比，引导幼儿发现两棵鸡毛菜的大小不一样，从而引出移栽鸡毛菜的话题。）

2. 移栽鸡毛菜

（1）邀请园内种植专家讲解移栽的方法

要求：先用小铲在标记处挖一个洞，鸡毛菜根有多长，洞就挖多深；将挖出来的鸡毛菜直直地放进洞中，扶直菜秧，用铲子把土轻轻地填到洞中，再用手轻轻地把土压实。

（2）自主分组，移栽鸡毛菜

引导语：自由组队，分成5个小组，将鸡毛菜移栽到新的容器中。

（价值分析：邀请专家现场讲解移栽的方法，幼儿通过亲自实践和操作移栽鸡毛菜，积累种植经验。）

3. 延伸活动

区域延伸：引导幼儿在自然角中继续观察并照料鸡毛菜。

家庭延伸：和爸爸、妈妈一起在阳台或宅基地里种植鸡毛菜。

我爱鸡毛菜

社会、科学 ★★★ | 健康、语言 ★★ | 艺术 ★

➢ **活动思路**

种植园地的鸡毛菜已经长大了，幼儿们纷纷表示想要采摘鸡毛菜。基于幼儿的兴趣，采摘活动也开始啦。

➢ **活动目标**

感知鸡毛菜的明显特征，尝试辨别鸡毛菜。

愿意亲近自然，喜欢鸡毛菜。

➢ **活动准备**

经验准备：吃过鸡毛菜，对蔬菜种植有一定的经验。

物质准备：鸡毛菜、篮子。

➢ **活动过程**

1. 认识鸡毛菜

提问：鸡毛菜是什么样的？

小结：鸡毛菜刚发芽时，先长两片圆圆的小叶子，过了一段时间后会从中间的茎上长出叶子，长大后叶子长长的，像鸡毛一样。

（价值分析：通过观察鸡毛菜的外形特征，为后续寻找鸡毛菜做铺垫。）

2. 采摘鸡毛菜

（1）寻找鸡毛菜

引导语：我们一起去种植园找一找鸡毛菜。

（2）采摘鸡毛菜

引导语：有的鸡毛菜长得长长的、大大的，这些长大的鸡毛菜可以采摘，采摘时捏住根部把鸡毛菜拔起来。

3. 延伸活动

家庭延伸：家长与幼儿一起去超市购买鸡毛菜，烹饪成美食并品尝。

（二）个别化学习活动

绿油油的鸡毛菜

➢ **材料**

黏土、美工纸、扭扭棒、蜡笔、水粉颜料等。

➢ **玩法**

选择喜欢的材料表现绿油油的鸡毛菜。

➢ **观察重点**

观察幼儿和材料的互动情况（兴趣、专注度）。

幼儿能否熟练地使用固体胶、双面胶、扭扭棒等？精细动作的发展如何？

➢ **提示**

初期提供的材料不宜过多，当幼儿对材料和玩法比较熟悉后，可以循序渐进地补充与调整，丰富材料的品种和数量（如贴纸、扭扭棒等）。

欢乐蔬菜棋

➢ **材料**

自制棋盘、骰子、棋子。

➢ **玩法**

幼儿自己选择一种棋子，由起点出发，轮流抛掷骰子决定行走的步数，按照棋盘上的提示完成“欢乐蔬菜棋”的挑战关卡，最先抵达终点的幼儿为获胜者。

➢ **观察重点**

幼儿游戏时能否遵守游戏规则。

幼儿对游戏的兴趣度如何。

➢ **提示**

幼儿了解了各种蔬菜的特征之后再进行游戏，能更好地遵守游戏规则。

幼儿可以互相讨论，制订新的游戏规则。

三、活动分享

鸡毛菜成长记

春天来了，孩子们把教室里的小铲子、浇水壶找了出来，有的孩子想要种向日葵，有的想要种多肉植物。“种鸡毛菜吧！”菡菡提议，大家都笑了起来。有的孩子觉得鸡毛菜的名字太好笑了，好奇地问：“是不是长得像鸡毛啊？”“鸡毛菜难道是毛茸茸的？”大家七嘴八舌地提了好多问题。为了了解鸡毛菜，大家决定开展鸡毛菜的种植和探索活动。

镜头一：鸡毛菜长得像鸡毛吗？

菡菡的妈妈去市场买来了鸡毛菜，第二天菡菡拿了一些鸡毛菜来到了幼儿园。菡菡说：“鸡毛菜有很长的叶子，是圆圆的。”丹丹说：“用手掰一下，好脆呀。”见到了真正的鸡毛菜后，孩子们也热烈地讨论了起来。

图1　观察鸡毛菜

瑶瑶：鸡毛菜种在土里，长出来的芽先是圆圆的，中间会长出长长的叶子。

昊昊：鸡毛菜有很多叶子，叶子很长，真像鸡毛。

硕硕：鸡毛菜绿绿的，叶子像公鸡毛，一棵鸡毛菜就像一只公鸡的尾巴。

镜头二：鸡毛菜比一比

自然角和种植园地同时种下了鸡毛菜，种植园地里的鸡毛菜已经长出了绿叶子，而自然角里的鸡毛菜只长出了嫩芽，大家纷纷猜测原因。

歆歆：种植园地的太阳充足，空气也好。

玉玉：自然角里的鸡毛菜可能没翻土。

坤坤：自然角里的鸡毛菜是不是水浇得少？

图2　鸡毛菜比一比

菡菡：种植园地和自然角的水都是一起浇的。

航航：种植园地的鸡毛菜晒到的太阳多，长得快。

大家都认为自然角的鸡毛菜晒不到太多阳光，所以长得慢。于是他们把自然角的鸡毛菜搬到了栏杆处，让鸡毛菜尽可能地多晒太阳。后面的几天时间里，孩子们发现，自然角的鸡毛菜很快长出了绿叶子。

镜头三：哎呀，鸡毛菜枯萎了

贝贝：大家快来啊，鸡毛菜的芽怎么变黄了？是不是死掉了？

慧慧：问问老师吧，她应该知道是怎么回事。

老师：鸡毛菜长得太密了，菜芽儿都挤在一起，怎么能不枯萎呢？

多多：那怎么办啊？鸡毛菜的芽会被挤死吗？

图3　鸡毛菜枯萎了

教师：赶紧间苗吧。

硕硕：间苗是什么意思？

教师：间苗就是把挤在一起的苗拔出来，让苗和苗之间有多一点的空间，这样菜苗就不会被挤死了。

贝贝：那我们快动手间苗吧。

孩子们将拔出来的苗拿回了教室，经过仔细观察，他们发现鸡毛菜的外形与刚开始长出来的芽明显不同。

案例启示

第一，基于认知特点，让幼儿在真实情境中探索。

真实的情境更能激发幼儿的探究欲，引导他们在直接感知、亲身尝试、重复试错中获取直接经验。从选择种什么到如何种植都由幼儿自己决定，教师只是旁观者和支持者。教师在真实场景中对幼儿的具体行为进行观察，真正看见幼儿的需要，不断反思自己的教育行为与幼儿发展的关系。

第二，关注已有经验。

幼儿的学习是基于已有经验展开的，教师应帮助他们在经验的分享与交流中实现观点碰撞、获取新知。教师应走进幼儿的内心世界，相信幼儿的能力，倾听幼儿的声音，满足幼儿的需求。

第三，以提问为抓手，推进幼儿经验拓展。

抓住恰当时机和关键要素提问，激发幼儿的探究愿望、激活幼儿的思维。案例中，教师引导幼儿用多种方法解决问题，拓展幼儿的种植经验。

小事27

游一次渔村

陈立香

“游一次渔村”源于大班主题“我是中国人”。活动时间建议为六周。涉及社会、科学、语言、艺术等领域。主要活动目标：幼儿了解上海最后一个渔村的特点和变化，知道金山嘴渔村是金山滨海旅游的亮点之一；了解渔村人的生活和非遗文化，在情境体验中，感受渔村焕发的崭新活力，萌发爱家乡的情感；知道保护海洋资源对保留渔村的重要意义，愿意用多种形式表现渔村的人文风情。主要经验点：幼儿了解上海最后一个渔村濒临金山杭州湾畔，被誉为上海最古老的渔村；金山嘴渔村的房屋靠海而建、布局紧密，是融海鲜买卖一条街、海洋文化特色、景观、美食、游玩为一体的全国4A旅游景区，吸引全国各地的游客来游玩；由于化工污染，很多渔村逐渐消失，如果我们不好好保护海洋资源，上海最后一个渔村也会慢慢消失。

一、活动方案

"游一次渔村"活动方案 适合年龄段：5—6岁

基本流程	驱动性问题	活动目标	所需资源	支持性策略	探究经验点	成果个性化表达
漫游上海最后的渔村	上海最后一个渔村在哪里？	1. 知道上海最后一个渔村在金山，了解金山嘴渔村的变化。 2. 了解渔村的地理位置、房屋特点、美食及文化特点。	1. 上海市金山区地图。 2. 渔村参观导览图。 3. 计划书、笔、纸等材料。 4. 渔村讲解员。 5. 渔村的图书、漫游照片、影像资料、不同时期渔民劳作的工具等。	1. 小组制订游览金山嘴渔村的计划书。 2. 亲子或师幼实地漫游金山嘴渔村。 3. 联系渔村讲解员，介绍关于渔村的故事。 4. 集体分享漫游渔村的发现。 5. 提供"渔村知多少"问题墙，互动式解答漫游渔村中产生的问题（护堤地势、房屋特点、艺术文化等）。 6. 师幼、亲子共同收集渔村的资源，创设"渔村资源库"，发现渔村的变化、渔民的生活等。	1. 金山嘴渔村之前是以捕鱼为主的小渔村，随着时代的变化，现在是融海鲜买卖、文化、景观、美食、游玩为一体的4A级旅游景区，对金山的发展有一定的意义。 2. 金山嘴渔村濒临杭州湾，房屋靠海而建、布局紧密，是上海最后一个渔村。	1. "漫游日记"作品集。 2. "渔村知多少"问题集。
渔村里的工作人员	渔村里的人会做什么？	1. 了解金山嘴渔村的工作者和他们丰富多彩的生活。 2. 自主进行角色扮演，体验渔村工作的辛苦。	1. 调查统计表。 2. 有制作或工作经验的家长。 3. 渔村人工作时的照片、视频。 4. 幼儿角色扮演游戏所需的各种材料和工具。	1. 调查统计渔村工作人员，如：卖鱼、工艺品商店、民宿的老板；修补渔网、捕鱼的渔民；制作美食（鸡蛋糕、萝卜丝饼、黄鱼面等）的厨师；旅游景点的工作人员。 2. 邀请会织渔网或在渔村上班的家长，来园介绍。 3. 现场或在线观看鸡蛋糕等其他美食制作的过程。 4. 创设情境，深度体验渔村里的工作，如买卖海鱼吸引客人，制作渔网、渔船等进行推销，开民宿，当导游，做鸡蛋糕等。	1. 渔村人有着各种各样的工作，除了织补渔网、修补渔船等传统工作，还有景点工作人员、海鲜店和民宿老板、鸡蛋糕非遗文化继承人等。 2. 渔村里的工作丰富多彩，是金山旅游发展的重要组成部分。	1. "我是渔村工作者"微视频。 2. "我的工作我做主"游戏记录本。

续 表

基本流程	驱动性问题	活动目标	所需资源	支持性策略	探究经验点	成果个性化表达
海鲜一条街	如何打造海鲜一条街?	1. 了解海鲜一条街中的海鱼产品买卖是吸引游客旅游的方式之一。 2. 设计海鲜一条街，模拟海鲜一条街的日常生活场景。	1. 渔村海鲜市场及海产品的图片和影像资料。 2. 有经验的海鲜店老板。 3. 设计“海鲜一条街”的材料和工具。 4. 海产品加工的手工材料。 5.“海鲜一条街”创设的室内外环境。	1. 观看金山嘴渔村海鲜售卖时的影像及图片。 2. 亲子逛逛渔村海鲜市场，与渔民进行互动。 3. 收集各种海鱼及海鱼制作的图片。 4. 邀请海鲜店老板来园介绍买卖或讲述海鱼制作的故事。 5. 畅想并设计“海鲜一条街”。 6. 模拟“海鲜一条街”的商业场景。 7. 创设“海产品”加工坊。	1. 海鲜产品是金山嘴渔村的特色之一，如不保护海洋动物，上海最后一个渔村会慢慢消失。 2. 保护水资源、保护环境，同时让更多的人了解渔村。	1.“海鲜一条街”买卖微视频。 2.“海产品”发布会。 3. 保护渔村宣传册。

二、活动实施

(一) 集体学习活动

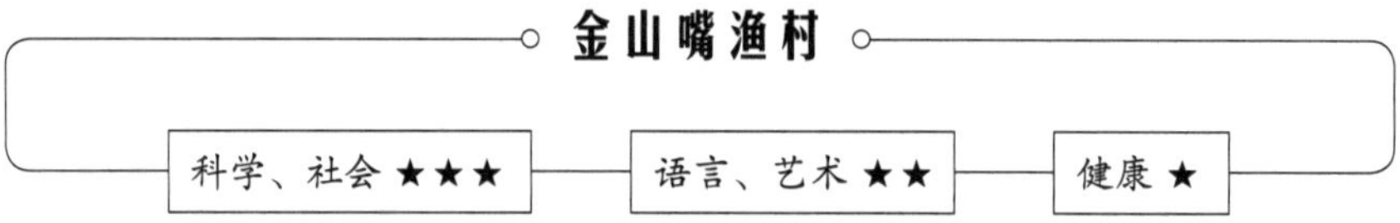

➢ 活动思路

金山嘴渔村是上海仅存的原生态小渔村，对幼儿具有一定的文化教育意义。通过多形式的欣赏，深度探秘金山嘴渔村的特色，帮助幼儿了解金山嘴渔村的发展现状。

➢ 活动目标

在探秘的过程中，初步了解金山嘴渔村风景如画的特点。

体会渔村的风土人情，懂得要保护家乡环境，为家乡的美好生活努力。

➢ **活动准备**

经验准备：去过金山嘴渔村，参观过渔村的渔具馆。

物质准备：渔村图片。

➢ **活动过程**

1. 聊渔村

播放古筝音乐，出示金山嘴渔村全景图。

提问：你最喜欢渔村的什么？说说你的理由。

（价值分析：通过观看金山嘴渔村的全景图，激发幼儿回忆游玩时的情景，为探秘渔村的活动做铺垫。）

2. 探秘渔村

（1）说说渔村的房子

提问：渔村的房子有什么特别的地方吗？

小结：渔村古老的房子的屋顶大多是飞檐翘角，镂空的窗台，白墙黑瓦。

（2）看看渔村的渔具馆

出示渔具馆图片。

提问：这是哪里？渔具馆有什么用？

出示渔具图片。

提问：图片上的东西你们都认识吗？它们有什么用处？

对比古代和现代的捕鱼方式（渔船）。

提问：现在的渔船和以前的有什么不一样？

小结：以前渔村人划着木船出海捕鱼，起早贪黑很辛苦。现在我们有大轮船，又快又方便，而且能捕到更多的鱼。

（3）探探渔村的风景

探寻原因，大胆猜测。

提问：为什么不能去三座岛？上面会有什么呢？

听幼儿介绍金山三岛。

提问：金山三岛上有什么呢？

小结：原来金山三岛中的大金山岛是上海海拔最高的地方，上面不仅有植物、动物，还有守岛人。我们要保护金山三岛，保护好家乡的环境。

（价值分析：通过深度探讨，进一步揭秘金山嘴渔村，初步建立保护家乡的情感。）

3. 欣赏渔村的美丽

引导语：因为越来越多的人开始保护渔村，渔村变得越来越干净，越来越美。

看短视频，欣赏渔村的美丽。

小结：渔村景色美，渔村故事多。除了金山嘴渔村，金山还有许多美丽的地方，等着小朋友去认识。

（价值分析：通过视频分享，体会渔村的别样风景，进一步引发幼儿保护家乡的情感。）

4. 延伸活动

鼓励家长带着幼儿赴金山嘴渔村深入感受金山嘴渔村的文化魅力。

鱼趣

艺术、语言 ★★★ —— 社会、科学 ★★ —— 健康 ★

➢ 活动思路

20世纪60年代，金山地区的农民画家们潜心创作，矢志不渝，共同培育出民间艺术奇葩——金山农民画。他们把民间印染、刺绣、木雕、灶壁画等古老艺术巧妙地运用到绘画中，以江南农村多姿多彩的生活习俗和热火朝天的劳动场景为题材，用朴实的手法，创作出一幅幅散发着泥土芬芳的农民画。本活动旨在让幼儿感受金山农民画的艺术魅力，萌发对传统艺术的喜爱之情。

活动中引导幼儿根据金山农民画画面信息展开想象，用语言、肢体动作表现金山农民画。

➢ 活动目标

欣赏画面，根据画面信息展开想象。

乐意跟着音乐节奏用动作表达表现。

➢ 活动准备

经验准备：了解金山农民画，有肢体表现的意愿。

物质准备：多媒体课件、音乐。

➢ 活动过程

1. 欣赏金山农民画

（1）出示金山农民画，说说喜欢的理由

提问：这是什么画？

小结：金山农民画是我们金山的骄傲，色彩很鲜艳，呈现了乡村幸福和乐的生活。

（2）说说自己喜欢的金山农民画

当幼儿喊停时，教师的手指指到哪幅画，就请幼儿介绍哪幅画。

（价值分析：幼儿从已有经验出发，大胆用故事、儿歌来介绍画面。）

2. 用动作表现鱼趣图

（1）教师用动作表演画面，请幼儿猜测

提问：猜一猜，我表演的是哪幅画？

小结：鱼在水里游，和画上的鱼一样灵活！

（2）幼儿有节奏地模仿并表现鱼的不同动作

提问：鱼在水里会干什么？跟着音乐一起来做一做。

（3）师幼编舞表演，请幼儿跟随音乐节奏，把鱼趣图编成一个有趣的故事

（价值分析：通过语言节奏、儿歌童谣、身体提示等，让幼儿充分欣赏和体验，引导幼儿跟着音乐节奏用动作表现鱼的趣事。）

3. 理解画面，合作表演

（1）模仿并表现不同的鱼游姿势

提问：你在这幅鱼趣图中看到了什么？大鱼和小鱼可能在干什么？可以用什么动作来表现？

（2）分角色，合作表演

幼儿分组讨论，跟着音乐节奏合作表演鱼趣图。

（价值分析：引导幼儿仔细观察画面，展开想象，通过协商、合作、分工等方式创编故事，跟着音乐节奏用动作表现。）

4. 延伸活动

在区角活动中投放金山农民画作品供幼儿欣赏。

借助社区演出平台，让幼儿表演原创节目。

（二）个别化学习活动

看地图游渔村

➢ 材料

自制导览图、地图、笔等。

➢ 玩法

幼儿走进金山嘴渔村，根据地图游玩渔村，并完成表格。

➢ 观察重点

观察幼儿活动中协商合作、结伴游玩、礼貌询问、解决问题等能力。

观察幼儿根据导览图寻找景点的能力。

观察幼儿记录的能力。

➢ 提示

游览过程，提醒幼儿注意安全，结伴同行，不可掉队。

织渔网

➢ 材料

长条绳背景墙、示意图、实物渔网、梭子、编织线等。

➢ 玩法

用编织、打结等方法编织大小、疏密不同的渔网。

用梭子层层编织渔网。

➢ 观察重点

观察幼儿打结、编织时的网眼大小、疏密的情况。

观察幼儿使用梭子编织完一层后与下一层交叉打结的情况。

➢ 提示

可与同伴合作编织疏密、大小不同的渔网。

互相欣赏对方的作品，也可以对他人的作品进行评价。

三、活动分享

在童年小事中保护儿童的权利

教师要确立“以幼儿发展为本”的教育理念。在一日生活中，教师应倾听幼儿心声，从幼儿感兴趣的话题中思考、求索、提炼，形成有价值的课程内容。

镜头一：设计一艘渔船

“上海最后一个渔村在哪里？”“上海最后的渔村是什么样子？”幼儿们带

着这些问题，与爸爸妈妈一起漫游渔村，用画笔记录自己在渔村的发现。

渔村的房子靠在一起，里面的路很小，马路上晒了很多鱼干，房子上画了很多画，渔村里还有好吃的黄鱼面……

图1　发现的渔船

幼儿1：我看到一艘用木头做的渔船。

幼儿2：这样的船能在大海里捕鱼吗？

幼儿3：为什么海边没有渔船了？

幼儿4：我想造一艘高级的船。

教师：高级渔船是什么样子？

幼儿5：高级渔船上有雷达收集信号，船底有摄像头能看到海里的鱼。

幼儿6：高级渔船上有驾驶舱、自动发射器，可以发射渔网、绳子。

活动中，幼儿对渔船产生兴趣，对“渔船上有什么？”“过去的渔船是什么样的？”“现在的渔船是什么样？”“未来的渔船是什么样？”等问题展开调查。通过亲子调查，幼儿对渔船的变迁有了进一步的了解。

图2　幼儿互动墙

幼儿7：以前的渔船是用木头做的，没有保护，很危险；现在的渔船用铁制作，很坚固。

幼儿8：以前的渔船是渔夫用手摇船桨，速度慢，渔夫们很累；现在的渔船有发动机，开起来很方便。

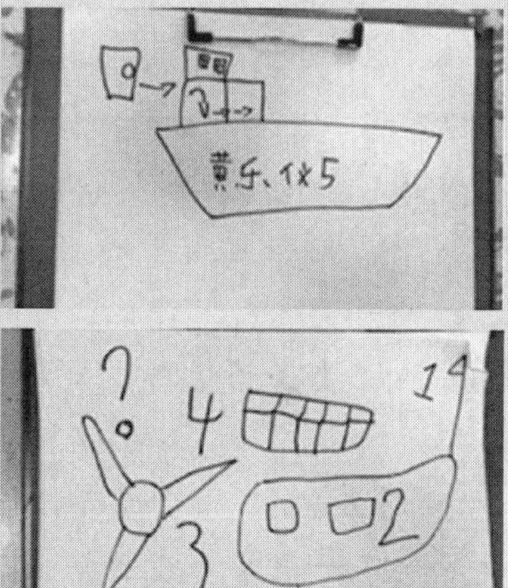

图3　渔船设计图

幼儿9：以前的渔船装鱼都是放在篮筐里面，现在的渔船有鱼舱，可以装大量的鱼。现在的渔船还有灯，晚上可以利用灯光捕鱼。

幼儿10：现在的渔船有很高的驾驶舱，可以看到很远的地方。

教师：未来的渔船会是什么样子？说说你们设计的渔船。

幼儿1：我设计的渔船有自动逃生功

能，遇到危险的时候，会弹出一艘小船，可以坐小船躲避危险。

幼儿2：我设计的渔船船底有摄像头和导航仪，哪里鱼多会有提示，然后可以捕到很多鱼。

幼儿4：我设计的渔船上有网络。

幼儿5：我设计的渔船有传输带，可以把鱼送到岸上，还有氧气泵，可以让鱼不死。

幼儿6：我设计的渔船是双排螺旋桨，如果一个坏掉，另一个也可以用。

幼儿对自己的想法表现出无限的自豪和期待，教师要尊重幼儿的个体差异，引导小组合作，推进渔船探秘活动，让每个幼儿都参与其中，共同发展。

基于文化传承及地域特色，让金山幼儿参与“渔村文化”项目研究非常有教育价值。让幼儿知道上海最后一个渔村就在金山，萌发爱祖国、爱家乡的情感。

图4 小组议事

镜头二：搭建一艘渔船

在讨论中，有的幼儿想用班级的木头积木搭一艘渔船，渔船上面有信号塔、发射器、捕捞工具、船舱；有的幼儿想使用一个大纸箱做渔船，做三层的驾驶舱，有发射器、鱼舱、捕捞工具，还有救生圈；有的幼儿想要建立“村长管理制”，谁违反规则了就要批评他，大家遇到困难的时候还要提供帮助，每天巡逻，管好大家。

“走进渔村”以小组合作的形式推进，幼儿们及时记录自己的发现和问题，每一次活动前后，都由“村长”发起讨论话题。

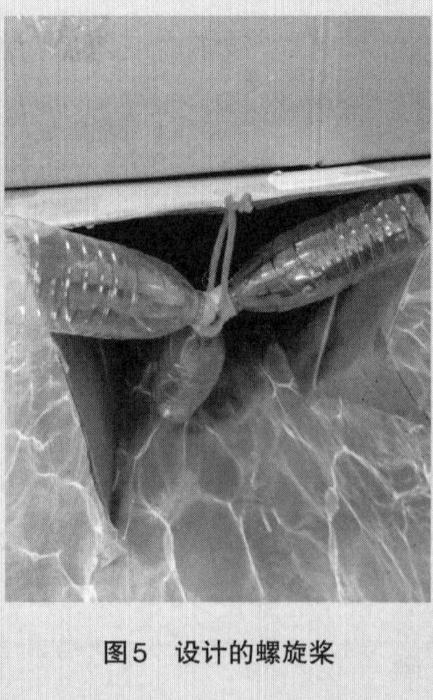

图5 设计的螺旋桨

活动前

"村长"：走进渔村活动开始了，请每个组派一个代表介绍一下今天的活动计划。

幼儿1：我们今天的计划是修补驾驶舱，上次的门有点大，今天我们要重新制作。

幼儿2：我们要做渔船上的发射器。

幼儿3：我们今天有几个任务；第一，要完成螺旋桨；第二，要做驾驶舱；第三，要做一个休息时用的遮阳棚；第四，要做一个捕捞用的钓鱼竿。

"村长"：如果你们遇到问题怎么办？

幼儿1：在求助板上记录问题。

幼儿2：请老师和好朋友帮忙。

活动后

"村长"：请探秘渔船的小组来介绍计划的完成情况。

幼儿1：我们根据计划书，完成驾驶舱的修改，多多负责拿材料和工具，我和梅梅把昨天裁下来的门用透明胶贴上去，然后再重新做，康康负责收拾垃圾。

图6　设计的渔船装备

"村长"：驾驶舱的门完成了吗？

幼儿2：完成了，我们重新画了一个，然后用美工刀裁下来，这门还可以打开、关闭。

"村长"：大家听了她的介绍，有什么想法吗？

幼儿3：你的驾驶舱那么高，怎么上去呀？

幼儿4：上面那个尖尖的是什么？

调动幼儿的学习和发展的主动性，将幼儿的问题变成一次有价值的学习机会，促进幼儿的自主探索和个性发展。

图7　设计的渔船

操作中，航航制作的鱼竿经常不稳固，摆放在旁边经常会碰倒。于是航航向我求助，我看了看旁边的轩轩说："你可以跟你的搭档商量一下，看看他们有没有更好的方法。"于是航航召集搭档们："大家都过来开个会，这个鱼竿摆放在这里经常会碰倒，我试了好几次都不行，一起来想想办法吧。"他们相互看了看钓鱼竿，尝试用手摁，用硅胶枪黏，都没有奏效。这时候，范范叫了起来："我上次用纸盒做渔船的时候，挖了一个洞，把鱼竿嵌在里面，还可以转动方向呢！"在范范的建议下，大家沿着鱼竿的形状画轮廓线，然后用美工刀进行裁切，鱼竿正好嵌入进去，就这样，稳固、可转动的鱼竿完成了。

作为教师要以幼儿的视角审视自身的教育观念，站在幼儿的角度为他们提供适宜的教育，保障儿童的权利，为幼儿的终身发展奠定基础。

案例启示

《上海市学前教育课程指南（试行稿）》指出：课程应尊重幼儿学习与发展的个体差异，体现个别化教育。在课程实施过程中，每个幼儿都表现出主体性，教师应进行个性化指导，鼓励同伴互助，共同发展。

活动中，教师看到幼儿的多种想法，顺应幼儿多种材料的需求，引导小组招募，激发幼儿潜能，让幼儿在学习过程中获得可持续发展的动力。

活动中，教师接纳幼儿有价值的信息，顺应幼儿的发展趋势，采用讨论、投票、选举等形式，给予幼儿发起活动的机会，让幼儿成为课程实施的主人。

在课程实施中，教师结合幼儿经验，创设有意义的问题情境，带动幼儿走进具体情境，自然产生问题，并遵循幼儿解决问题的逻辑，引发幼儿的好奇心和主动探索精神，延续探索意愿。

《幼儿园教育指导纲要（试行）》总则中提出：幼儿园教育应尊重幼儿的人格和权利，尊重幼儿身心发展的规律和学习特点，以游戏为基本活动，保教并重，关注个别差异，促进每个幼儿富有个性地发展。

活动中，幼儿根据自己的兴趣和能力进行自主活动，积累操作活动的经验，客观而真实地评价自我的能力。幼儿在与环境的互动中全面、主动又富有个性地发展。

小事28

游一次郊野公园

王叶红

“游一次郊野公园”源于大班主题“我是中国人”。活动时间建议为四周。涵盖科学、社会、语言等领域。主要活动目标：幼儿用不同的方式制订游郊野公园的计划，在分享、修改计划的过程中丰富已有经验；按计划安排活动，体验与同伴一起出游的乐趣。主要经验点：幼儿了解水库村位于漕泾镇郊野公园的核心区域，村内70多个独岛、半岛，呈现“河中有岛，岛中有湖”的景象，是离漕泾幼儿园最近的一个景点；漕泾幼儿园与水库的距离为5千米左右，步行需要70分钟左右，自驾、公交需要15分钟左右，一日游水库采用步行与公交、自驾相结合的方式最适宜；出游计划要考虑出游目的地、出游方式、所带物品、游玩时间等。

一、活动方案

“游一次郊野公园”活动方案

适合年龄段：5—6岁

基本流程	驱动性问题	活动目标	所需资源	支持性策略	探究经验点	成果个性化表达
游逛郊野公园攻略	你知道漕泾郊野公园吗?	1. 了解漕泾郊野公园的地址、景点等，收集相关信息。 2. 制订郊野公园游览计划。	1. 漕泾地图及郊野公园导览图。 2. 水库景点图片或者视频。 3.“游一次漕泾郊野公园”计划书。	1. 幼儿收集漕泾地图、郊野公园导览图等。 2. 幼儿收集郊野公园的出游形式、路线距离、景点信息等。 3. 幼儿讨论出行方式、所需物品、具体游玩的线路图等。	1. 漕泾郊野公园距离漕泾幼儿园5千米左右。 2. 水库村是一个独特的村庄，拥有70多座小岛，景点有藕遇公园、尚品书院等。	1. 幼儿收集的漕泾郊野公园的信息汇总。 2. 幼儿制作的漕泾郊野公园游玩计划书汇总。
那天，我在水库	我在水库干什么?	1. 能按计划游水库，并记录出游的情况。 2. 体验与同伴一起出游的乐趣。	1.游玩目的地是水库村。 2.幼儿制作的水库游玩路线图。 3.所带物品计划书。	1. 集体步行前往水库。 2. 幼儿根据制作的游玩路线打卡，并记录。 3. 幼儿记录下自己所带物品的使用情况。	1. 从漕泾幼儿园步行前往水库约80分钟。 2. 游玩水库路线：先步行再乘船，沿途打卡。	1. 幼儿打卡计划。 2. 出游必备物品排行榜。
又走回来吗?	怎么从水库回幼儿园?	1. 了解自己的体能，愿意挑战自己的极限。 2. 在游玩中遇到困难，能积极想办法解决。 3. 能分析收集出游信息，积累出游经验。	1.家长资源。 2.多媒体设备。 3.水库导览图。 4.计划书展示的场地。	1. 集体讨论：怎么从水库回幼儿园? 2. 与家长沟通：在哪里接幼儿? 3. 与幼儿讨论：途中走不动了，怎么办? 4. 采访步行幼儿。 5. 集体分享：你的出游计划还有哪些需要改进的地方?	1. 采用适合的出游方式，避免体力透支。 2. 出游前做好游玩攻略，省时、省力、不走回头路。 3. 制订的游玩计划可以根据收集的景点信息、天气情况进行调整。	1. 游水库的最佳路线图展示板。 2. 游水库后的自我评价视频集。

二、活动实施

（一）集体学习活动

打卡漕泾郊野公园

语言、社会 ★★★　艺术、科学 ★★　健康 ★

➢ **活动思路**

漕泾郊野公园是幼儿身边最近的旅游景点，据了解，大多数幼儿都跟着父母去游玩过，特别是藕遇公园、尚品书院等。

幼儿的经验、兴趣来源于他们的直接感受，他们愿意多次感受和欣赏美的事物。

➢ **活动目标**

了解漕泾郊野公园的主要景点。

喜欢漕泾郊野公园，能用完整连贯的语言表达游玩后的感受。

➢ **活动准备**

经验准备：了解漕泾郊野公园。

物质准备：漕泾郊野公园的相关照片，漕泾郊野公园导览图。

➢ **活动过程**

1. 调动已有经验

提问：漕泾郊野公园在哪里？你喜欢郊野公园吗？为什么？

小结：漕泾是我们现在生活的地方，漕泾郊野公园里不仅有好吃的东西，还有许多好玩的地方，我们大家都很喜欢这个公园。

（价值分析：通过回忆，激发幼儿对漕泾郊野公园的兴趣，了解幼儿的已有经验。）

2. 集体讨论

引导语：我们漕泾的水库很漂亮，每年都会有好多游客慕名而来。

观看课件：美丽的水库。

（1）尚品书院

提问：水库里有一家什么书院？这家书院有什么特别的地方？你喜欢在这里做什么？

小结：尚品书院由四大空间组成，分别是公共阅读空间、茶室、咖啡馆、文创产品和当地民俗工艺销售展示区，可以听雨声、看夏荷、捡落叶、观飘雪，感受四季的瞬息万变。

（2）藕遇公园

提问：每年的几月去藕遇公园最美丽？这里会有什么活动？

小结：藕遇公园是在藕塘基础上改造的，整体造型为一朵盛开的莲花，由栈道连接亲水平台，游客既可赏鱼观花，又可戏水为乐。

（3）村史馆

提问：村史馆告诉你什么信息？你是怎么了解这些信息的？

小结：水库村村史馆于2019年建成，馆内分为四个篇章，水库之源、千年之史、美丽乡村和幸福新村，再现了水库村的发展轨迹。

（4）智慧健康小屋

提问：智慧健康小屋的作用是什么？里面有什么器械，都有什么作用？

小结：这是上海市首家村级智慧健康小屋，有候诊大厅、药房、体能测试室，村民在家门口就能享受优质的医疗资源。

3. 郊野公园里的最美一角

引导语：越来越多的人喜欢到漕泾郊野公园玩，如果你是导游，你会推荐大家去哪些景点呢？

提问：你最想向游客推荐哪个景点？你最想去哪个景点？为什么？

（价值分析：鼓励幼儿大胆表述自己的想法，帮助幼儿梳理喜欢的原因，深入了解景点的优美之处。）

4. 延伸活动

在班级区域中创设幼儿评选的“漕泾郊野公园最美一角”的照片和图片，以及幼儿记录的推荐理由。

鼓励幼儿和家长去漕泾郊野公园打卡，实地参观，收集更多的信息。

我们的出游路线

社会、健康 ★★★ — 科学、语言 ★★ — 艺术 ★

➢ 活动思路

大班的幼儿已经能为自己想要做的事情制订计划，也能与同伴协商，听取同伴的意见或者建议，因此我们安排了一次小组制作出游路线图的活动，充分发挥大班幼儿的自主活动权。

➢ **活动目标**

能清晰大方地介绍水库的各处景点。

尝试合作设计一日游路线图，相互学习符号表现的方法。

➢ **活动准备**

经验准备：幼儿去过漕泾水库村的景点，对出游路线有所了解。

物质准备：漕泾水库景点的照片若干、大铅画纸若干、彩笔、固体胶等。

➢ **活动过程**

1. 介绍水库的旅游景点

（1）出示幼儿参观水库的照片

提问：这张照片是哪里？有什么可以跟大家推荐的？

小结：这是我们在水库一日游的照片，水库很大，有很多的景点。

（2）出示水库景点导览图

提问：今天我也带来了一张地图，我们一起找一找刚才你们说的景点在哪里。

（价值分析：通过照片观看帮助幼儿熟悉水库的景点，为后续活动做铺垫。）

2. 制作旅游路线图

（1）讨论游玩方式

提问：有什么办法可以完整地游玩你们想去的所有景点？

小结：先商量好要去的景点，接着在导览图上标示这些景点的位置，最后确定游玩路线。

（2）幼儿尝试制作路线图

要求：先组队，再协商和制作路线图。

教师倾听并了解幼儿制作的线路图。

（价值分析：通过幼儿之间的讨论、沟通，提升幼儿的协商能力和表达能力。）

3. 交流一日旅游路线图

（1）展示、交流各组的旅游路线图

提问：你看懂他们的线路图了吗？你有什么建议？

小结：有了这些路线图，我们在旅游前就能清楚地知道自己游玩的景点和路线了。

（2）投票：评选心中最喜欢的旅游路线。

小结：旅游路线图能让我们更方便地到达目的地，要寻找最合理、便捷的路线，这样才能玩得更开心。

（价值分析：通过集体分享，寻找各小组制作的路线图中的问题，帮助幼儿积累出游经验。）

4. 延伸活动

家长组团，带幼儿游玩水库景点。

在班级的墙面上呈现幼儿制作的线路图，幼儿可根据自己的出游情况进行调整与介绍。

（二）个别化学习活动

自制漕泾郊野公园导览图

> **材料**

百宝箱（各种纸棒、盒子、剪刀、双面胶、各种纸），水库导览图。

> **玩法**

幼儿之间协商制作导览图，制作计划书。

幼儿选择各种材料，制作导览图。

在与同伴互动中，改进导览图的内容。

> **观察重点**

观察幼儿对漕泾郊野公园导览图的了解程度和探索兴趣。

观察幼儿制作导览图时的协商、分工情况。

> **提示**

收集漕泾郊野公园景点的图片、视频，丰富幼儿的经验。

活动后期建议举行分享会，鼓励幼儿之间互相评价。

我是水库小导游

> **材料**

自制导览图、水库景点图片、空白导览图、点读笔（有关水库景点介绍的录音内容）。

> **玩法**

幼儿分角色表演导游和游客。

“导游”选择自制导览图，向“游客”有序介绍水库里的景点，可使用点读笔。

“游客”询问景点问题，“导游”回答。

"游客"确定空白导览图的起点和终点，中间请"导游"安排，并讲解景点和出行的交通工具等。

➢ **观察重点**

观察幼儿对景点的兴趣和熟悉程度。

观察幼儿之间的互动语言和行为。

观察幼儿对游戏规则的遵守情况。

➢ **提示**

根据幼儿的情况，在互动中逐步增强语言的表达难度。

三、活动分享

我是小导游

幼儿非常喜欢介绍水库村，因此在自主性游戏时，都会出现小导游，自己设计帽子、衣服、导游旗等，并搭建水库村为游戏做准备。

镜头一：我们是水库小导游

自主性游戏开始了，豪豪戴上导游帽，穿上导游服，拿起导游旗，准备开一个旅行社。很多孩子围拢过来，豪豪对其他孩子说："我去过水库村，我带你们参观！但是你们人太多了，我要再请一个导游，要会介绍景点的。"大家踊跃报名。豪豪立即提出："你们猜拳吧，谁赢了我就请谁。"最后，尧尧赢了游戏，成了豪豪的助手。豪豪对尧尧说："我就请你一起做导游，先去把衣服穿好，戴好帽子。"

图1　我们是水库小导游

游戏开始了，来了两名游客。豪豪对尧尧说："这些游客你带着去参观吧！下次来的我来带。"尧尧用响亮的声音向几位游客介绍景点，还不时提醒游客不能乱扔垃圾。当有游客提出吃饭的要求时，尧尧同意了，但游客自己跑去餐厅吃饭了，不再听从导游的安排了。尧尧急得快哭了，豪豪见状，安慰他："我们导游不包饭，让他们自己解决！"

图2　导游向游客介绍景点

图3　游客与导游发生冲突

豪豪作为大班的幼儿，在游戏中敢于坚持自己的想法，非常有主见，从一开始就很明确想要多少工作人员，在同伴提出加入游戏的请求时，豪豪也没有推辞，用自己的方式解决了人数过多的问题。

游戏中，同伴的安慰和经验分享，能有效解决游戏的问题。因此，丰富的生活经验能推动游戏情节的变化与丰富。

镜头二：构建水库旅游场景

自主性游戏开始了，两个孩子把运动中的长凳搬了出来，还邀请旁边的朋友一起来搬，"放这里""这里要弯过来""连起来"有孩子在不停指挥大家如何摆放。长凳子逐渐围成了"莲花"状。"你们开什么店？"有幼儿好奇地问。"我们在搭水库景点，还没好，你们等会来参观！"说完又在旁边放了并排的长凳子，一把长凳上摆上

图4　长凳子围成"藕遇公园"

了几本图书，几个杯子，这就是供人们休憩的“尚品书院”。在大型滑滑梯的滚筒处还贴了一张“弯篓桥”的图片。看着构建好的景点，两个孩子又拿来了很多小海报，认真而热情地邀请其他朋友来游玩。

图5　简易的“尚品书院”

图6　导游邀请游客

自主性游戏搬到了户外，材料的收集和投放相当重要，直接关系到幼儿游戏的开展。幼儿在运动中积累了自主摆放长凳的经验，会变化各种造型。因此在构建“藕遇公园”的场景时，幼儿将长凳的摆放经验迁移运用起来。

案例启示

第一，生活启发了幼儿的游戏。

幼儿在家长的陪同下，多次游览过漕泾郊野公园。他们不仅尝试把水库的景点搬到教室里，成为他们游戏的背景，还结合平时在幼儿园里的活动构建自己所需的游戏场景，体现了幼儿对生活经验的灵活运用。

第二，材料推动了幼儿的游戏。

随着年龄的增长，幼儿会不断丰富和调整游戏材料。在户外自主性游戏时，他们想扮演导游。他们没有寻求教师的帮助，而是自己想办法解决了场景布置：长凳围拢摆出莲花造型就是“藕遇公园”；两把长凳、几本书和几个杯子就是简易的“尚品书院”；滑滑梯的钻桶与走道就是几座造型独特的“桥”。幼儿在游戏中丰富游戏情节，提升自己的想象力和创造力。

小事29

看一次化工区

张凯伦

“看一次化工区”源于大班主题“我们的城市”。活动时间建议为四周。涵盖科学、艺术、社会等领域。主要活动目标：幼儿初步感知化工区与我们生活的密切关系；感知保护环境的重要性，树立爱护环境的意识。主要经验点：幼儿了解化工区一些知名企业及生产的化工产品与生活紧密相关；保护环境的方法有很多，如化工区自身过滤装置的改善、种防护林等。

一、活动方案

“看一次化工区”活动方案

适合年龄段：5—6岁

基本流程	驱动性问题	活动目标	所需资源	支持性策略	探究经验点	成果个性化表达
看一次化工区	1. 化工区在哪里？ 2. 为什么有这么大的化工区？ 3. 化工区里为什么有许多管道？	1. 了解漕泾化工区的地理位置。 2. 初步了解化工区里一些知名化工企业及生产的产品。 3. 初步感知化工产品与我们生活的关系。 4. 了解化工区里各种各样的管道都有自己的用处。 5. 探索管道是如何进行连接的，尝试进行各种管道的连接。	1. 漕泾镇地图。 2. 化工区地图。 3. 茶话会所需要的材料。 4. 漕泾化工区知名企业的图片及影像资料。 5. 幼儿熟悉的化工区产品。 6. 化工产品展览活动所需的材料。 7. 漕泾化工区里的各种管道连接照片。 8. 笔、记录纸等。 9. 各种管子、搭扣等。	1. 幼儿自主查阅关于漕泾化工区地理位置的资料。 2. 开展茶话会活动，说说化工区的建造是否合适。 3. 分组讨论化工区与我们生活的关系。 4. 结合社区资源开展寻找化工产品的活动。 5. 布置化工产品展览区。 6. 收集管道连接的影像、资料。 7. 幼儿自主观察，简单记录自己的发现或问题。 8. 提供各类管子以及宽敞的场地开展连接游戏。	1. 漕泾化工区位于上海市金山区漕泾镇沪杭公路与天华路交会处。 2. 化工区生产的塑料颗粒、丙烯、碳酸酯等是制造生活必需品的原材料。 3. 化工区运用管道传输物料、气、油、水等材料。	1. “漕泾有个化工区”主题墙。 2. 讨论化工区建造地点的茶话会资料集。 3. 讨论会资料及视频集。 4. 幼儿分组设计及制作的化工区工厂作品。 5. 化工产品展览区。 6. 幼儿的观察记录本。 7. 幼儿的问题集。 8. 幼儿管道连接设计图及作品。
幼儿园离化工区有多远	1. 幼儿园建在化工区附近合适吗？ 2. 为什么有很多人要搬迁？	1. 了解幼儿园离化工区的距离。 2. 愿意用多种途径感知和探究化工区与生活的关系。 3. 感知保护环境的重要性，树立爱护环境的意识。	1. 漕泾化工区。 2. 展示活动所需要的材料。 3. 笔、记录纸等。 4. 化工区与生活关系的调查表。	1. 收集关于化工区与幼儿园距离的资料。 2. 幼儿自制“幼儿园与化工区距离合适与否”展板，进行展示活动。 3. “幼儿园与化工区距离合适与否”辩论会。 4. 以小记者的形式采访搬迁的家庭。 5. 亲子调查表“为什么要种植防护林”的相关资料。 6. 适合做防护林的植物资料。 7. 小组合作设计的防护林设计图及作品。	1. 漕泾化工区离幼儿园约有3.5千米。 2. 化工区里的先进装置、防护林等能有效保护环境。	1. 幼儿制作的展板汇总。 2. 辩论会视频。 3. 幼儿采访的视频集。 4. 分享会资料集。 5. 亲子调查表汇总。 6. 幼儿收集的资料集。 7. 交流会资料集。 8. 幼儿的防护林设计图及作品。

二、活动实施

（一）集体学习活动

漕泾有个化工区

科学、社会 ★★★ —— 语言、健康 ★★ —— 艺术 ★

➢ **活动思路**

基于幼儿的真实问题设计集体教学活动，进一步激发幼儿科学探究的兴趣，提升探究能力和解决问题的能力。由“化工区生产哪些产品”导入，支持幼儿大胆联想，猜测验证，为后续学习奠定基础。同时，结合家园共育，提升幼儿主动收集信息的能力。

➢ **活动目标**

初步了解化工区里的一些知名化工企业及生产的产品。

感知化工产品与我们生活的关系。

➢ **活动准备**

经验准备：幼儿对化工区有一定的认知经验。

物质准备：调查表、设计图。

➢ **活动过程**

1. 说说化工产品

提问：教室里的物品中哪些是由化工区生产出来的？

（价值分析：结合幼儿前期对化工区进行的调查，观察教室里的物品，引发深度探索的兴趣。）

2. 漕泾有个化工区

提问：漕泾有哪些化工企业？它们主要生产哪些产品？

小结：漕泾有许多化工企业（如赛科、科思创、巴斯夫等），生产着各类产品，这些产品与我们的生活密切相关。

（价值分析：鼓励幼儿说说自己的发现，听听同伴的信息，认识更多漕泾的化工企业以及生产的产品，知道化工生产与我们的生活密切相关。）

3. 辩论会：化工区与生活的关系

引导语：幼儿分成两组，一方是化工区给我们的生活带来好处；另一方是化工区给我们的生活造成困扰。

小结：化工产品给我们的生活带来了便利，但是化工区产生的废气、废水、废品等给我们的生活带来了困扰。

（价值分析：在辩论过程中，训练幼儿的思维能力和语言表达能力。）

4. 保护我们的环境

幼儿分组设计保护我们环境的产品。

（价值分析：该环节可以激发幼儿的创造力，让幼儿调动已有经验，设计适合的环保产品。）

5. 延伸活动

区域延伸：幼儿在个别化学习活动中完善设计图纸。

家庭延伸：将完成的产品设计图带回家与爸爸妈妈讨论并完善。

未来的化工区

艺术、语言 ★★★　科学 ★★　健康、社会 ★

➢ 活动思路

在活动中，幼儿根据小组合作设计的化工区展示图，大胆表达自己的生活经验；在与同伴的互动中，用简单的方法验证自己的猜测，并根据结果进行调整；愿意与同伴分享自己的作品，为自己的创作感到自豪。

➢ 活动目标

根据自己的设计图尝试用合作的方式完成任务。

喜欢自己的作品，为自己的创作感到自豪。

➢ 活动准备

经验准备：幼儿具有利用纸箱设计化工区图纸的经验。

物质准备：纸箱若干、不同材料若干、胶带若干。

➢ 活动过程

1. 经验分享

分享设计图。

提问：你们设计的是什么？你们设计的化工区有什么特别的地方？你们的设计中最难的部分在哪里？

（价值分析：通过分享幼儿根据纸箱设计的化工区图纸，重现经验，激发兴趣。）

2. 未来的化工区

指导语：如果你们在创作的过程中需要帮助可以请老师帮忙。使用工具的时候注意安全。把不用的材料放回原处，垃圾扔进垃圾箱。

（价值分析：幼儿分组合作，在动手、动脑中验证自己的猜测，并根据结果进行调整。）

3. 欣赏与分享

幼儿分组介绍作品。

提问：介绍一下你们的化工区。你最喜欢哪个化工区？

（二）个别化学习活动

漕泾有个化工区

➢ **材料**

各种管子、搭扣等。

➢ **玩法**

幼儿根据经验用各种管子、搭扣进行创意连接，拼搭化工区。

幼儿根据设计图进行管道搭建。

➢ **观察重点**

观察幼儿能否根据材料和主题，发挥想象，进行管道连接。

幼儿的兴趣是否能够坚持，遇到问题时是否能与同伴合作解决。

➢ **提示**

活动前，可以让幼儿观看管道的连接视频。

自动过滤纱布

➢ **材料**

泥水、纱布、空杯子、沙漏、记录表。

➢ **玩法**

在杯子里加入水，然后混入一些泥土，制成一杯泥水。

把纱布卷成长条，一端放进泥水中，另一端放进空杯里。

过了一会，空杯子里有了一些干净的水。

➢ **观察重点**

观察幼儿制作时是否能保持桌面的整洁。

观察幼儿制作自动过滤装置时是如何摆放，如何记录的。

➢ **提示**

泥土还可以换成沙土等。

三、活动分享

探秘污水处理厂

幼儿们正在分享澧泾化工区“赛科”的信息时，有小朋友提出问题：“化工区的污水都去哪里了？”“化工区里的干净的水是怎么来的？”“怎样保护水资源？”霖霖提出要在班级里模拟建一个污水处理厂，可以把污染的水吸走，排出干净的水，这一想法获得了大家的一致认同。

镜头一：如何制作“污水处理厂”

图1　小组设计

经过讨论，由6名小朋友组成活动小组，一致推选霖霖作为小组长。霖霖提议：“我们一起想一想要做成什么样，需要什么材料呢？”婉茹说：“要有个大盒子。”“还要有管子，不然水排不出去了。”心雨连忙说。“还要剪刀、胶带、双面胶。”宇轩说道。“那我们先来把污水处理厂画出来吧。”霖霖补充。“肯定要有屋顶、窗户、装管子的地方。”大家争先恐后地发言。过了一会儿，在小组成员的互相帮助下，设计图终于完成了。

教师要善于发现和保护幼儿的好奇心，当幼儿对制作污水处理厂这个话题感兴趣，进行热烈讨论，付诸行动时，教师能逐渐放手，让幼儿在共同讨论与实施中获得成长与收获。

镜头二："污水处理厂"制作中

小组成员们分头寻找材料和工具，"我们先做个屋顶吧，房子都有顶的。"霖霖提议道。"我去找找用什么做屋顶比较合适。"婉茹说完就跑开了。"你看，这两块板可以吗?"婉茹拿回了两块板。"我们可以把这两块板贴在一起，是不是就像个三角形?"心雨边摆弄边说。"那我去拿胶带，你们把屋顶扶好，我来贴。"萱萱拿着胶带说。"我来帮你吧。"宇轩连忙加入队伍。有的扶，有的贴，不一会儿屋顶完成了。"但是感觉好像缺了点什么?"霖霖提出疑问。"瓦片?"宇轩说。"对的，屋顶上是有瓦片的。"霖霖附和。"那瓦片要怎么做呢?"宇轩困惑地说道。"我会，我会，半圆形就像瓦片。"萱萱激动地说，"心雨、宇轩，我们一起去做瓦片吧。""那我们去做门和窗户。"婉茹说。大家听从安排，热火朝天地忙碌着。

"现在我们要做管子了。"霖霖高兴地说。"得做两个管子，一个是排水口，一个是吸水口。"宇轩建议道。"那我们把管子放哪里呢?"心雨问道。"一个在上面一点，这样就能吸到好多废水，一个肯定要靠下一点，才能排出废水。"宇轩说。"一个就放在这里，一个就放在那里吧。"霖霖比画着说。"我们要拿管子比着画，不然洞画大了，管子就会掉出来的。"婉茹连忙说道。"那你帮我扶着。"霖霖说。过了一会儿，挖好洞的纸盒就做好了。

图2　制作屋顶

图3　设计瓦片

图4　添加管道

孩子们自主协商寻找材料，在过程中动手动脑，积极探索并调整方案，遇到问题积极应对，有协商、有分工。

镜头三："污水处理厂"还需要什么?

小组成员观察着制作好的污水处理厂，有小朋友提出新问题："怎样将水输送出去?""水会输送到哪里?"通过讨论，大家得出结论：水管有滤芯，污水才能变干净，干净的水通过管道输送到化工区的各个地方。

图5　制作更多管道

霖霖通过观看视频资料，发现污水还会经过污水蓄水池、过滤池、沉淀池、消毒池等地方。霖霖召集小组成员进行计划书的修改，开始了进一步探索。宇轩在纸盒上又画了一些洞，说：“要输送到很多地方，要多几个管子，一个排水口不够。”“那我们再制作一个过滤池，脏水要有地方过滤。此外，还需要一个消毒池进行消毒。”婉茹提议道。大家再一次忙碌了起来。

“污水处理厂”完工，他们自信地说道：“我们污水处理厂把污染的水吸进来，然后进入到过滤池、消毒池后再排出来，送到化工区各个地方，可厉害呢。”

幼儿在自主探究中获得经验，在分工合作中发现问题并解决问题，对探究内容的认识逐步深化。

镜头四：“污水处理厂”发布会

“污水处理厂”完成了，小组成员想把他们制作的产品介绍给其他小朋友。大家推选霖霖作为代表进行介绍，其他成员进行补充。他们还一起制作邀请函，邀请班级小朋友参加污水处理厂发布会。当天，霖霖向其他小朋友分别介绍了污水处理厂里的过滤池、消毒池，以及它们的功效，还汇报了他们接下来的计划，小朋友们都非常期待他们后续的作品。

图6　分享作品

图7　同伴评价

越来越多的幼儿开始关注身边同伴所做的事情，愿意在同伴面前大胆表达自己的想法，善于发现同伴身上的闪光点。他人的称赞能让孩子们体验到成就感，建立自信；他人的质疑与建议能带来新的挑战，大家互相学习、共同成长。

案例启示

第一，满足幼儿个性化发展的需要。

此次活动，幼儿的主体性得到了很好发挥，整体的学习环境非常轻松。幼儿之间相互交流沟通，思维能力和创新意识获得了有效发展。

教师除了要基于孩子学习与发展需求给予差异化的支持外，更要给予孩子发挥自主性和选择性的空间与时间，让他们拥有一个自主、自由的探索和发展过程。

第二，相信幼儿是有能力的主动学习者。

从讨论用什么做屋顶，到制作门和窗户，再到制作污水处理厂的管子，边检验、边调整，孩子们充分调动已有的认知经验，丰富污水处理厂的制作。当污水处理厂完成后，大家相互讨论获得新经验，进一步制作污水蓄水池、过滤池、消毒池。这体现了教师对幼儿选择权与决定权的尊重。

第三，欣赏、记录和发现幼儿的成长。

教师以旁观者、评价者和反思者的角色欣赏、记录、研究幼儿的行为和问题，看到他们互相学习、共同成长的过程。

一百个孩子一百种表征，孩子的奇思妙想需要成人用眼睛去观察，用心去感受。

小事30

造一个海洋公园

钟　丹

“造一个海洋公园”源于大班主题“我们的城市”。活动时间建议为四周。涵盖科学、社会、语言、艺术、健康等领域。主要活动目标：幼儿关注海洋资源的开发和利用，感受现代科技可以使海洋空间得到更好利用；在设计与模拟建造金山海洋公园的场景中自信、自主，不断创新；为金山有海洋公园而自豪。主要经验点：幼儿了解金山海洋公园是采用“围海造田”技术建成的以海洋生态环境保护与修复、休闲旅游为一体的公园；海洋公园里的设施和功能均富有特色。

一、活动方案

“造一个海洋公园”活动方案 适合年龄段：5—6岁

基本流程	驱动性问题	活动目标	所需资源	支持性策略	探究经验点	成果个性化表达
什么是海洋公园	什么是海洋公园？	1. 多途径收集信息了解金山海洋公园与其他海洋公园的区别，萌发海洋保护意识。 2. 用多种方式规划、设计金山海洋公园，为自己是金山小主人而自豪。	1. 国内外海洋公园以及相关影像资料。 2. 金山海岸线资料。 3.“围海造陆”金山海洋公园项目的报道及新闻等。 4. 金山海洋公园的建造者。 5. 金山海洋公园采访记录册。 6. 金山海洋公园调查表。 7. 金山海洋公园知识挑战赛的场地和拍摄设备等。 8.“我眼中的金山海洋公园”设计展所需的场地、各类材料。	1. 收集关于海洋公园的资料，了解什么是海洋公园，海洋公园里有什么。 2. 亲子实地参观各类海洋公园。 3. 收集关于金山海洋公园的新闻报道、照片、视频等。 4. 走访金山海岸线，实地参观，了解金山海洋公园的建造情况。 5. 做一次小记者，采访建设金山海洋公园的建设者们，了解金山海洋公园的建设进程。 6. 亲子收集金山海洋公园的信息，完成金山海洋公园调查表。 7. 召开海洋公园挑战赛，进一步了解金山海洋公园的特点。 8. 将幼儿收集的关于金山海洋公园的资料进行展示。 9. 将幼儿设计的海洋公园的模型或设计稿进行展出。	1. 金山海洋公园有别于香港海洋公园和海昌极地海洋公园等以商业旅游为主的主题游乐公园。 2. 金山海洋公园是一个绿色生态的国家级海洋公园。 3. 金山海洋公园分为重点保护区、生态与资源恢复区及适度利用区。	1. 金山海洋公园相册集。 2. 金山海洋公园采访影像集。 3. 亲子调查表。 4. 海洋资源发布会相关资料。 5. 挑战赛的照片或视频影像集等。 6.“我眼中的海洋公园”设计展板以及绘画集。

续　表

基本流程	驱动性问题	活动目标	所需资源	支持性策略	探究经验点	成果个性化表达
神秘的金山三岛	金山三岛要不要开发？	1. 了解金山三岛是金山的宝贵资源以及资源保护的方法。 2. 关注金山三岛资源的修复和利用情况，感受海洋生态景观的奇特。	1.金山三岛区域。 2.关于金山三岛的相关资料（新闻报道、视频资料、照片等）。 3.“金山三岛”集体讨论的记录册。 4.采访守岛人的记录册。 5.各类采访的设备。 6.开展辩论会的场所、设备等。 7.保护三岛宣讲所需的设备资料等。	1. 观看或实地参观金山三岛，搜集金山三岛的相关资料，了解金山三岛。 2. 幼儿寻找各种上岛的办法并记录。 3. 采访三岛上的守岛人，并做好记录。 4. 围绕“三岛要不要开发”进行辩论会，在辩论中了解三岛的景观与物种等。 5. 策划保护三岛的行动，了解多种保护海洋资源的方法。	1. 金山海洋公园包括金山的三座山。 2. 大金山、小金山、浮山岛是三座无居民海岛，更是金山的宝贵资源。 3. 大金山岛是上海市最高和最大的基岩岛。 4. 大金山和小金山岛屿是金山海洋公园建设中的重点保护区，浮山岛是适度利用区域。	1. 金山三座山的立体模型。 2.“安全上岛”讨论资料集。 3. 各类采访记录册。 4. 保护金山三岛的宣传纪录片。 5. 保护三岛的海报展板。
把海洋公园搬到幼儿园	我眼中的海洋公园是怎样的？	1. 初步感知了解金山海洋公园的设计，为家乡飞速发展感到喜悦。 2. 愿意与同伴合作，并交流自己的发现。 3. 为金山有海洋公园感到自豪。	1.“我眼中的金山海洋公园”设计稿。 2.金山海洋公园建造发展的规划图。 3.金山海洋公园建造的计划书。 4.各类海洋公园建筑、游乐设施的影像资料和图片等。 5.各类建造的材料，如纸箱、纸盒等。 6.各类记录的工具和设备，如纸、笔、相机等。	1. 幼儿自主寻找玩伴，协商挑选设计稿，分组合作建造。 2. 幼儿自主收集各类建构材料，进行项目实践操作。 3. 幼儿记录建造中的问题或发现，自主协商开展讨论。 4. 翻阅和查看各类海洋公园的视频和照片等。 5. 征集海洋公园宣传海报，宣传金山海洋公园。 6. 筹办和开展金山海洋公园开园发布会。	1. 海洋公园由建筑物、海洋动物、游乐设施等构成。 2. 观光潜艇由驾驶舱、观光舱、机舱构成。	1. 金山海洋公园导览图。 2. 金山海洋公园设计作品展及设计师的新闻发布会影像集。 3. 金山海洋公园迷你规划展示馆。 4. 海洋公园相关项目产品集。 5. 金山海洋公园宣传海报集。

二、活动实施

（一）集体学习活动

围海畅想

语言、科学 ★★★ | 艺术、社会 ★★ | 健康 ★

➢ **活动思路**

在活动中，幼儿们时常会聚在一起畅聊自己在城市沙滩看到的有趣好玩的事物，幼儿对于“为什么要围海”“怎么围海”等问题充满好奇，时常开展讨论。本活动旨在让幼儿解决心中的疑问，提升问题解决能力，养成乐学善学、勤于思考、大胆想象和创造的学习品质。

➢ **活动目标**

感受围海项目与我们生活的关系，了解家乡的变化。

尝试在问题情境中表述自己的想法，提高观察分析的能力。

➢ **活动准备**

经验准备：幼儿了解在建的围海项目，实地考察过围海项目。

物质准备：围海项目PPT课件、设计纸、笔等。

➢ **活动过程**

1. 回忆交流，了解围海项目的不同设施

出示幼儿在项目化活动中参与围海项目的图片，引出话题。

提问：怎样建堤坝？什么样的堤坝牢固？

（价值分析：从幼儿经验出发，分享各自的问题和发现，实现经验共享。）

2. 发现感受围海项目与生活的关系

（1）出示一组照片

提问：这是哪里？为何公园在海边？

（2）幼儿观看录像，了解水上公园的意义

（3）再呈现一张照片

提问：这是什么地方？为什么有许多人？

（4）交流其他的围海项目

（价值分析：通过观察、比较和设疑等形式发现和感受围海项目与生活的关系。）

3. 讨论设计围海项目

（1）猜测围堰的作用

小结：围堰是指圈围一定范围海域，填以泥沙或土石形成陆地。我们不可以随便攀爬围堰，要注意安全。

（2）讨论围海项目

（3）幼儿设计

（价值分析：巩固幼儿对围海项目建造中事项的了解。）

4. 延伸活动

区域延伸：在个别化学习活动中实施计划。

家庭延伸：幼儿与家长继续关注金山海洋公园的建设情况。

未来的金山海洋公园

艺术、科学 ★★★　社会、语言 ★★　健康 ★

➢ **活动思路**

金山海洋公园是幼儿向往的地方，大家对金山海洋公园的建设充满期待和憧憬。通过让幼儿观察、感知生活中各类海洋公园的游乐设施，激发幼儿对金山地区的热爱以及对未来美好生活的向往。

➢ **活动目标**

观察各种奇特的建筑或游乐设施，了解它们的特征。

设计造型新颖、样式美观、功能奇特的金山海洋公园建筑。

培养热爱金山、热爱科学和向往未来的情感。

➢ **活动准备**

经验准备：幼儿有游乐场游玩经验，了解游乐设施。

物质准备：纸、炫彩棒、幼儿收集的图片等。

➢ **活动过程**

1. 照片导入，激发兴趣

出示幼儿收集的照片。

提问：请仔细观察，哪些建筑是你所熟悉的？你能说出它们的名字吗？

（价值分析：照片导入，激发幼儿兴趣，通过谈论已有建筑物，引入主题。）

2. 欣赏图片，讨论分享

提问：你最喜欢哪一个呢？它的外形有什么特点吗？（形状）

提问：这些建筑物在哪里？（位置）

小结：原来建筑物可以是形态各异的，还可以建造在不同的地方。

（价值分析：通过欣赏各类游乐设施以及建筑物，了解建筑物的形态、位置和功能等。）

3. 设计作品，交流分享

（1）设计作品

引导语：未来金山海洋公园的建筑又会是什么样的？今天，让我们做一名小小建筑设计师，画一画心目中的金山海洋公园，看看谁的想法最奇特，谁的想象力最丰富！

（2）作品展示

提问：谁给大家介绍一下自己的设计图？请大家看看，他的设计图怎么样？

（价值分析：在感知各类建筑物外形特征和功能的基础上，发挥想象进行创作。）

4. 延伸活动

区域延伸：将幼儿的设计图进行展示，让幼儿在区域活动中依据设计图进行建造。

家庭延伸：家长协助幼儿收集更多国内外海洋公园的图片，丰富幼儿对海洋公园的认识。

社区延伸：家长带幼儿参观海洋公园，实地观察金山海洋公园。

（二）个别化学习活动

建造海洋公园

➢ **材料**

美工材料（如彩纸、彩笔等），废旧材料（如纸盒、木棒等），建构材料（如各类积木、插塑等），其他工具（如剪刀、胶带等），海洋公园以及奇特建筑物的图片，海洋动物图片，纸和笔。

➢ **玩法**

玩法一：塑造海洋动物。

使用多种材料创意制作。

玩法二：建造金山海洋公园。

规划设计：分成若干小组，根据场地的大小和形状，商讨规划海洋公园的游乐设施，并为每个区域设计动物标志，尝试画出简单的平面设计图。

建造金山海洋公园：幼儿合作运用各种废旧材料和游戏材料建构金山海洋公园。

➢ **观察重点**

观察幼儿在海洋动物塑形中的经验和方法。

观察幼儿在规划公园时所用的经验和方法。

观察幼儿在活动中与同伴协调、沟通的能力与表现。

观察幼儿的创造力以及图符表达能力。

➢ **提示**

活动体现整合理念，如幼儿对海洋动物的认识，幼儿对材料使用的能力。

充分发挥大班幼儿自主、合作的能力。

引发幼儿自主交流自己的做法和想法。

我设计的观光潜艇

➢ **材料**

纸、笔、盒子、管子、胶带、剪刀、海洋观光潜艇图片等。

➢ **玩法**

幼儿大胆创想设计海洋观光潜艇的结构和功能，形成设计图。

幼儿自由结伴，根据设计稿建造海洋观光潜艇，在建造过程中根据具体情况做出调整。

➢ **观察重点**

观察幼儿的想象力以及创造性水平如何。

观察幼儿如何尝试运用各种材料表现潜艇的特征和结构。

观察幼儿能否根据设计图进行建造。

➢ **提示**

可将幼儿的作品收集，并让幼儿分享自己的作品。

遇到问题可及时进行记录和分享，也可与同伴协商。

三、活动分享

“观光潜艇”诞生记

“金山海洋公园”活动热火朝天地开展着，幼儿们大胆创想未来的“海洋公园”，并设计制作了相应的场景。“观光潜艇”是他们近期的热点话题，幼儿建造了名为“海洋23号”的观光潜艇，小宇作为组长带领小组成员展开了他们的探秘之旅。

镜头一：舱体诞生记

“海洋23号”的成员们集合在一起。组长小宇拿出设计图纸，萱萱和涵涵拿来了纸盒。小宇和果果用剪刀和双面胶把纸盒封起来又把顶端剪开，小宇站在纸盒里说：“艇身做好了。”一旁的果果看到后一脚跨入，纸盒一侧被撕破。大家立即喊道：“不好啦，观光艇坏了。”我闻声询问缘由。果果说：“观光艇也太不牢固了，坐两个人怎么就破了呢？”萱萱：“我在电影里看到的潜艇非常大，可以坐很多人。”小宇说：“我觉得纸盒太小了，所以人站里面就破了，我们需要收集更大的纸盒。”萱萱告诉大家，这是班级里最大的纸盒了。伙伴们陷入沉思，我又问：“那还有什么更好的办法吗？”小宇灵机一动，提议用很多纸盒拼在一起，并且让萱萱和涵涵去收集更多的纸盒。

不一会，他们拿来了许多纸盒，大家一起将纸盒拆开，再粘贴在一起，一个巨型的观光艇就完成了。四个伙伴一同站在观光艇里欢呼起来，小宇

图1　第一次做艇身

图2　多个纸盒组装

图3　艇身变大了

图4　组员开会，讨论任务

提议可以在观光艇里放一些椅子，而萱萱提议将观光艇潜入海底，去看更多鱼。

在制作“观光艇”的过程中遇到纸盒破了的问题，组员们一起协商，分享各自的经验和观点。最终决定使用更大的纸盒，四个伙伴分工寻找材料。

镜头二：观光舱演变记

“海洋23号”的成员们再一次集合。子豪拿起剪刀在画有图案的纸板上剪出一个洞，告诉伙伴们这是潜艇的窗户。

小宇提议：“那我们来安装玻璃吧，不然潜入海底会进水的，那用什么来封住呢？”果果给的意见是用纸，子豪说窗户应该是透明的，这样就能透过窗户看到海底的鱼了，纸都是有颜色的，封住就看不到了。子豪突发奇想，拿来了透明胶对小宇说：“我来贴，你来剪，我们一起弄吧！”接着，两人开始合作安装“玻璃”，不一会就安装完毕。

图5　开个窗口

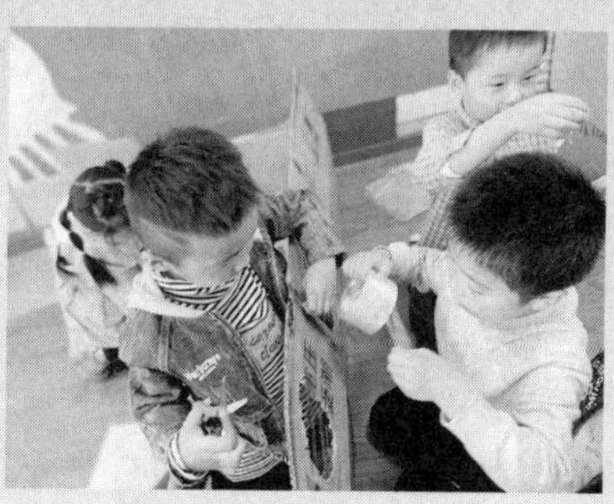

图6　安装“玻璃”

镜头三：氧气罐开关记

小宇提议在下潜的观光艇上装氧气罐，还找来了纸盒、管子、银色的贴纸。大家先将纸贴在了纸盒上，又将管子插入。罐子做好后，涵涵表示可以在氧气罐上装开关。小宇又找了两个不同颜色的饮料瓶盖，粘在了氧气罐上。小宇对涵涵说："这是氧气罐的开关。"涵涵用手转了转盖子却转不动。小宇看了看盖子，拿来两根吸管，然后在瓶盖、罐子上都扎了洞，并将吸管插入瓶盖中。涵涵看到后迫不及待地用手去转动，惊呼道："哇，真的能转动。"小宇还在瓶盖上写上了"开"和"关"两个字。

大家转动几次后发现盖子时常会掉落，为此大家又开始讨论对策。小宇仔细观察了瓶盖、吸管以及氧气罐上的孔，试着把吸管插入瓶盖后，用剪刀把吸管的上端一分为二，再用胶带将剪开的部分固定在瓶盖上，最后插入氧气罐中。开关掉落的问题就被顺利解决了。

在真实的情境中，幼儿为制作一个观光艇以及观光艇上的氧气罐开关一次次地商讨、协商、合作，体现了良好的问题解决能力。

图7　做个氧气罐

图8　安装开关

图9　会转动的开关

图10　1.0版氧气罐开关

图11　2.0版氧气罐开关

案例启示

教育应顺应幼儿需要，以任务驱动幼儿探索。遇到困难时，为他们搭建支架；在幼儿学习不够主动时，给幼儿提出问题；在幼儿完成基本任务后，调动幼儿的创作欲望，进一步完善任务创作。

教师要根据幼儿的发展需求及时进行角色转换，了解幼儿的最近发展区，以幼儿为主体，创设机会和条件让幼儿主动探究问题、解决问题和验证问题。

项目化学习的主要特点是以小组合作的形式展开，幼儿通过分工合作，协商交流和讨论，表现出良好的学习品质、思维品质，在活动中自主探索与学习，在不断发现问题、解决问题的过程中产生深度学习。

珍视幼儿的学习机会和学习能力，让幼儿的奇思妙想在实践中变成现实。这样，“海洋23号”的故事每天都会发生。

小事31

晒一次盐

陈立香

“晒一次盐”源于大班主题“我们的城市”。活动时间建议为四周。涉及社会、科学、语言等领域。主要活动目标：幼儿了解漕泾盐业的发展，在晒盐、制盐的过程中体验古代盐民的不易，萌发爱家乡的情感；知道现代盐业的发展，感受现代技术给制盐行业带来的便捷，为人类智慧感到自豪；知道盐对我们饮食的重要性，探究腌制食物的方法。主要经验点：幼儿了解晒盐需要充足的阳光和适量的海水、适合的场地，不同材质的盐板出盐的时间也不一样；漕泾是金山历史上著名的盐业集镇，曾经有“上海最后一片盐田”的美称，盐文化项目“沧海盐田”声名远播；盐可以帮我们保存食物，让我们品尝不一样的味道，但不宜多吃。

一、活动方案

“晒一次盐”活动方案

适合年龄段：5—6岁

基本流程	驱动性问题	活动目标	所需资源	支持性策略	探究经验点	成果个性化表达
走进盐文馆	漕泾盐文馆在哪里？	1. 知道漕泾盐文馆在蒋庄村，了解盐与漕泾的关系。 2. 知道盐文化演变的过程，为家乡的盐文化感到自豪。	1. 漕泾地图。 2. 盐文馆导览图。 3. 采访计划书、记录笔、纸等材料。 4. 盐文馆讲解员。 5. 盐文馆的图书、漫游照片、影像资料、不同时期盐民劳作的工具等。	1. 小组设计参观盐文馆的计划书。 2. 实地参观盐文馆。 3. 联系盐文馆讲解员或老盐民，介绍盐文馆的故事。 4. 开展“走进盐文馆”发布会，分享参观盐文馆的发现。 5. 提供互动墙，分享在盐文馆发现的表征作品或收集的信息等。 6. 共同收集关于盐的学习资源，创设陈列区。	漕泾是金山历史上著名的盐业集镇，随着“沧海盐田”文化的日益传播，我们应积极保护和弘扬盐文化。	1.“我了解的盐文化”作品集。 2.“盐文化”问题集。 3. 保护盐文化宣传册。
我是小盐民	如何晒盐？	1. 发现影响盐晒制的因素。 2. 对比新旧制盐技术，为人类智慧感到自豪。	1.调查统计表。 2.有晒盐经验的老盐民。 3.晒盐的视频、照片等。 4.幼儿晒盐时所需的各种材料和工具。	1. 调查统计晒盐需要的材料。 2. 邀请老盐民来园介绍。 3. 观看老盐民晒盐的过程或现代晒盐技术等视频。 4. 开展小组探究活动，深度体验盐民的工作。	晒盐需要充足的阳光和适量的海水、适合的场地，不同材质的盐板出盐的时间也不一样。	1. 幼儿晒制的盐。 2.“我是小盐民”记录表征集。
一粒盐的“旅行”	盐可以用来做什么？	1. 了解盐是最重要的食物调味品，我们的生活离不开盐。 2. 体验成功制作腌菜带来的快乐。	1.“盐”展示区。 2.有腌制经验的家长或老师。 3.腌制食品需要的食材、容器等。	1. 收集日常生活中的各种盐。 2. 邀请有腌制经验的人员介绍腌制方法。 3. 开展“腌一次鸭蛋”活动。	盐可以帮助我们保存食物，品尝不一样的味道，但不宜多吃。	1.“腌一次鸭蛋”活动照片集。 2. 咸鸭蛋品尝活动。

二、活动实施

（一）集体学习活动

晒盐

科学、语言 ★★★　　社会、健康 ★★　　艺术 ★

➢ **活动思路**

在开展田野探究活动中，幼儿们打卡了蒋庄村的盐文馆，对盐文化充满兴趣。为激发幼儿进一步了解漕泾盐文化，研究晒盐的技术和方法，我们基于幼儿发展需求，以小组的形式进行深度探究。

➢ **活动目标**

在晒盐过程中了解海水变盐水的简单技术，发现影响晒盐的因素。

对比新旧制盐技术，为人类智慧感到自豪。

➢ **活动准备**

经验准备：在了解漕泾盐文化的过程中对盐产生兴趣，以小组形式进行晒盐的探究活动。

物质准备：幼儿晒盐的照片、视频、PPT课件。

➢ **活动过程**

1. 晒盐的感受

提问：做小盐民晒盐的感受如何？

（价值分析：幼儿在晒盐过程中，体验盐民的辛苦。）

2. 晒盐的发现

（1）小组分享晒盐的发现

提问：你在晒盐过程中有什么发现，遇到了什么问题？

小结：晒盐需要充足的阳光和适量的海水、适合的场地，不同材质的盐板出盐的时间也不一样。

（2）对比新旧晒盐技术

提问：如果没有充足的阳光，我们怎么生产盐？

小结：现代工具加热后会产生高温，海水遇到高温会蒸发变干将盐分离出来，科技发展给我们制盐带来了方便。

提问：太阳晒盐和现代化工业制盐哪个更好？为什么？

（价值分析：通过小组分享，对比新旧制盐技术，感受现代化制盐工艺的便捷。）

3. 现代化制盐

观看现代化制盐视频。

小结：人类创造了很多晒盐的方法，我们可以继续探究。

（价值分析：幼儿通过观看现代化制盐视频，为人类的智慧感到自豪，激发继续探究的兴趣。）

4. 延伸活动

在个别化学习活动中幼儿探索与盐相关的小实验。

利用微波炉、烤箱等工具，继续探索制盐的方法。

大海的礼物

艺术、语言 ★★★　社会、科学 ★★　健康 ★

➢ 活动思路

漕泾南临杭州湾，制盐文化上溯数百年。我们围绕大海进行畅想，引出生活中的盐，幼儿们自由分组并讨论，了解海水变盐的过程。

➢ 活动目标

了解盐的形成过程及盐在日常生活中的应用。

大胆交流，提升观察能力。

➢ 活动准备

经验准备：幼儿了解漕泾制盐的历史。

物质准备：PPT课件，牙膏、沐浴盐、饼干等用盐制作的生活用品和食品。

➢ 活动过程

1. 大海畅想

提问：看到大海，你会想到什么？

小结：海水可以提炼出我们生活所需要的盐。

（价值分析：结合地域特色，引发幼儿大胆畅想，了解我们生活中的盐来自大海。）

2. 海水变盐

（1）小组讨论

提问：海水如何变成日常生活中的食用盐？

（2）视频欣赏

提问：你们有什么新发现？

小结：储藏海水并加工制成我们日常的食用盐。

（价值分析：基于幼儿的讨论，结合视频欣赏，梳理海水变盐所需的工具、材料、方法、因素等。）

3. 盐的作用

提问：盐有什么作用？

小结：盐可以做调味品、清洁剂、消毒液等。

（价值分析：拓展幼儿对盐的认知经验。）

4. 延伸活动

在个别化学习活动中玩与盐有关的实验。

探秘盐在生活中的应用，如消毒、清洁等。

（二）个别化学习活动

寻找盐文馆

➢ **材料**

自制导览图、盐文馆地图、笔等。

➢ **玩法**

幼儿走进盐文馆，根据导览图寻找盐文馆的各个场景，并在相应的表格中打钩。

➢ **观察重点**

观察幼儿协商合作、解决问题的能力。

观察幼儿看导览图寻找景点的能力。

观察幼儿记录和语言表达的能力。

➢ **提示**

寻找盐文馆前，幼儿对盐文馆有所了解，能自制导览图。

活动中出现的场景是根据幼儿的前期经验预设的，活动中鼓励幼儿记录更多的发现。

根据幼儿的发展需要，创设盐文馆情境，引导幼儿深度学习。

腌鸭蛋

➢ **材料**

鸭蛋、盐、水、白酒、罐子、标签等。

➢ **玩法**

用盐、水、白酒调制腌鸭蛋的水，腌制鸭蛋。

进行密封储藏，做好标记。

➢ **观察重点**

观察幼儿调制盐水时是否发现盐和水之间的比例关系。

➢ **提示**

可与同伴合作腌制鸭蛋，保持桌面的清洁。

品尝时，对腌制的鸭蛋进行客观评价。

三、活动分享

晒一次盐

小汪带来了一本关于盐文化的宣传册，当她打开宣传册介绍时，孩子们对画册上的内容充满好奇。

“这是哪里呀?”

“图片上的人看起来像古时候。”

“白白的是盐吗?”

“盐是怎么来的?”

一系列的问题开启了班级幼儿对盐文化的探究之旅。

镜头一：老盐民在哪里?

观看“沧海盐田”的视频后，孩子们纷纷表达了对漕泾盐民的敬佩之情。“现在还有盐民吗?”天天问道。孩子们七嘴八舌讨论起来，诺诺说:“我太爷爷以前就是盐民，海崖村有好多老人以前是晒盐的。”诺诺的话引起了孩子们的追问：“盐是怎么晒出来的？”“需要什么工具？”“累吗？”诺诺说：“我也不知道，我回去问一下吧。”孩子们在自主交流中，发现曾经的盐民就在我们身边。

在家委会的组织下，有的孩子和家长走进蒋庄村的盐文馆，了解盐的历史文化；有的来到诺诺家采访太爷爷，了解晒盐的方法和技术。调查结束后，大家都想做小盐民，体验晒盐的过程。

图1　采访盐民

图2　参观盐文馆

基于一本宣传册，幼儿们产生了探秘盐文化的想法，并结合生活经验产生疑问和讨论，从而进一步推动活动的开展。

镜头二：我是小盐民

晒盐的场所

为了挑选合适的晒盐场地，大家开启了讨论。科盐组的孩子说：“在大山坡上，直接能晒到太阳。”察盐观色组的孩子说：“山坡上不平整，就放在操场运动器械上晒也是可以的。”老铁组的孩子问：“万一碰到下雨天怎么办？”

“直接搬进班级，我们就在底楼，正好近。”

“那遇到双休日怎么办？”

“那就放屋顶菜园，离太阳近，还淋不到雨。”

“那太远了，不方便观察呀。”

“平时放操场，双休日放屋顶菜园。”

大家最后决定在操场运动器械上和屋顶菜园里晒盐。

图3　在运动器械上晒盐

图4　在屋顶菜园晒盐

盐板漏了

离园时间，小盐民们陆陆续续把盐板收进班级，老铁组的铭铭大叫起来："不好了，我们的海水漏了。"大家围拢过来。这时铭铭很快发现："我知道了，这个铁盒有缝隙，水从缝隙里漏出去了。盖子没有缝隙，所以没有漏。班级里还有铁盒，都换成盖子就可以了。"

图5　铁板漏水

盐变少了

周一来园，三个小组发现盐板都成功晒出了盐，察盐观色组的彤彤满脸疑惑地问道："为什么我们的盐那么少？"这时，眼尖的梦梦说："我发现竹子盐板的颜色很黑，这是为什么？""难道海水被竹子吸收了？"周周问道。彤彤说："我同意周周的说法，我知道了，肯定是竹子吸收了，海水变少了，晒的盐也变少了。"大家积极寻找盐变少的原因。

图6　变深的盐板

又变成海水了

连着几天的阴雨天气，小盐民们发现盐板里的盐又变成了水，潮湿让盐变成了水。各个小组又展开讨论："给盐板做个暖棚。""放个取暖器。""把晒的盐放到罐子里。""开空调，让温度变高。"最后通过讨论，大家选择采用做暖棚和放罐子的方法。放进罐子里的盐，一直都保存得很好，放在暖棚里的盐，还是变成了海水。在接下来的晒盐活动中，三个小组吸取经验，成功将盐放进罐子保存。

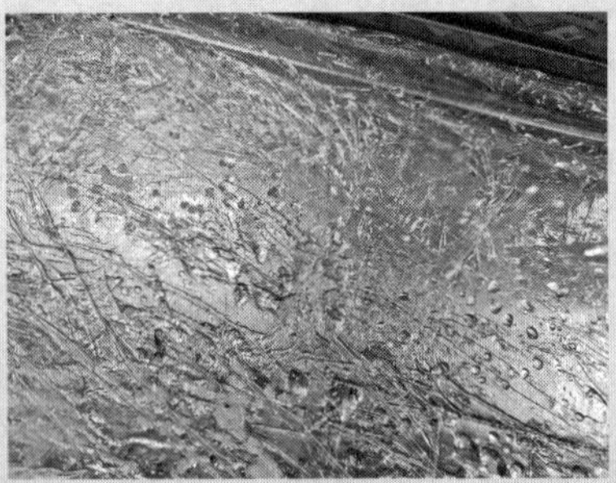

图7　潮湿的盐

图8　储藏的盐

基于幼儿的真问题，拓展晒盐的新场地。通过场地的自由转换，幼儿探究的兴趣得以延续。

幼儿自由表达想法，在分享互动中不断发现新材料、新工具、新方法，提升探究能力。幼儿的话语权、自主权、评价权等得到充分体现，积累了有效的活动经验。

案例启示

“晒一次盐”活动中，幼儿自由结伴，自主选择场地、材料开展游戏，在互动中相互协调、讨论、制定规则、分工合作，努力实现活动目标。

“晒一次盐”活动中，幼儿在观察中发现问题，提出“漏水了怎么办?”“盐变少了怎么回事?”“为什么盐变海水?”等问题，在问题中实现思维碰撞，在讨论、质疑中推动问题的解决。

“晒一次盐”活动源于亲子田野活动，幼儿在晒盐活动中，掌握了制盐技巧，不断总结经验，提升晒盐的技能。

小事32

卖一次鱼

张依文　朱佳虹

“卖一次鱼”源于大班主题“我们的城市”。活动时间建议在4—6月。涵盖社会、语言、艺术等领域。主要活动目标：幼儿通过实地探访金山嘴渔村，了解渔民捕鱼、养鱼、卖鱼的过程，体验渔民的生活；了解鱼的种类，学会分辨不同鱼的特征;观察鱼的生存方式，了解鱼的呼吸方法，知道鱼类保鲜的方法;尝试用多种方法卖鱼，积累销售经验。主要经验点：幼儿了解捕鱼需要选择一片水流平稳的水域，在渔网上撒上饵料；发现鱼游进渔网就要马上收网，把鱼装进灌了水的水桶里保存；现代科技使交易变得更加便捷，游客用手机扫码就可以付款买鱼了。

一、活动方案

"卖一次鱼"活动方案

适合年龄段：5—6岁

基本流程	驱动性问题	活动目标	所需资源	支持性策略	探究经验点	成果个性化表达
找到一张渔网	渔民是怎样捕鱼的?	1. 多途径收集渔民捕鱼的方法，探索与辨别最适合的捕鱼方法。 2. 体验捕鱼的过程，发现捕鱼的不易。	1. 有捕鱼经验的渔民。 2. 一张渔网。 3. 钓鱼竿。 4. 有鱼的水域。 5. 有关渔民出海捕鱼的视频。	1. 采访渔民，了解捕鱼需要的工具和方法。 2. 挑选捕鱼的水域，大家讨论怎样才能捕到更多的鱼。 3. 挑选工具，用实际操作的方式探索适宜捕鱼的材料。	1. 水流平稳的水域最适合捕鱼。 2. 捕鱼需要一张大渔网，在渔网上撒些鱼饵料，再把渔网甩到池塘中间。 3. 用鱼喜欢吃的饵料会吸引更多的鱼，需要五六个渔民一起来收网。 4. 捕鱼是一件很辛苦的事情，需要花费很多时间和体力，渔民需要全神贯注地关注渔网的情况，观察收网的时机。	1. 幼儿对捕鱼工具进行记录的分析表。 2. 幼儿选择捕鱼方法的发现记录表。 3. 渔民捕鱼的经验分享会。
鱼类知多少	渔民能捕到哪些鱼?	1. 持续观察身边的鱼，了解鱼的种类。 2. 学会分辨不同种类鱼的特征。	1.观察记录本、摄像机等。 2.展示墙或展示板。 3.池塘。 4.会捕鱼的渔民。 5.各种渔具实物或视频：渔网、钓竿、鱼钩、鱼笼、饵料、鱼篓等。	1. 分组观察，探索渔民捕鱼的方法。将过程及发现记录下来。辨析饵料的作用，是不是饵料撒得越多，捕到的鱼越多? 2. 参观鱼塘，观察鱼的生长环境，并采访渔民。(幼儿自发联络渔民、准备采访的材料、设计采访的提纲和内容等。)	1. 渔民可以捕到带鱼、金枪鱼、三文鱼、八爪鱼、黄鱼、鲳鱼、鲫鱼、鲤鱼、草鱼等。 2. 鲫鱼、鲤鱼个头小，适合自己吃。 3. 草鱼很活跃，一旦上钩会四处逃窜。	1."我观察到的鱼"座谈会。 2."鱼类连连看"比拼结果。 3. 渔具体验区，现代渔具展示区。

续　表

基本流程	驱动性问题	活动目标	所需资源	支持性策略	探究经验点	成果个性化表达
照顾好它	怎样保存鲜鱼?	1. 在辨别鱼类特征的过程中，了解鱼生存和呼吸的方式。 2. 探索鱼类保鲜的方法。	1. 渔村实地考察。 2. 采访提纲、采访记录本。	1. 观察渔村的叔叔阿姨保存鱼的不同方法。 2. 采访渔村的叔叔阿姨，了解他们采用的鱼类保鲜方法，并做好采访记录。	1. 把捕到的鱼直接放进冰箱或冰柜里，需要吃的时候拿出来解冻，可以像活鱼一样新鲜。 2. 把鱼的内脏清空，泡在盐水里浸泡也可以保持新鲜。 3. 把鱼放在热水中浸泡至表面发白，放凉后包上保鲜膜，冷藏保存，可以保鲜24小时左右。	1. 渔村采访记录册。 2. 鱼类保存的思维导图。
卖一次鱼	要怎么把鱼卖出去?	1. 尝试多种卖鱼的方法。 2. 体验推销鱼时的交往过程，感受交易的乐趣。	1. 渔村里的商人卖活鱼、烤鱼、炸鱼、铁板鱿鱼的图片。 2. 讨论在渔村有哪些店，都卖些什么。 3. 讨论要如何把鱼卖出去，在推销时要使用哪些语言。	1. 收集渔村中的商铺信息。 2. 讨论：鱼从哪里来? 3. 了解推销用语，丰富游戏情节。 4. 制作不同角度（如平面、站立、悬挂）的鱼。	1. 卖鱼需要一定的商业链，应该先有供货源，如自己垂钓、去市场进货、请配送员送货上门等。 2. 推销时需要用清晰的语言介绍自己的商品。 3. 设想卖鱼的场景，设计卖鱼的菜单，选择交易的方式，如现金支付、扫码支付、刷卡支付等。	1. 卖鱼小商贩的交易图片展。 2. “鱼类知多少”的宣传册。 3. “最受欢迎小商贩”的经验分享会。

二、活动实施

（一）集体学习活动

卖一次鱼

社会、语言 ★★★　　艺术、健康 ★★　　科学 ★

➢ 活动思路

本次活动源自大班主题“我们的城市”，以幼儿的兴趣为切入点，从幼儿丰富的生活经验延伸至幼儿感兴趣的“上海最后一个渔村”项目化活动。在活动中，幼儿提议“卖一次鱼”，并自主设置游戏场景，开展游戏。

➢ **活动目标**

尝试自己布置商铺，感受卖鱼的多种方法。

能够组织推销语言，体验推销时的交易场景。

➢ **活动准备**

经验准备：有市场购物的相关经验，对产品推销有所了解。

物质准备：宽敞空地、自制不同种类的鱼、秤、竹竿、麻绳、自然物若干。

➢ **活动过程**

1. 经验分享

提问：你们买过鱼吗？渔民是怎么卖鱼的？

小结：金山嘴渔村里有很多卖鱼的地方，鱼的种类也很多，你们想不想做小渔民卖一次鱼？

（价值分析：自由讨论，引发幼儿对卖鱼活动的兴趣。）

2. 尝试体验

（1）幼儿选择店铺地点和卖鱼种类

（2）幼儿自主推销

提问：怎么才能让经过的顾客都来买鱼呢？

小结：我们在卖鱼之前，首先要把店铺里的产品陈列整齐，其次要及时向顾客推销产品，还要有灵活的付款方式。

（价值分析：了解卖鱼的经验，商品陈列、推销方式、付款途径等。）

3. 盘点比较

幼儿相互观察，比较哪家店铺的鱼卖得最好。

提问：为什么这家店的鱼卖得最多？

小结：在推销时，随机应变很重要，既要有线上服务，也要有现代化的配送方式。科技给我们的生活带来了很多便捷。

（价值分析：掌握卖鱼的技巧，灵活的话术和便捷的服务能带给顾客更好的购物体验。）

4. 延伸活动

区域延伸：在区域中加入关于各种鱼类特征的对对碰游戏。

家庭延伸：在家中品尝用鱼做成的各种美食。

社区延伸：和家长一起去菜市场体验买鱼的经历，了解市场上鱼的种类。

各种各样的鱼

科学、艺术 ★★★ —— 语言、社会 ★★ —— 健康 ★

➢ **活动思路**

本活动源于大班主题“我们的城市”，幼儿通过探访金山嘴渔村，对渔村中的鱼很感兴趣，因此立足幼儿兴趣点，开展此次活动，拓展幼儿社会经验。

➢ **活动目标**

初步认识并识别生活中常见的海鱼及其特征。

尝试根据各种海鱼的特征用树叶制作海鱼。

➢ **活动准备**

经验准备：实地探访金山嘴渔村，收集不同鱼类的资料。

物质准备：黄鱼、带鱼、鲳鱼等常见海鱼的图片，树叶，剪刀，固体胶，记号笔。

➢ **活动过程**

1. 交流讨论

提问：你在渔村见到了哪些鱼？

小结：渔村里有黄鱼、带鱼、鲳鱼等。

（价值分析：知道渔村中有哪些鱼，初步了解鱼的种类。）

2. 尝试制作

（1）提问：渔村里的这些鱼是什么样的？

小结：黄鱼是长长的鱼身、小小的尾巴；带鱼是细细长长的鱼身；鲳鱼是圆圆扁扁的……

（价值分析：掌握不同鱼类的外形特征，并能够正确区分它们。）

（2）讨论如何用树叶制作海鱼

幼儿尝试用树叶制作海鱼。

提问：你是怎么制作海鱼的？

小结：我们可以用各种颜色、形状的树叶制作不同造型的鱼。

（价值分析：在动手动脑制作海鱼的过程中，加深对鱼类特征的认识。）

3. 分享交流

提问：谁愿意展示一下你制作的鱼，并让大家猜一猜？

小结：制作鱼的时候要先观察鱼的特征，在制作过程中重点表现鱼的主要特征。

（价值分析：在分享交流过程中，拓展对不同鱼类特征的认识。）

4. 延伸活动

区域延伸：在区角活动中投放张志和的《渔歌子》视频或音频，引导幼儿欣赏、吟唱。

家庭延伸：在家中养一次鱼，引导幼儿持续观察它的特征。

社区延伸：亲子一起去钓鱼，观察不同种类的鱼。

（二）个别化学习活动

记忆对对碰

➢ **材料**

常见鱼的卡片、方格底盘2个、一次性小纸杯若干。

➢ **玩法**

观察、记忆图片（内容、位置），1分钟后将纸杯倒扣在图片上，开始游戏。

幼儿甲先翻开1只纸杯，根据纸杯内图片内容快速说出另一张图片所在的位置，征得对手同意后打开纸杯验证，如配对成功则赢走图片。反之扣上纸杯继续游戏，谁赢的图片多就获胜。

➢ **观察重点**

观察幼儿在游戏过程中是否有意记忆卡片的内容、位置。

观察幼儿在游戏过程中的规则意识。

➢ **提示**

为增强游戏的趣味性、自主性和挑战性，熟悉玩法后，教师可提供计时器、记录纸等，让幼儿开展竞赛游戏。此外，图片的内容也可由幼儿自己设计与绘画。

猜猜我是谁

➢ **材料**

不同鱼类的卡片、鱼类不同部位的卡片。

➢ **玩法**

识别鱼的不同部位，与完整的卡片进行配对。

区分不同种类的鱼，并说出名称。

➢ **观察重点**

观察幼儿在活动中感知细节的能力。

观察幼儿认识各种鱼的情况。

➢ **提示**

提供空白记录纸让幼儿自主表达。

三、活动分享

卖鱼趣事

在进行“我们的城市”主题活动时，幼儿们之间交流了关于家乡的景点，其中包括金山嘴渔村，大家对嘴渔村产生了深厚的兴趣。于是，我们开展了“上海最后一个渔村”的活动。

镜头一：我的鱼怎么卖不出去呢？

游戏时，卖鱼的然然挑着扁担来到了渔船旁边，问渔夫浩浩和乐乐：“我来进货啦，你们捕到鱼了吗？”

“有好多呢！”浩浩一边说一边将刚捕上来的鱼递给然然。

满载而归的然然挑着扁担，开始吆喝着：“卖鱼喽！卖鱼喽！快来看看呀！新鲜的鱼！刚捕上来的鱼！”

图1　快来买鱼啦

卖力的叫卖声吸引来了很多小客人，“一条鱼多少钱呀？”大家好奇地问。

“一块钱一条。”然然回答道。很快小客人在然然的热情招待下买好了鱼，便去了其他商店。扁担里还剩下很多鱼，不管然然怎么吆喝，都没人来买了。“我的鱼怎么卖不出去呢？”然然很纳闷。

然然就“鱼卖不出去”的问题与客人们进行了充分沟通。小客人们认为，渔夫在捕鱼时，用鱼叉叉鱼，导致捕上来的鱼都是坏鱼，大家不愿意买。之后，然然接受大家的意见，找到管理员多多，和她一起商量鱼卖不出去的问题。他们决定再增加一个选鱼的职业，将渔夫捕上来的鱼进行挑选，然后运送给卖鱼、晒鱼的，这样就避免出现鱼坏了而卖不出去的情况。

大班的幼儿在游戏中遇到困难后，并没有寻求教师的帮助，而是选择与同伴商量思考解决的方法，主动解决游戏中的问题。

镜头二：怎么卖更多的鱼呢？

有了选鱼的步骤，买鱼的客人络绎不绝。可是，小客人们好像更愿意找在摊位上卖鱼的伊伊，而不是挑着扁担到处叫卖的然然，这让然然很困惑。然然来到伊伊的摊位前一探究竟，他发现伊伊在摊位上画了一些海报，海报上有各种各样的鱼，就像产品介绍目录。

"卖鱼啦！卖鱼啦！1块钱1条，2块钱3条！新鲜的鱼！"伴随着伊伊的吆喝声，然然一边掰着手指，一边嘟囔着："原来还能这么卖！"

然然又联想到之前和妈妈去菜场买鱼的场景，他看到鱼的下面都铺了一层冰，妈妈告诉他：冰可以保鲜，这样鱼就能卖得更好。于是，他去找了一个纸箱，当作保鲜箱来保存鱼，还制作了付款的二维码。

"卖鱼啦！卖鱼啦！用冰块保存新鲜的鱼！1块钱1条，2块钱3条！还可以手机扫码付钱！快来买呀！"创新的售卖方式吸引了一大批小客人前来围观，有的小客人专门用树叶制作了手机来扫码付钱！

通过观察同伴的售卖方式，并结合生活经验，然然反思自己的销售方式，还结合同伴的方式以及生活经验，调整销售和支付形式，获得了成功的游戏体验。

从然然升级卖鱼的销售方式可以看出，然然的生活经验十分丰富，而且他愿意向同伴学习，改进自己卖鱼的方式。

镜头三：我今天卖了多少鱼呢？

在游戏讲评时，然然介绍了自己今天的收获："我今天用保鲜箱来装鱼，卖了很多新鲜的鱼！而且我还打折卖，鱼的销量很不错。"

"那你到底卖了几条鱼呀？"有小朋友马上问道。

然然一下子被问住了，我连忙追问："谁可以帮然然解决这个问题？"

"可以做盘点表呀！"婻婻立马答道，"之前我在做产品交换市场管理员的时候就是这么做的！上班前记录一下有多少东西，上班的时候记录进来了什么，出去了什么。最后再记录下班的时候还剩多少。这样当天的销售情况就一目了然了！”于是，盘点表又被大家应用到游戏中。

图2　卖了多少鱼

对于大班幼儿来说，能专心倾听，听懂同伴、教师表达的内容，而且针对话题能够表达自己的疑惑，这些学习品质能为小学的学习奠定良好的基础。

案例启示

在渔村的自主性游戏中，教师创设了一系列渔村活动情境，提供多种多样的捕鱼工具、低结构材料，和幼儿一起制作渔村的门头。

在游戏中，幼儿们各司其职，将已有经验应用在游戏中，收获了游戏的快乐。

活动多样且新颖，为幼儿提供了模仿、再现社交活动经验的机会，可以锻炼幼儿的社会交往能力。教师可以把握教育契机，丰富幼儿的生活经验，积极引导幼儿将已有的生活经验运用到游戏过程中，通过环境、材料的暗示，丰富和发展幼儿游戏的内容和情节，促进幼儿的自主创新能力以及问题解决能力的发展。

小事33 做一个浇水器

夏争争

“做一个浇水器”源于大班主题“有用的植物”。活动时间建议为8周。涵盖科学、语言、艺术等领域。主要活动目标：幼儿制作一个自己满意的浇水器，体验制作成功的喜悦；在制作过程中，提高质疑能力和同伴评价的能力；做浇水器的过程中学习养护植物、珍爱生命。主要经验点：幼儿了解生活中有各种各样的废旧材料可以制作浇水器；同样的材料通过不同的组合可以制成不同的浇水器；大型的现代化自动浇水器可以方便快捷地照料植物，但是它的制作过程较复杂；不同的植物可以选择不同的浇水器。

一、活动方案

“做一个浇水器”活动方案　　适合年龄段：5—6岁

基本流程	驱动性问题	活动目标	所需资源	支持性策略	探究经验点	成果个性化表达
设计一个浇水器	1. 我们为什么要浇花？ 2. 古代的人用什么浇水？ 3. 度假时，家里的植物没人浇水怎么办？ 4. 世界上最大的浇水器是什么样的？	1. 了解生活中常见的浇水工具。 2. 探索浇水工具的秘密，发现它们的科学原理。 3. 在设计制作改进的过程中，提高质疑能力和同伴评价的能力。 4. 了解浇水器的特点。	1. 幼儿园的资源：班级自然角、屋顶菜园、小菜园等。 2. 家中的资源：家中的阳台、绿植、乡下的自留地等。 3. 社区的资源：公园、湿地、田野等自然资源。 4. 关于浇水器结构图、设计图的资源。	1. 在已有的资料中寻找各种各样的浇水器。 2. 对“做一个浇水器”的设计思路进行讨论。 3. 幼儿设计浇水器，并展示。	1. 在生活中有各种各样的废旧材料可以制作浇水器。 2. 同样的材料采用不同的组合方式可以制成不同的浇水器。 3. 浇水器的种类很多，按材料、外形、功能可以分成不同类别。 4. 现代浇水器比古代浇水器先进。	1.“做一个浇水器”调查表。 2.“做一个浇水器”问题集。 3.“做一个浇水器”设计师作品展示板。 4.“做一个浇水器”辩论赛集锦。
我的浇水器	1. 浇水器一定有洞洞吗？ 2. 我们需要哪些材料和工具制作浇水器？ 3. 还有哪些不一样的浇水器？ 4. 浇水器的工作原理是什么？	1. 在做浇水器的过程中，提高养护植物、珍爱生命的意识。 2. 选择生活材料设计花样浇水器，增强解决实际问题的能力。 3. 体会每一种浇水器的用处。	1.幼儿园的资源：班级自然角、屋顶菜园、小菜园等。 2.家中的资源：阳台、绿植、自留地等。 3.社区的资源：公园、湿地、田野等自然资源。 4.“我的浇水器”设计图。 5.一些废旧材料、工具。	1. 在制作“我的浇水器”的过程中，爸爸妈妈可以用照片、图片、文字等形式记录。 2. 组织幼儿在个别化活动中进行“我的浇水器”绘画记录。 3. 幼儿分组在幼儿园科技操作室、屋顶菜园、小菜园中进行探究活动。 4. 专业人员制作浇水器的经验支持和分享。	1. 知道不同的植物需要浇水的工具和方法是不一样的。 2. 大型的现代化自动浇水器可方便随时照料植物，但是它的制作过程较复杂。 3. 不同的植物可以选择不同的浇水器进行浇灌。 4. 自动浇水器可帮助人们浇水，给人们的生活带来便捷。	1.“我的浇水器”展示区。 2.“我的浇水器”创意制作集锦。 3.“我的浇水器”制作经验交流会。

二、活动实施

（一）集体学习活动

创意浇水器

科学、社会 ★★★ — 语言、健康 ★★ — 艺术 ★

➢ 活动思路

幼儿在照顾班级植物的过程中，萌发了自制浇水器的想法。他们尝试寻找各种制作材料，在活动中呈现出无穷的创意。

➢ 活动目标

利用不同的材料给花草浇水，知道不同材料浇水的方法不同。

感受花草喝水后的心情，体验创新及劳动的乐趣。

➢ 活动准备

经验准备：知道植物需要喝水，要定期给植物浇水。

物质准备：提供让幼儿制造浇水器的材料（如盖子上有孔的可乐瓶、滴管、海绵、小杯子、树叶等），几盆清水，几个空盆子等。

➢ 活动过程

1. 经验分享

提问：小朋友们，刚才我们在操场上玩了那么久，是不是觉得很渴？

小结：喝完水后，我们感觉身体特别舒服，花草和我们一样也需要喝水。

2. 探索方法

提问：你用什么方法把水浇到空盆子里的？

可乐瓶浇水器：在可乐瓶内灌些水，拧上有孔的瓶盖，挤压瓶子，向空盒子里喷水。

滴管浇水器：用滴管吸上水，捏一捏，向空盆子里滴水。

树叶浇水器：用树叶兜水，运到空盆子里。

海绵浇水器：将海绵吸饱水，挤在空盆子里。

杯子浇水器：用小杯子舀水，浇到空盆子里。

（价值分析：通过直接操作，幼儿感受浇水器的科学原理，知道可以用各种材料来制作浇水器。）

3. 实际行动

提问：每种植物使用的浇水方法一样吗？为什么？

小结：给不同植物浇水时，需要采用不同的方法。

（价值分析：通过小组讨论，提高幼儿的观察能力和评价能力。）

4. 延伸活动

区域延伸：幼儿在个别化学习活动中，设计各种浇水器。

家庭延伸：幼儿和爸爸妈妈一起设计创意浇水器，并尝试制作。

自制浇花器

科学、社会 ★★★　语言、健康 ★★　艺术 ★

➢ 活动思路

幼儿小组合作，设计图纸并收集材料制作浇花器。在制作过程中，大家一起协商、克服困难和解决问题。

➢ 活动目标

利用吸管和饮料瓶，制作简单又有趣的浇花器。

了解压强的科学原理和现象，感受水从吸管中流出来的神奇现象。

➢ 活动准备

经验准备：认识生活中的浇花器，有浇花器的使用经验。

物质准备：饮料瓶、吸管、水、餐巾纸、报纸、气球、扭扭棒、剪刀、钻孔机、记号笔、硅胶枪、打气筒等。

➢ 活动过程

1. 解读计划

提问：谁来介绍一下自己的制作计划？

小结：每组小朋友的想法都很有趣，有的用嘴巴吹气，有的则利用气球代替嘴巴吹气，有的还想用喷雾的方式。

2. 尝试制作

小组拿取材料和工具，按照计划书进行制作。

提问：遇到困难时，该怎么办？

小结：遇到问题不能解决时，可以用画画或其他方式将问题记录下来，并将它粘贴在问题板上，大家一起讨论解决。

（价值分析：通过讨论和记录，提升幼儿的问题解决能力和表征能力。）

3. 分享交流

（1）介绍浇花器

提问：哪组来分享一下你们的作品？

（2）检验浇花器

提问：这个浇花器是否有用，出现了什么问题？是什么原因造成的？

（3）交流问题

提问：浇花器在制作中都出现了哪些问题？

（价值分析：幼儿通过检验，寻找浇花器产生问题的原因，为后续的改善做好准备。）

4. 延伸活动

区域延伸：幼儿可以在个别化学习活动中呈现自己更有创意的想法。

家庭延伸：将未完成的浇水器带回家后与爸爸妈妈一起制作和改善。

（二）个别化学习活动

制作浇花桶

> **材料**

各类瓶子毛线、吸管、剪刀和锥子。

> **玩法**

利用各类瓶子制作浇花桶。

利用制作好的浇花桶给植物浇水。

> **观察重点**

观察幼儿设计制作的浇花桶是否科学？

观察浇花桶的浇灌效率如何？

> **提示**

提醒幼儿使用剪刀和锥子时注意安全。

好玩的自动浇水器

> **材料**

做好的各种自动浇水器，可以盛水的不同容器，装好水的矿泉水瓶。

➢ **玩法**

在自动浇水器中装满水，观察水是怎么流出来的。

可以用自动浇水器为植物浇水。

➢ **观察重点**

观察幼儿是否对自动浇水器产生兴趣并愿意探究其中的奥秘。

➢ **提示**

提醒幼儿装满水后一定要盖上瓶盖。

培养幼儿节约用水的意识。

三、活动分享

自动浇水器是如何做成的

马上要放暑假了，孩子们看着班级里的植物说："怎么办，我们放暑假，谁来照顾这些植物呢？"经过讨论，大家有了做自动浇水器的想法。但是怎么做呢？孩子们积极搜集自动浇水器的资料，探索自动浇水器的制作方法。

镜头一：没人照顾的植物

今天，在自然角值日的涵涵说："马上要放暑假了，这些植物没人照顾怎么办？"宴宴说："我看到过有一种可以自动给植物浇水的浇水器，我们可以做个自动浇水器。"宴宴的想法得到了大家的认同。

图1　自动浇花器设计图

针对放假期间没人浇水的情况，宴宴提出了制作自动浇水器的构想。自动浇水器的提出源于幼儿的日常生活，和幼儿的生活有着密切的联系。

镜头二：设计浇水器

宴宴、涵涵在设计自动浇水器，宴宴说："涵涵，你看我设计的浇水器。"涵涵说："这个浇水器需要什么材料？你看，这是我设计的浇水器。"宴宴说："我的很简单，只需要矿泉水瓶和餐巾纸就行。"涵涵说："这么厉害，你看我的，画得好看吧，我是用矿泉水瓶和绳子做的。"窦窦说："那和我差不多啊，都是用矿泉水瓶。"涵涵说："对啊，矿泉水瓶最简单，生活中最容易找到。"

从孩子的讨论中可以看出，孩子们在设计浇水器的时候目的明确，对自动浇水器有一定的认识和经验。他们会选择使用生活中比较常见的材料，对制作自动浇水器有一定的预判能力。

镜头三：做一做浇水器

窦窦根据设计图制作自动浇水器，他从班级百宝箱里找到了一个矿泉水瓶，又找来餐巾纸和剪刀。他用剪刀戳瓶盖，戳了一会，还是没能戳进去，于是向我求助："夏老师，有没有尖的钻头，我要在瓶盖上戳个洞。"我说："教室里没有钻头啊。"这时，涵涵说："我记得科技室有个机器是可以打洞的。"窦窦说："对啊，那我们去科技室打洞吧。"涵涵："我们去找张老师帮忙吧。"窦窦说："好呀，夏老师，我们可不可以去找张老师帮忙呢？"我说："我可以先帮你们联系张老师，看看张老师什么时候有时间。"在我的帮助下，窦窦和涵涵来到了科技室，在张老师的指导下，用打洞机在瓶盖上成功打了洞。

窦窦在制作自动浇水器的过程中碰到了难题，瓶盖太硬，用剪刀无法打洞。他想到了求助老师，在同伴的提醒下，成功给瓶盖打了洞。在这个过程中，我们看到了窦窦的成长，他会主动表达和交往，并且热情有礼貌。

图2 自制浇水器

镜头四：试一试浇水器

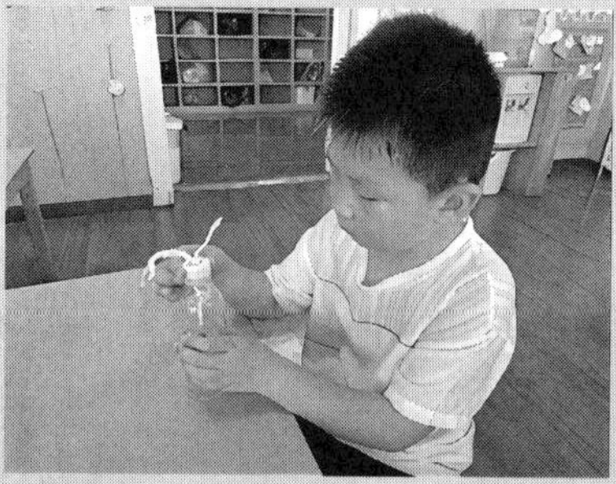

图3　成功制作浇水器

窦窦做好了餐巾纸自动浇水器，对涵涵说："我们去试一试吧。"涵涵说："好的，我们去试试，我觉得你这个浇水器不用钻洞，餐巾纸放进去更加省心。"窦窦摸了摸脑袋，说："打了洞，水就不容易洒出来，不然，水一晃就晃出来了。"涵涵说："我们搬的时候可以小心一点！"窦窦说："我觉得这样也挺好的，洞可以固定餐巾纸的位置。"涵涵说："我觉得直接放餐巾纸更加省力。"窦窦说："要不你也做一个吧，看看哪一个更好。"

窦窦想去验证自己的自动浇水器是不是可以浇水时，遇到了涵涵的质疑，从两人的对话可以看出，两人都有了一定的逻辑推理能力和表达能力。涵涵不断地质疑窦窦的设计，窦窦也不断地说明自己的设计，在这种同伴互动中，孩子一直在思考，在不断验证自己的猜想。

案例启示

第一，在探究中提高幼儿合作交流的能力。

5—6岁幼儿具有初步的探索能力，在成人的帮助下能制订简单的调查计划并执行，能用数字、图画、图表或其他符号记录。在探究如何制作自制浇水工具的过程中，幼儿不断观察、思考，与同伴沟通交流、合作。

第二，在探究中提高幼儿解决问题的能力。

在探索中，教师注重幼儿问题解决能力的培养，在孩子操作过程中，大胆放手，尊重、理解幼儿，通过倾听、提问、回答、材料提供、资源开拓等支持策略帮助幼儿解决各类问题。

第三，在探索中培养幼儿的学习品质。

在幼儿探索制作"自动浇水器"的过程中，幼儿的学习品质明显提升，比如能更关注生活中的事物，进一步养成好奇好问、乐于探究的习惯，分工合作完成小组成果，遇到问题时能运用新知识优化解决问题的策略等。幼儿自由、自主地展示了他们的一百种语言、一百种思考。

小事34

做一个板凳

张 峰

“做一个板凳”源于大班主题“我们的城市”。活动时间建议为四周。涵盖科学、语言、社会、健康等领域。主要活动目标：幼儿通过观察生活中各种各样的板凳，知道每一种板凳都有其独特的价值；知道制作板凳的步骤和流程，体验制作的不易和乐趣；愿意同他人分享和交流作品，客观认识自己的作品。主要经验点：幼儿了解不同造型的板凳有不同的功能和用途；板凳可以用多种材料制作；检验板凳质量的方法有很多。

一、活动方案

"做一个板凳"活动方案

适合年龄段：5—6岁

基本流程	驱动性问题	活动目标	所需资源	支持性策略	探究经验点	成果个性化表达
我想这样做板凳？	1. 板凳只能用来坐吗？ 2. 可以用其他材料来制作板凳吗？	1. 在观察的基础上，尝试合作设计独特的板凳。 2. 能运用多种方式呈现板凳的外形特征和功能。 3. 喜欢自己的创想，愿意和别人分享自己的设计作品。	1. 材料：记号笔、水彩笔、铅笔、橡皮、铅画纸、A4纸、剪刀等。 2. 各类板凳的图片和介绍。 3. 设计图展示板。	1. 支持幼儿在网上查询关于板凳的信息。 2. 支持幼儿讨论、协商板凳的设计。 3. 幼儿实地考察实物板凳，形成设计想法。	1. 板凳的造型、结构多种多样，不同的板凳用途也不一样。 2. 除了传统材料，还可以利用其他材料制作板凳。	1. 小组的板凳设计图。 2. 幼儿板凳设计过程中的问题集。
做个小板凳	1. 什么造型的板凳坐起来最稳？ 2. 如何将材料牢固地连接起来？	1. 选择合适的材料尝试拼装板凳。 2. 乐意与同伴协商、讨论、合作，按计划制作板凳。	1.制作板凳所需要的材料和工具。 2.各小组设计的板凳设计图。	1. 引导幼儿按照设计图进行制作，过程中出现新问题要及时调整方案。 2. 鼓励幼儿利用多种方法固定制作材料。	1. 一般来说，板凳腿向外扩、重心低是较为稳定的板凳结构。 2. 板凳结构处根据不同的材质有不同的连接方法。	1. 幼儿的板凳作品。 2. 幼儿制作板凳过程中的问题集。
说说我的板凳	1. 如何检验板凳的稳固性？ 2. 你们的板凳有什么特别之处？	1. 能向他人介绍自己板凳作品的特别之处。 2. 能尝试运用多种方法对板凳进行检测。 3. 能尊重和接纳别人不同的意见。	1.检验工具。 2.分享交流展示板。	1. 鼓励幼儿连贯清楚地讲述自己的板凳作品。 2. 引导幼儿辩证地看待自己的作品。	1. 检验板凳是否牢固和稳定的办法有很多，直接坐一坐、用手摇一摇、放重物等。 2. 每个板凳的设计都不是完美的，有利有弊。	1. 幼儿的板凳介绍视频。 2. 幼儿检验板凳牢固性过程中的问题集。

二、活动实施

（一）集体学习活动

这是板凳

科学、语言 ★★★ | 健康、社会 ★★ | 艺术 ★

➢ **活动思路**

通过画面展示，使幼儿直接感知板凳和椅子之间的差异，进一步感知、了解板凳的不同功能和用途，提升幼儿关于板凳的认知经验。

➢ **活动目标**

知道板凳和椅子的区别，了解不同造型的板凳有不同的用途。

尝试合作设计板凳，体验协商合作的乐趣。

➢ **活动准备**

经验准备：幼儿了解生活中的凳子或椅子。

物质准备：介绍板凳和椅子的PPT课件。

➢ **活动过程**

1. 谈话导入

教师播放PPT，出示凳子和椅子。

引导语：你们看，这是什么？（出示凳子）这又是什么呢？（出示椅子）

提问：凳子和椅子一样吗？有什么区别？

小结：椅子有靠背，复杂一点的椅子还有扶手，而凳子没有靠背和扶手。

2. 说说凳子

（1）教师播放PPT，了解板凳

提问：它们都是同一种造型吗？都是用来坐的吗？

小结：凳子也有不同的类型和结构。如：放在床的两侧的是脚凳；摆在柜子旁则兼有花几的作用，可以摆放盆花、盆景；在寺庙中，凳子作为打禅的坐具，造型又宽又矮。

（价值分析：通过PPT呈现，让幼儿感受凳子的外形特征也存在一些差异，而且功能、用途都不一样，从而扩展幼儿的知识面。）

（2）教师播放PPT，讨论板凳

引导语：如果让你们来设计一款板凳，你们想怎样设计？有什么用？

3. 设计板凳

（1）幼儿自由组成合作小组，完成板凳设计

（2）自主收集关于板凳的更多资源

（3）小组根据自己的经验和想法进行讨论设计

（4）分享和交流

提问：给大家分享你们设计的板凳，其他小组的成员认真倾听，并提出意见。

小结：每组设计的板凳都很有特点，用途也不同，所用的材料也不同。

（价值分析：通过小组讨论，碰撞和激发思维的火花，迸发出设计灵感。通过小组互评，提高幼儿的观察能力和评价能力。）

（5）各小组继续完善板凳设计

4. 延伸活动

区域延伸：幼儿在个别化学习活动中完善设计图纸。

家庭延伸：回家后可以和爸爸妈妈讨论板凳设计图，继续完善。

做个小板凳

科学、语言 ★★★　社会、健康 ★★　艺术 ★

➢ 活动思路

小组合作按照设计好的图纸收集材料和工具，让设计图转化为生活中可用的板凳。大家一起协商，克服困难，解决问题，最终通过动手操作和亲身体验，提升制作水平。

➢ 活动目标

比较各种材料的材质，选择合适的材料拼装板凳。

乐意与同伴协商合作，按计划书制作板凳。

➢ 活动准备

经验准备：幼儿有使用工具的经验，对材料的特性也较为熟悉。

物质准备：木块、木板、纸板、KT板、纸盒、铁盒、易拉罐、塑料瓶、球杆、贴纸、塑料袋、塑料纸、报纸、记号笔、胶水、剪刀、尺、锯子、榔头、钉子、扶钉器、钳工台、压力台等。

➢ 活动过程

1. 解读计划书

提问：谁来说一说你们小组制作的计划书？

（价值分析：通过反复讨论和完善，幼儿对板凳设计图有了更深入的认识，为后续的制作活动打下基础。）

2. 尝试制作板凳

（1）幼儿选择材料和工具

（2）尝试组合拼装板凳

3. 交流分享

（1）介绍作品

引导语：说一说你们制作的板凳，最大的特色是什么？

（2）检验作品

提问：这个板凳出现了什么问题？怎样改进？

（价值分析：在相互评价中，对自己制作的作品形成客观认识，寻找改善的途径。）

4. 延伸活动

区域延伸：幼儿可以在个别化学习活动中完善自己的创意。

家庭延伸：请爸爸妈妈一起参与制作和改进板凳。

社区延伸：教师或家长带领幼儿走访社区中制作板凳的匠人。

（二）个别化学习活动

板凳大分类

➢ **材料**

板凳图卡、分类板、纸笔等。

➢ **玩法**

幼儿根据已有经验，给板凳图卡进行分类。

说说分类的理由和依据。

➢ **观察重点**

观察幼儿能否按照自己的经验进行分类。

观察幼儿将凳子进行分类的维度是否多样。

➢ **提示**

大家认真倾听，不干扰别人的发言。

板凳模型组装

➢ **材料**

板凳面、板凳腿、横向连接杆、胶水等。

➢ **玩法**

幼儿根据经验组装板凳模型。

完成组装后，仔细检查，不遗漏任何部件。

➢ **观察重点**

观察幼儿能否在规定的时间内完成组装。

观察幼儿是否清楚每个部件的具体作用。

➢ **提示**

在组装过程中注意安全和卫生。

三、活动分享

交流的场域　智慧的火花

最近幼儿们正在科技操作室开展制作板凳的活动，大班幼儿积极参与，都想制作一把属于自己的椅子。

镜头一：制作板凳

在分享交流中，小红说："我制作的板凳，比你们的都要大，我的板凳面用了一个很大的纸盒。""哇，那坐上去一定很舒服。"小明说道。"那可不一定，太大了也不好。"思思嚷嚷着。接着我让小红邀请一名幼儿上来检验板凳的质量。小红就邀请小明上来，小红问："我的板凳怎么样啊？"小明说："感觉我的屁股要掉下去了。"这时，小红说："不会的，我的板凳质量很好。"小明又说："我觉得你的板凳面有点空，坐下去就瘪掉了。"小红又说："那你坐上去觉得舒服吗？"小明回答："不舒服，感觉要塌了，不安全。"此时，一直在观察的思思说："我说吧，不一定坐着舒服的。"小红提高嗓门说:“我的板凳质量很好,我已经选择了硬纸盒了,怎么可能会塌下去呢?”

我问大家:“难道纸盒够硬就行了吗?还有其他要求吗?”大家沉默了一会儿,雯雯说:“我知道了,要往纸盒里塞东西。”我说:“为什么要往里面塞东西呢?”大家都受到了启发,有的说:“往里面塞报纸。”又有人说:“往里面塞塑料袋。”我接着问雯雯:“为什么要在里面塞东西?”她说:“我觉得纸盒里面是空的,要塞东西填满它,这样就不会瘪掉了。”我问大家:“你们觉得雯雯的方法好吗?”大家一致回答:“好。”于是我们就采用雯雯的方法,调整好了之后再次请小明检验。小明再次坐上去说:“比之前好多了,屁股不会再陷下去了。”

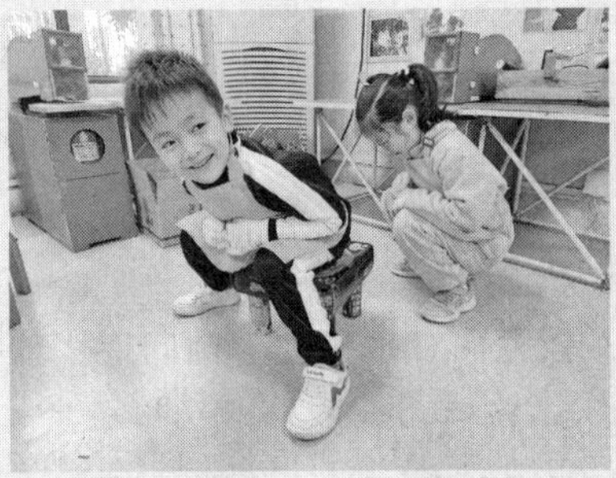

图1　检验质量

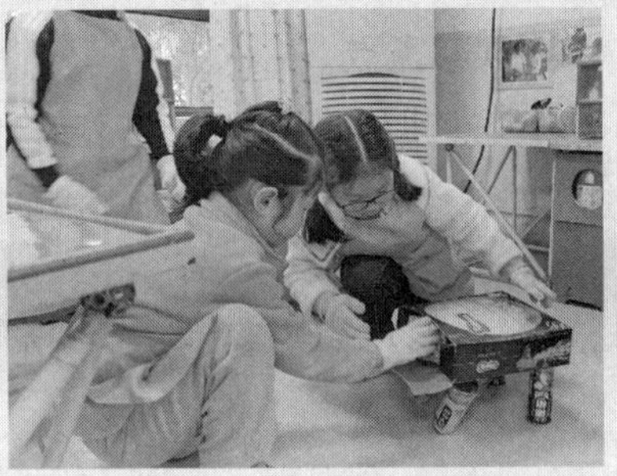

图2　往纸盒里塞东西

当大家都认可雯雯的方法时,思思又说:“为什么不直接用铁盒子呢?我觉得铁盒子比纸盒子更加牢固,不需要往里面塞东西。”我接着说:“嗯,思思的方法与众不同,我们可以继续尝试,然后比较哪种方法更好。”

在分享交流环节,思思很有主见和想法,是一个思维活跃的孩子。

镜头二:检验凳子质量

轩轩说:“我这个凳子都是用木头做的,凳面是用木板做的,四个凳脚是用长木条做的,肯定很结实的,坐上去不会塌。”轩轩邀请思思来进行检验。思思慢慢地坐了下去,轩轩马上问她:“怎么样?没有掉下去吧。”思思说:“感觉有点硬,没有陷下去。”

听到这里,轩轩很开心地说:“我的木头凳子质量比小红的好。”这时,坐在一旁的雯雯说:“张老师,有两个凳子脚要歪掉了,思思你当心一点,不要摔到地上。”思思低头看了看,屁股也挪动了一下,椅子晃了晃。这时,思思说:“我发现问题了,好像有点摇晃。”“为什么会有这种感觉呢?”我追问。她说:“凳子脚是斜的。”“那你们有什么方法来改进吗?”我继续追问。

有幼儿说："是这个凳子脚太细了，所以斜了，换个粗的就好了。"还有幼儿说："应该用胶带把它绑牢。"

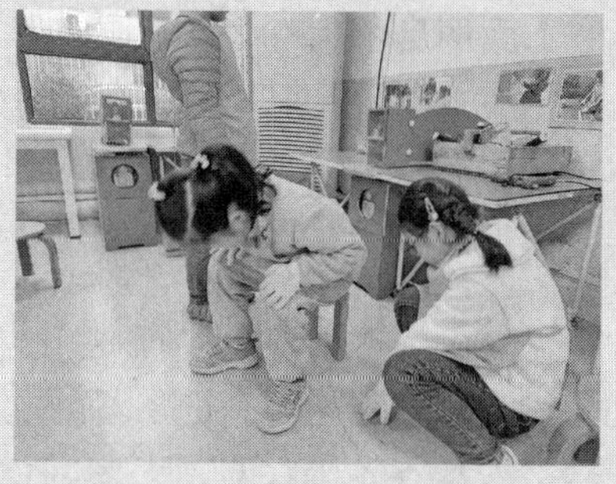

图3　检验木头凳子质量

轩轩是用木头做的凳子。在第一次检验轩轩的凳子质量时，思思并没有关注到凳子是否会摇晃，只关注她坐上去之后会不会陷下去。雯雯却观察得特别仔细，她发现了凳子脚倾斜的问题，提醒思思注意安全。这时候思思才转移检查的重点，很快发现凳子有点摇晃。然后我借机请幼儿讨论怎么解决，很快大家提出了自己的建议和方法。

镜头三：寻找凳子不稳的原因

我对孩子们说："上次我们检验了轩轩的凳子，它的凳子坐上去有点摇晃。但是你们并没有说明为什么会摇晃。我现在把凳子放在你们中间，你们可以走上来仔细观察。"看完后，雯雯说："张老师，我当时发现有两个凳子脚有点倾斜。""那另外两个凳子脚呢？"她想了想说："好像没有倾斜。"于是，我拿出了之前轩轩制作的木凳子，对他们说："你们仔细看看没有倾斜的两只凳子脚，轩轩是怎么钉上去的？"思思看了看说："张老师，我发现了，这两只凳子脚用了三颗钉子，那两只凳子脚就用了一颗钉子。三颗钉子比一颗钉子更加牢固，是吗？"我说："你很棒，观察得特别仔细。"这时轩轩说："原来是这样啊，我自己都不知道，现在我知道了。"

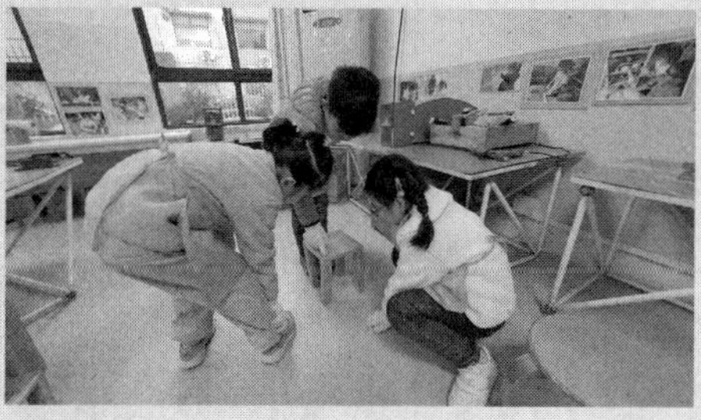

图4　观察木头凳子

图5　发现凳子站不稳的原因

案例启示

分享交流是科学制作活动的一个重要环节，能有效提升幼儿的科学经验和制作能力。幼儿在该环节中谈论自己的作品，回忆自己的制作过程，以及制作中的问题和问题解决方式。

分享交流环节可以促进幼儿对科学的认知，改变幼儿的学习方式，让幼儿成为活动的主角，把学习的主动权牢牢掌握在自己的手中。

在分享交流环节中，教师可以了解幼儿的思维方式、语言表述能力和合作交流等方面的情况，更好地指导幼儿，促进幼儿的全面发展。

小·事35

养一次蚕宝宝

张纯子

“养一次蚕宝宝”源于大班主题“动物大世界”。活动时间建议为七周。涵盖科学、语言、健康、社会等领域。主要活动目标：幼儿关注蚕宝宝的生长过程，感受生命循环往复的奇妙过程；在悉心照顾蚕宝宝的过程中，萌发热爱生命的情感。主要经验点：幼儿了解蚕宝宝的一生要经历蚕卵、幼虫、蛹（结茧）、蛾四个阶段；需要细心呵护蚕宝宝，新鲜的桑叶、温暖干净的环境是蚕宝宝健康生长的关键因素。

一、活动方案

"养一次蚕宝宝"活动方案　　适合年龄段：5—6岁

基本流程	驱动性问题	活动目标	所需资源	支持性策略	探究经验点	成果个性化表达
爱干净的蚕宝宝	1. 蚕宝宝住在哪里？ 2. 蚕宝宝喜欢吃什么？	1. 多途径收集养蚕的方法。 2. 持续观察蚕宝宝，感知蚕宝宝的生长变化。 3. 体验养蚕的过程。	1. 有养蚕经验的家长。 2. 观察记录本、拍摄设备（手机、照相机）等。 3. 养蚕需要的器皿和工具，如蚕匾、筛子、湿度计、温度计、棉布手套、镊子、羽毛等。 4. 蚕卵和新鲜桑叶。	1. 在家长的介绍和解说中，了解蚕宝宝的生活习性和饲养方法。 2. 提供适宜养蚕的场所。 3. 分组饲养蚕宝宝，积累养蚕经验。	1. 小蚕期时，生长环境的温度控制在26—27摄氏度，相对湿度控制在85%—90%。大蚕期时，生长环境的温度控制在23—25摄氏度，相对湿度控制在65%—70%。 2. 蚕宝宝具有天然趋光性，适宜在阴凉通风处饲养。 3. 给蚕宝宝喂食桑叶前需要将桑叶清洗干净，再擦干。其中小蚕喜欢吃嫩叶，大蚕适合吃老叶（老桑叶富含纤维素，能帮助蚕宝宝吐丝结茧）。 4. 及时清理蚕沙、隔离生病的蚕宝宝，并对工具进行消毒，防止传染。	1. 蚕宝宝食物大调查。 2. 蚕宝宝饲养手册。 3. 蚕宝宝饲养经验分享会。
我的蚕宝宝长大了	1. 蚕卵孵化出蚕宝宝要多少天？ 2. 蚕宝宝长大时有什么变化？	发现蚕宝宝的生长过程，感受生命成长的奇妙。	1.实物蚕宝宝。 2.《神奇的蚕宝宝》《诞生了！蚕》等图画书。 3.拍摄设备、镊子、观察记录本等。	观察蚕宝宝的生长变化过程，运用多种方式记录。	1. 蚕宝宝的一生只有50多天，要经历蚕卵、幼虫、蛹（结茧）、蛾四个阶段。 2. 蚕宝宝蜕一次皮就相当于增加一岁，幼虫要蜕四次皮，成为五龄幼虫，再吃桑叶8天成为熟蚕，开始吐丝结茧。	1. 蚕宝宝饲养计划书。 2. 蚕宝宝饲养大猜想。 3. 蚕宝宝成长记录册。 4. 饲养蚕宝宝的有趣故事集锦。

续　表

基本流程	驱动性问题	活动目标	所需资源	支持性策略	探究经验点	成果个性化表达
蚕宝宝的雌雄	蚕宝宝有雌雄吗?	用多种方式尝试探究雄蚕和雌蚕的不同，大胆表达自己的发现。	1.蚕的幼虫。 2.关于雄蚕和雌蚕的相关视频。 3.放大镜、拍摄设备、镊子、观察记录本等。	1. 观看“如何分辨雄蚕和雌蚕”视频。 2. 收集雄蚕和雌蚕的有关信息。 3. 用多种方式探索雄蚕和雌蚕的显著特征，做好记录。	1. 雄蚕第八、九节腹面有一个透明小点，雌蚕第八、九节腹面有四个透明小点。 2. 蚕宝宝体节由身上的环形条纹分隔开，雄蚕有十个条纹（十一节体），雌蚕有八个条纹（九节体）。	1. 雄蚕和雌蚕图片展。 2. 雄蚕和雌蚕观察记录册。
蚕宝宝，一身宝	1. 蚕宝宝的茧有什么用? 2. 蚕宝宝的大便（蚕沙）可以做什么?	1. 了解蚕丝、蚕茧、蚕沙在生活中的广泛用途。 2. 感知蚕丝制品的特点。	1.生活中常见的蚕丝制品。 2.蚕茧。 3.各种纺织工具图片或视频：缫车、纺车、机械织机、数控自动织机等。 4.蚕沙。 5.展示板。	1. 收集蚕丝制品，了解中国蚕丝文化背景以及丝绸之路的发展演变。 2. 观看纺丝织布的视频，了解纺织工具的变化历程。 3. 了解蚕沙的药用价值和使用方法。	1. 蚕丝广泛应用于卫生、美容、医疗等各个领域。 2. 需要经过清理蚕茧、煮蚕茧、搅动蚕茧、缠绕丝线的过程完成抽丝。 3. 蚕沙需要暴晒，去除杂质，筛净灰屑才能药用。它有治湿、去火、祛风湿等功效。生活中还可用作植物的养料。	1.“蚕丝制品”展示区。 2. 传统手工纺织小工具体验区。 3.“蚕沙妙用”展示板。

二、活动实施

（一）集体学习活动

爱干净的蚕宝宝

科学、语言 ★★★　　健康、社会 ★★　　艺术 ★

➢ 活动思路

养蚕是一项能激发幼儿创造兴趣，拓展幼儿科学经验，又易于幼儿动手操作的活动，养蚕的过程能使幼儿感受生命成长的意义。

➢ **活动目标**

了解蚕宝宝的生长环境和习性。

知道蚕宝宝生病的原因，学会清洁蚕宝宝生长的环境。

➢ **活动准备**

经验准备：幼儿认识蚕宝宝，对蚕宝宝的生长变化过程有一定的认知经验。

物质准备：幼儿照顾蚕宝宝照片、幼儿观察记录表等。

➢ **活动过程**

1. 出示照片，谈话导入

（出示蚕宝宝生病照片）导入语：蚕宝宝这两天生病拉肚子了，你们知道怎么办吗?

（价值分析：通过观察蚕宝宝生病的照片，提出问题，引发幼儿思考蚕宝宝生病的原因。）

2. 交流探讨，寻找办法

了解蚕宝宝生病的原因。

提问：蚕宝宝拉肚子的原因是什么?

幼儿结合自己的生活经验，谈谈自己拉肚子的感受和原因。

提问：你有什么好办法让蚕宝宝不拉肚子?

小结：喂蚕宝宝吃桑叶前要洗手，可以大大减少细菌的产生；新鲜的桑叶最有营养，可以帮助蚕宝宝增强免疫力；轻轻抚摸蚕宝宝，让它们保持好心情……

（价值分析：幼儿能够结合自己的生活经验，寻找蚕宝宝拉肚子的原因，从而知道干净的环境对蚕宝宝生长的重要性。）

3. 了解蚕的生活环境和习性

观看视频。

提问：蚕宝宝喜欢什么样的房子?

小结：蚕宝宝很爱干净，喜欢通风透气的房子，温度要保持在23—27摄氏度。

讨论：怎样让蚕宝宝的生长环境保持洁净?

小结：生病的蚕宝宝要及时隔离，避免健康的蚕宝宝被传染，还要及时清理吃剩的桑叶、蚕宝宝的大便和死亡的蚕宝宝。

（价值分析：通过提问和讨论，初步了解蚕宝宝适宜生长的环境，以及如何保持干净的饲养环境。）

4. 延伸活动

区角延伸：投放翁卷的七言绝句《乡村四月》供幼儿欣赏、吟诵。

家庭延伸：鼓励家长与幼儿一起饲养蚕宝宝，观察记录蚕宝宝的生长过程。

有用的蚕丝

科学、语言 ★★★　　社会、健康 ★★　　艺术 ★

➢ **活动思路**

幼儿发现蚕宝宝开始吐丝结茧了，却不知道蚕茧有什么作用。结合幼儿的兴趣点，我们设计了本次活动。

➢ **活动目标**

初步感知蚕丝的特性，知道蚕丝的用途。

了解蚕丝制品的制作步骤，体验手工抽丝的乐趣。

➢ **活动准备**

经验准备：了解蚕宝宝吐丝结茧的过程。

物质准备：PPT课件、丝巾、蚕茧、热水、小苏打、筷子、绕丝工具（纸筒和缠线板）。

➢ **活动过程**

1. 游戏导入，引发兴趣

布袋里藏有一根丝巾，幼儿将手伸进布袋里摸一摸。

提问：你摸到了什么？有什么感觉？

小结：光光的、滑滑的、软软的、凉凉的，它就是我们常戴的丝巾。

（价值分析：游戏的导入能够激发幼儿的活动兴趣，初步感知蚕丝制品的特点。）

2. 交流探讨，说说用途

提问：丝巾是用什么材料制成的？

小结：丝巾是由蚕丝纺织而成，蚕丝是一种很好的纺织原料。

讨论：蚕丝还可以做什么？

出示蚕丝制品，请幼儿说说它们的用途。

小结：蚕丝被、真丝的衣服都是蚕丝制成的。

（价值分析：通过观察蚕丝制品，初步感知蚕丝的特性。）

3. 观看视频，了解流程

（1）观看视频一

提问：怎样制作蚕丝被？

小结：蚕丝被的制作包括选茧、煮茧、剥茧、开棉、脱水、拉丝、成形的过程。

（2）观看视频二

提问：两个视频里的蚕丝被制作有什么不一样？

小结：现在有了机器的帮忙，抽丝剥茧再也不麻烦了，丝也不会断，可以从头抽到尾，真是太有趣了。

（价值分析：通过观看视频，了解蚕丝制品的制作步骤，知道手工剥茧抽丝和机器抽丝的区别。）

4. 抽丝体验

幼儿自由分组。

在蚕茧中加入小苏打（小苏打是碱性的，可以让蚕丝变得更加柔软）。

在盛有蚕茧和小苏打的容器中加入热水，浸泡1分钟。

抽丝（用筷子取出蚕茧，进行抽丝）。

小结：抽丝的力气不用很大，慢慢地，就能抽出一根完整的蚕丝。

（价值分析：通过实际操作和亲身体验，幼儿能够了解抽丝的简单步骤，初步掌握抽丝的基本方法。）

5. 延伸活动

区域延伸：投放用蚕丝做的扇子、衣服、鞋子等生活用品，丰富幼儿对蚕丝制品的认识。

家庭延伸：家长与幼儿共同查阅资料，了解蚕丝制品的洗涤及保养方法。

（二）个别化学习活动

会动的“蚕宝宝”

➢ 材料

双面胶、剪刀、滴管、筷子、不同材质的纸。

➢ 玩法

将纸剪成长方形纸条，长度略短于筷子的长度。

在纸的一端贴双面胶，将筷子放在纸上，开始卷，一直卷到边缘处，撕下双面胶粘贴成纸筒状。

从两边向中心推挤纸筒，使其变成“蚕宝宝”。再用滴管将水慢慢滴在“蚕宝宝”身上，“蚕宝宝”遇水后立刻舞动起来。

➢ 观察重点

观察幼儿完成卷、推挤等动作时的熟练度如何。

观察幼儿对滴水后“蚕宝宝”的变化的兴趣和关注度如何。

➢ 提示

正确安全地使用剪刀。

及时用毛巾擦拭桌面上的水。

蚕宝宝的家

➢ 材料

蚕宝宝、塑料盒、纸板箱、波浪形网、扭扭棒等。

➢ 玩法

幼儿自主选择材料制作蚕宝宝的家。

➢ 观察重点

观察幼儿如何利用材料制作蚕宝宝的家。

观察幼儿对蚕宝宝家的结构的表述。

➢ 提示

蚕宝宝的家要放在阴凉通风处。

三、活动分享

蚕宝宝成长记

春暖花开的季节，也是养蚕的好时候。为了让幼儿观察蚕宝宝的成长过程，了解蚕宝宝与蛾的关系，我们在班级里开展了养蚕活动。

镜头一：最初相遇

沐阳拿来了幼蚕养殖套装，孩子们好奇地过来围观。套装盒里有几十条小小的、白白的蚕宝宝，另外还有配套的桑叶、夹子、小放大镜、一根羽毛、一个透明盒、说明书。孩子们看完装备，都觉得蚕宝宝好可爱。这时，

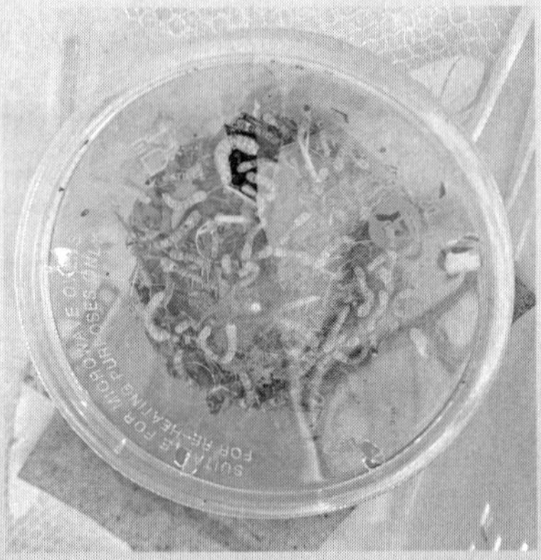

图1　在透明塑料盒里养蚕

一凡提出："我们组建一个蚕宝宝饲养小队，这样我们就能知道蚕宝宝长大后变成什么样了。""好呀！"海桥第一个举手报名。

一凡："你看，蚕宝宝吃的树叶都干了。"

海桥："我听妈妈说，蚕宝宝是吃桑叶的，这个是桑叶。不过桑叶干掉了要换掉。"

一凡："可怎么换呢？"

海桥："把蚕宝宝都拿出来，把桑叶拿掉，换好新的桑叶，再把蚕宝宝放回去。"

一凡用小夹子轻轻地把蚕宝宝夹了起来，海桥也找来了一把小夹子小心地夹蚕宝宝。忙碌了好一会，他们成功地给蚕宝宝换好了新鲜美味的桑叶。

两天之后，一凡发现盒子里有黑黑的、小小的、圆圆的东西，数量很多。

"这是什么？"一凡不解地问。孩子们看了看，摇摇头都说不知道。海桥、沐阳猜想，会不会是什么种子？一凡仔细打量着小盖子里的黑东西，突然惊呼道："你们看，这有一条很小很小的小黑虫，像小蚂蚁，还在动。"海桥、沐阳凑过去看，真的是一条小黑虫。一凡很纳闷："为什么会有小虫子呢？"

海桥："不知道，要不我们把小黑虫和蚕宝宝放一起？"

沐阳："可以，让它们做好朋友。"

（第四天，饲养小队又去照顾蚕宝宝了。）

一凡："你们看，小黑虫变长了。"

沐阳："好神奇，小黑虫长大了。"

海桥："难道小黑虫是蚕宝宝？可是蚕宝宝是白白的啊。"

子骞："这个就是蚕宝宝。我妈妈说，蚕宝宝小时候就是黑黑的。"

教师："孩子们，你们很会观察，这个像蚂蚁一样的蚕宝宝刚孵化出来，它叫蚁蚕。"

幼儿发现盒子中有黑黑的小虫，却都不知道是什么。大家经过猜想、饲养、观察，发现黑黑的小虫是蚕宝宝小时候的模样。

镜头二：奇思妙想

图2　幼儿对蚕宝宝的奇思妙想

图3　给蚕宝宝换新家

饲养了一周之后，塑料盒中的几十条蚕宝宝长大了很多。

海桥："这么多蚕宝宝，它们在盒子里会不会很挤呀？"

沐阳："它们都是软软的，不会挤的。"

一凡："我觉得蚕宝宝住的地方太小了，我们给蚕宝宝换个新家吧。"

子骞："我们找个大的地方把它们放进去。"

小莲："小农庄有个大大的、圆圆的大筛子。"

梦洁："我们把桑叶先放在下面，再把蚕宝宝放上去，这样蚕宝宝会舒服一点。"

教师："孩子们，给蚕宝宝们换新家可是件大事，如果把它记录下来，我们就知道蚕宝宝换新家的时间，把记录积累起来，你的收获就会更多。"

一凡："今天是几号？给蚕宝宝换新家了，我要记录下来。"

教师："你们在饲养蚕宝宝的过程中，愿意把发现记录下来，做成观察日记，以后你们就能知道照顾蚕宝宝的整个过程，也能把你观察到的发现告诉更多的人。"

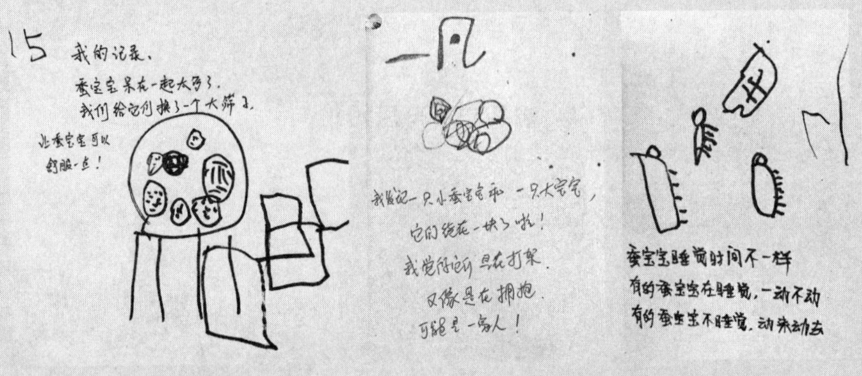

图4　幼儿对蚕宝宝的观察记录

镜头三：清理蚕沙

饲养的第九天，孩子们照例给蚕宝宝喂桑叶，却发现了大量小黑点。

海桥："又有很多蚕沙了。"

语晗："筛子洞洞好大，蚕沙都掉到桌上了，怎么清理呀？"

一凡："我们要把蚕宝宝搬走，戴上手套可以更方便。"

垒垒："给我手套，我也要帮忙。"

（孩子们一起忙活着，有的负责戴手套把蚕宝宝抓出来，有的负责拿走干掉的桑叶，有的负责用羽毛清扫蚕沙。）

子骞："你们看，蚕宝宝在我手上了。"

梦洁："你拿好蚕宝宝，我给它喂点桑叶。"

梦菡："我们先把蚕宝宝放在书上，让它走一走，散散步。"

教师："孩子们，蚕宝宝很多，吃了桑叶之后会有很多蚕沙，有没有什么好办法让清理工作方便一些？"

昊睿："我们可以在筛子上垫一张大纸，再把蚕宝宝放上去，这样蚕沙都在纸上。"

一凡："可是这样的话，蚕沙还是在筛子里，清理的时候蚕宝宝还是要拿出来啊。"

海桥："那把纸放在筛子下面，蚕沙直接落到纸上，然后我们把大筛子拿开，就可以清理大便了。"

一凡："这个办法好，海桥你真聪明！"

教师："你们都很聪明，大家一起动脑筋，就想到了好办法。"

图5　幼儿与蚕宝宝互动

一直有新成员加入饲养小队，当发现新事物时，大家愿意提出疑惑，分享饲养经验，幼儿间的交往和谐、友好。

镜头四：查找原因

饲养的第十六天，蚕宝宝只剩下8条了。

教师："蚕宝宝怎么变少了？"

梦洁："前面帅帅夹蚕宝宝的时候，力气太大，把它们夹死了。"

若萱："蚕宝宝在书上散步的时候，梦菡跪在垫子上，不小心把蚕宝宝压死了。"

教师："原来在饲养过程中发生了一些意外情况，让蚕宝宝数量变少了。这些意外的发生让我们知道照顾蚕宝宝的时候应该谨慎小心。"

一凡："这两天蚕宝宝都没有桑叶吃了。"

海桥："沐阳带来的桑叶已经干掉了。"

小莲："桑叶在袋子里面腐烂了，蚕宝宝也不能吃了，吃了会拉肚子。"

一凡："应该把桑叶拿出来，这样不会烂掉。"

教师："幼儿园的墙角处有一棵小桑树，你们可以每天去那里采摘新鲜的桑叶。"

镜头五：破茧成蛾

饲养的第四十四天，孩子们来园没多久，昊睿有了新发现。

昊睿："你们快过来看，蚕茧上有一个洞！"

一凡："蚕宝宝变成蝴蝶了！"

海桥："蝴蝶的翅膀是彩色的，有花纹的，这个不是蝴蝶。"

沐阳："那蚕茧里的是什么？看着翅膀白白的，还有点黄黄的。"

教师："这是蚕蛾。蚕宝宝在蚕茧里经过羽化，变成了蚕蛾。"

一凡："原来蚕宝宝长大没有变成蝴蝶，而是蚕蛾。你们看，蚕蛾的翅膀在抖，它是不是要飞啦？"

昊睿："它现在还飞不动，这么小，没力气。"

沐阳："蚕蛾肚子会饿吗？它要吃什么呀？"

一凡："我觉得还是给它吃桑叶，蚕宝宝最爱吃桑叶。"

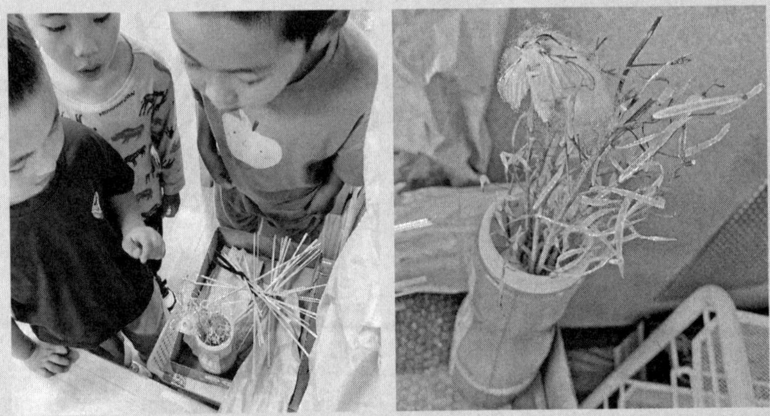

图6　幼儿发现破茧成蛾

幼儿终于等到了蚕蛾破茧而出的这天，表现得很兴奋。看到扇动翅膀的蚕蛾，他们又产生了一系列新疑问，探索发现还在继续着。

案例启示

在组建了观察小队之后，两名观察成员一直坚持观察，并带动身边更多的幼儿参与，观察队伍越来越庞大。

在饲养过程中，幼儿更有爱心了，更乐意说话了，喜欢对着同伴和老师滔滔不绝地说着自己的发现，更愿意用图画、符号去记录了。

在真实的、有趣的饲养体验过程中，随着经验的积累，幼儿有了很多新发现，也不断产生新疑问。

小事36

做一次交易

周 祺 褚添翼 钱倍怡

“做一次交易”源于幼儿的户外活动。涵盖科学、社会、语言、艺术等领域。主要活动目标:通过做一次交易,小、中、大班幼儿之间产生交流,培养幼儿的社会交往能力;让幼儿感受到以物换物的乐趣,并能让闲置物品获得充分利用。主要经验点:幼儿了解废旧材料不必丢弃,可以运用旧物、自然物等材料制作成各种产品;交换产品需要一定的交换规则,比如以物换物、等价交换等;世界上有很多地方仍然资源紧缺,要节约资源,减少浪费。

一、活动方案

"做一次交易"活动方案　　适合年龄段：5—6岁

基本流程	驱动性问题	活动目标	所需资源	支持性策略	探究经验点	成果个性化表达
确定需要交换的产品及制作材料	交换什么?	1. 多途径收集产品的制作材料，探索不同材料的用处。 2. 体验挑选材料的过程，有废物利用的意识。	1. 各种产品所需的材料。 2. 产品的图片或视频。 3. 家长资源。	1. 幼儿集体讨论生活中有哪些可以用来改造的废旧材料，协商确定需要交换的物品。 2. 挑选和收集需要改造的废旧材料，讨论不同材料的改造方法和成品的用途。	1. 需拟定产品制作方案。 2. 不同材料能制成多样的产品。 3. 废旧材料能循环利用。	1. 集体讨论后，幼儿初步设计需要交换的产品。 2. 幼儿挑选材料的问题记录本。 3. 挑选材料的经验分享会。
制作产品	怎样有创意地做出实用的产品?	1. 知道产品的特点，并能制作实用性较强的产品。 2. 能创造性地运用多种材料制作产品。	1. 已挑选的材料。 2. 各种制作工具。 3. 制作产品需要的场地。 4. 需要制作的产品图片或视频。	1. 分组进行制作，探索制作创意产品的方法，记录过程及发现。 2. 观察产品的特点，并通过组内讨论，依据特点进行设计。 3. 现场进行产品试用，感受产品的用途。	1. 什么材质的废旧材料做出的产品保存时间久? 2. 产品制作包括前期设计、剪贴、装饰等环节。 3. 废旧材料的功能不同，所能制作的产品也不同。	1. 小组产品制作交流会。 2. 产品制作成果展示板。 3. 产品功能体验区。
做一次交易	如何进行产品交易?	1. 在产品交易的过程中，体验产品的交易规则以及以物换物的乐趣。 2. 多途径进行产品交易。 3. 在同伴交往中大胆表达自己的想法。	1. 产品交换市场。 2. 管理员、登记员、观察员。 3. 记录所需的纸笔、统计表、评价本。	1. 跟随长辈体验身边的交易活动。 2. 集体讨论班级中需要或缺失的物品，到产品交易市场寻找所需产品。 3. 用多种方式进行产品交易。	1. 所交换的产品应是等价的。 2. 产品可以用多种方式交换，如一物换一物、一物换多物、多物换一物。 3. 用统计表盘点产品交易情况。	1. 产品交易市场宣传会。 2. 统计表。 3. 各班所需要的产品及"最受欢迎的产品"展示板。

续　表

基本流程	驱动性问题	活动目标	所需资源	支持性策略	探究经验点	成果个性化表达
节约资源，减少浪费	世界上的资源充足吗？	1. 感知身边的资源与生活的关联。 2. 发现生活中还有资源匮乏的地方，懂得节约资源，减少浪费。	1. 资源匮乏的地区照片。 2. 宣传员的活动计划表、记录表等。 3. 讨论需要的相关信息资料。	1. 收集资源浪费的有关信息，了解其危害性。 2. 做“节约资源小卫士”，在园内、社区里进行节约资源的宣传巡讲。 3. 开展“减少资源浪费”大讨论。	1. 资源浪费会致使环境和人类受到危害。 2. 浪费资源会造成资源危机。	1. 珍惜、节约资源的宣传册。 2. 资源浪费的图片展。 3. 避免资源浪费方法的展示板。

二、活动实施

（一）集体学习活动

“实用”的扫把

艺术、科学 ★★★　社会、语言 ★★　健康 ★

➢ **活动思路**

扫把是幼儿日常生活中常见的清洁工具。本次活动通过手工制作扫把，锻炼幼儿的动手操作能力，使幼儿体验劳动的乐趣，养成良好的生活卫生习惯。

➢ **活动目标**

了解扫把的组成部分及制作过程，能够根据扫把的特点选择合适的材料。

对制作活动感兴趣，用扎、绕、编等方式大胆制作，愿意与同伴交流分享制作成果。

➢ **活动准备**

经验准备：幼儿在日常生活中使用过扫把，有扎、绕、编等操作经验。

物质准备：剪刀、胶带、笔、记录纸若干。

➢ **活动过程**

1. 讨论制作材料

提问：制作扫把需要用到哪些材料？你想用什么材料来制作扫把？

小结：我们可以用不同的材料来制作扫把，如芦苇、稻草、竹叶、羽毛等。

（价值分析：了解制作扫把的材料有哪些。）

2. 讨论制作过程

提问：扫把柄和扫把头要怎样固定在一起？

出示扫把不同的缠绕方式。

提问：这些缠绕方式有什么不同之处？

小结：可以用胶带、编织绳、扭扭棒等材料把扫把柄和扫把头固定在一起，扫把头上的材料要分布均匀，再用编织绳等材料缠绕在扫把柄上。

（价值分析：观察扫把的制作材料和缠绕方式，了解扫把的制作方法。）

3. 制作扫把

（1）幼儿分组，自主选择材料、工具制作扫把

（2）幼儿分享自己制作中的发现、难题

提问：在制作扫把的过程中怎么扎绕才能更牢固？

4. 操作交流

幼儿展示自己制作的扫把，相互试用同伴的扫把，并交流讨论。

提问：同伴制作的扫把怎么样？怎样的扫把更实用？

小结：用太软、太稀疏的材料制作的扫把头不适合打扫卫生，扫把头的材料要分布均匀且紧密，要用不易断裂的材料进行缠绕，这样扫地时才不容易散掉。

（价值分析：展示成品，分享制作过程中的想法与创意。）

5. 延伸活动

在美工区投放相应的工具和材料，幼儿可以继续练习不同的缠绕方式。

充分利用身边的各种废旧材料，与家长一起制作常见的劳动工具。

节约资源

语言、社会 ★★★ | 健康、科学 ★★ | 艺术 ★

➢ 活动思路

大班幼儿对保护生态环境有了初步的认识，通过活动可以帮助幼儿懂得废物利用、节约资源的重要性，让环保意识在幼儿心中扎根。

➢ 活动目标

初步了解资源浪费会导致环境和人类受到危害。

懂得节约资源，废物利用，有初步的环保意识。

➢ **活动准备**

经验准备：幼儿初步了解保护环境的重要性。

物质准备：故事视频、图片。

➢ **活动过程**

1. 交流讨论

提问：你看到了什么？什么原因导致环境发生这样的变化？

（价值分析：通过讨论引导幼儿认识资源浪费带来的危害。）

2. 欣赏故事

（1）欣赏故事《幸福的小土豆——叮叮当，变废为宝》

（2）讨论节约资源的方法

提问：生活中，我们应该怎样节约资源、保护环境？

小结：减少一次性物品的使用，减少垃圾的排放；利用废旧物品制成有用的东西；做环保宣传员，向家人、朋友宣传资源浪费的可怕后果。

（价值分析：有初步的环保意识，向他人宣传节约资源的重要性。）

3. 迁移生活

提问：生活中你们见过什么样的废品？它们能制成什么东西？

小结：我们可以利用生活中一些废旧材料制作出很多漂亮又实用的东西，既节约了资源又给生活带来帮助。所以，请大家利用生活中的废旧物品，制作成有用的物品，一起来交流分享。

（价值分析：大胆想象，发挥创意，变废为宝。）

4. 延伸活动

在班级中设置“变废为宝”区，幼儿可以将带来的废旧物品进行二次改造。

和家长一起利用废旧物品制作有用的劳动工具。

（二）个别化学习活动

多变的牛奶盒子

➢ **材料**

牛奶盒子、自然物、剪刀、固体胶、彩笔。

➢ 玩法

用剪刀等工具改造牛奶盒，并用自然物进行适当装饰。

将改造好的成品运用到不同活动中。

➢ 观察重点

观察幼儿在改造牛奶盒过程中的动手能力及创造性。

观察幼儿如何使用改造好的成品。

➢ 提示

提供多样的牛奶盒及剪贴工具，支持幼儿的自主创作。

统计大发现

➢ 材料

纸、记录表、笔。

➢ 玩法

幼儿根据物品的形状、颜色、大小等特征进行分类统计。

能将分类结果进行统计，并形成统计图、统计表等。

➢ 观察重点

观察幼儿统计物品种类和数量时使用的方法。

➢ 提示

提供丰富的操作材料让幼儿进行统计，并分享新的统计经验。

三、活动分享

时光里的交易

孩子们在户外自主性游戏时发现，自己班级缺少一些游戏的用具。大家决定搭建一个产品交换市场，这样就能把自己班级的产品和别的班级进行交换。于是，产品交换市场在大家的努力下建立起来了。孩子们也经过自荐、推荐、投票等方式选出了可靠的交易管理员。

图1　产品交换市场

镜头一：交易那些事

“你拿得太多了，都快没了！”“我再要一个嘛。”“不可以！”“再要一个！”“不行，我们那里的东西都快被你拿光了。”

这天，市场里响起了争吵的声音。“对啊，一次只能交换一个东西！”顾客A说。“你拿完了，我们怎么办？”大班的顾客B说。可是，固执的中班男孩不听劝，坚持拿起几样产品离开了。

管理员小雨没辙了：“真不知道你拿那么多东西干吗！”随后，她向自己的同伴抱怨起来：“我跟你说，我刚才遇到一个超级不好的事情。有个客人用一个小小的扫把，换了一个这么大的箱子！”她边说边张开双手比画着。“而且，换的还是两个呢！你说这样划不划算？”她又愤怒地补充道。

小雨和同伴通过反思，决定多叫几个人来维持秩序，两个管理员忙不过来！

大班幼儿进行学习或活动的目的性更强，行为也趋于理性，他们在行动之前对自己要做的事情已有大致想法，也能对事件过程进行客观评价。

此外，大班幼儿已经建立了一定的规则意识，在认识事物方面，他们能够进行简单的归纳和推理，会按照制订的计划或规则进行活动。

当管理员小雨遇到一个不守规则的中班顾客后，情绪发生明显变化，从先前的热情，到中间的不耐烦，到最后的激烈争执。当顾客走后，小雨和同伴也在积极思考解决策略。

这次，中班顾客又带着交换的产品来到交换市场，抱怨产品的质量问题：“这个是怎么回事？底下都漏了！”

管理员小雨又充当起了售后服务工作者，帮男孩修好了箱子。可第二天，顾客又拿着再次烂掉的箱子来到交换市场，嚷嚷着想要退货。小雨终于发火了："我昨天刚修好的，怎么会烂呢！""我也不知道。"小雨虽然不服气，但还是当起了售后服务人员，没过多久，小雨给他换了一个崭新的箱子，男孩的脸上露出了满意的笑容。

幼儿会将生活经验自主应用到各类活动中，如上述故事中产品交换市场的售后服务。因此，丰富幼儿的生活经验是促进幼儿游戏情节发展的重要因素。

镜头二：交易产品大盘点

"本来有一个包包，还剩一个。""因为没买走。""本来有三个拖把，你去数一下还剩几个？"

临近下班时间，产品交换市场的小雨和然然却还在马不停蹄地核对产品交换的数量。"那我就写'1'了啊！"小雨准备动笔时，然然赶紧跑过来说："是写在扫把这个位置，别搞错啦。"统计表逐渐变得满满当当，标记着她们辛勤工作的痕迹。

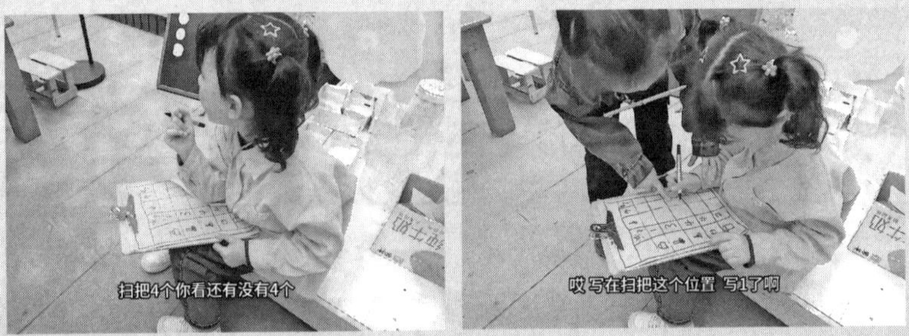

图2　盘点中的管理员

可是，盘点记录的过程并不顺利：有个背包多出来了。"我刚才看的时候，它不在这呀！"然然指着面前的背包说，"是谁挂在这的？""那这里就不用写了啊。"然然灵机一动，"我有办法，把前面的划掉，在最后直接写还剩两个不就行了。"她拿起笔重新涂改，总算将原本的错误改正了。"完全搞定！"共同解决了盘点问题，两人都舒了一口气。

从两位管理员活动结束后的产品盘点不难看出，大班幼儿的角色意识非常强，比如在游戏前先设计统计表，游戏后对物品进行认真盘点和记录等。他们的角色与行为始终保持一致。

故事中的小雨和然然是活动开始前被选出来的管理员，两人始终沉浸在自己的角色中，体现出大班幼儿角色行为的持久性。通过两人对活动结束后物品的盘点可以清晰看到大班幼儿逻辑思维能力的发展水平。

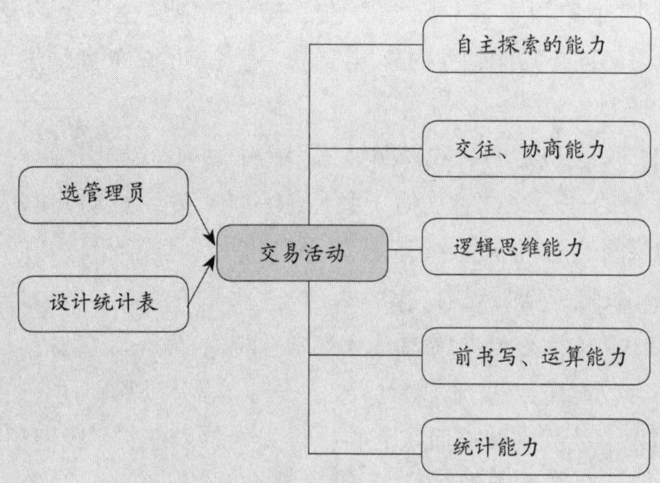

图3　交易活动的价值

镜头三：交易问题大发现

小白看了看面前的三本记录本："我们的本子有点多，如果客人分不清哪本是他们的本子，哪本是管理员的本子该怎么办呢？"对面的小黄答道："可以在一本上写管理员的名字，另一本上写客人的名字呀！"小雨当即反驳："可那些小孩子都不认字怎么办呢？""可以告诉他们呀。""不行，我们很忙！"

漫长的沉默后，小雨想出一个点子："我知道了！可以在我们管理员的本子上画叉，客人意见本上打钩，这样客人看到画叉的本子，以为是不要的了，就会拿另外两本了。""可是就我们几个知道，其他班级的人怎么知道呢？""我们可以和他们说呀。""那来投票吧！这本画叉，另外两本打钩，你们同意吗？""同意！"于是区分客人意见本和管理员本子的事情就在三个孩子的商量中完成了。

大班幼儿的思维十分灵活，善于发现和解决问题。短短几分钟的对话，他们不断产生疑问，商量新的解决办法，最后通过协商、投票等方式得出答案，从中能看出大班幼儿做事的条理性和逻辑性，以及持续探究的学习品质。

案例启示

第一，突破框架，实现混龄交往。

幼儿与不同年龄和水平的同伴交往，有助于他们建立更广泛的社交圈，并借此学习不同年龄段幼儿的思维方式，对各年龄段幼儿的发展都是有益的。

通过“做一次交易”的活动，能够使小、中、大班幼儿之间产生连接，实现混龄幼儿间的社会交往。这给了我们深深的启发，在幼儿的成长过程中，不要试图限制幼儿的行为方式，不要固定幼儿的社交范围。

第二，顺应发展，增强规则意识。

即将迈入小学的大班幼儿需要具有规则意识。“做一次交易”是培养幼儿规则意识的有效途径。基于幼儿对数的认识，在制订规则前期，我们可以适时引导和启发，使规则按需而定；在执行规则时，也需要我们积极关注，让规则站稳脚跟、凸显价值。

第三，基于幼儿，成就自主探索。

我们可以带幼儿亲身感受物品交换，向幼儿科普交易行为的过程和价值，鼓励幼儿自己探索交易活动。

我们要对幼儿的行为给予理解和支持，也要信任幼儿自主解决问题的能力。当幼儿正在主动探究时，我们可以是一个旁观者，倾听幼儿的心声；当幼儿主动求助时，我们要成为支持者，辅助幼儿解决问题。

图书在版编目（CIP）数据

孩子的36件童年小事 / 尹欢华，柴素静编著. — 上海：上海教育出版社，2024.5
ISBN 978-7-5720-2574-7

Ⅰ. ①孩… Ⅱ. ①尹… ②柴… Ⅲ. ①学前教育－教学参考资料 Ⅳ. ①G613

中国国家版本馆CIP数据核字(2024)第110243号

责任编辑　钱　吉
装帧设计　王　慧

HAIZI DE 36 JIAN TONGNIAN XIAOSHI
孩子的36件童年小事
尹欢华　柴素静　编著

出版发行　上海教育出版社有限公司
官　　网　www.seph.com.cn
地　　址　上海市闵行区号景路159弄C座
邮　　编　201101
印　　刷　上海昌鑫龙印务有限公司
开　　本　787×1092　1/16　印张 22
字　　数　420 千字
版　　次　2024年5月第1版
印　　次　2024年5月第1次印刷
书　　号　ISBN 978-7-5720-2574-7/G·2268
定　　价　138.00 元

如发现质量问题，读者可向本社调换　电话：021-64373213